民事訴訟と弁護士

民事訴訟と弁護士

那須弘平著

［学術選書］

信山社

はしがき

本書第一部「実践の中の民事訴訟」は、民事訴訟の運営、その中での弁護士のあり方などについて、専門誌や解説書に発表した論文や意見のうち、新民事訴訟法が成立した一九九六年（平成八年）六月以降のものを集めたものである。

弁護士は民事訴訟の代理人として活動するにあたり、訴訟法や規則に従うというだけではなく、種々の専門的技術と実務的工夫とを積み重ねて、訴訟を円滑に進行させるとともに、依頼者の利益を最大限に擁護することに情熱を傾ける。

第一章「訴訟代理人としての弁護士の役割と活動」はそのような観点から、新民事訴訟法の下での弁護士のあり方について検討したものである。もともとは実務家向けの解説書の一章として依頼を受けて執筆したのであるが、私としては新民事訴訟法に対する自分なりの基本的な考え方を整理しておきたいということでまとめてみた。第二章「弁論準備手続きと和解」及び第三章「すべり出した新民事訴訟法」と併せてお読みいただくことで、弁護士側から見た新民事訴訟法のイメージというようなものを汲み取っていただければと思う。

第四章「民事訴訟の中の実務慣行」及び第五章「『弁護士の専門技術』研究への展望」は、今後の民事訴訟運営の中で無視できない要素と考えられる実務慣行及び弁護士の専門技術の問題について簡単なスケッチを試みたものである。

第二部「実務慣行改善への途」は、新民事訴訟法成立に先立つ一〇年間に、法律専門誌等に発表してきた論文や意見などをまとめたものである。

この時期に発表したものの中には、「集中審理再生のために」（第二章）、「謙抑的和解論」（第五章）、「争点整理における陳述書の機能」（第六章）など、私なりに弁護士としての思いを込めて書き上げたものがいくつかあり、内容的にも第一部の論文の基礎を成している。

これらの論文の中で示された「実務慣行を改善しなければ、民事訴訟は良くならず、そのためには弁護士の主体的努力が欠かせない」という私の考えは、今でも変わらずむしろ確信にも似た強い思いとなっている。

第三部「弁護士と自由―民事訴訟を支えるもの」は、弁護士という職業に関する論文を集めたものであり、その中核には一九九二年（平成四年）に発表した「弁護士職をめぐる自由と統制」（第二章。「変革の中の弁護士」上所収）がある。

発表から既に八年が経過したが、今や、弁護士は司法改革のまっただ中に置かれていて、「変革の中の弁護士」という表現がそのまま当てはまる状況にある。その司法改革の中で、複数事務所や公務員兼職等の容認、営業許可制度の撤廃、弁護士業務広告の解禁、隣接専門職との連携許容等、右論文でも触れた制度改革が現実のものとなろうとしている。

これら弁護士を取り巻く変動が、民事訴訟のあり方にも本質的な変化を引き起こすことは確実である。それゆえ、民事訴訟を支える制度的基盤（インフラ）の一つである弁護士制度について、本書の中で一章を割くのは必ずしも場違いではないと思う。

この前後の「弁護士の多様化と業務の改革・拡充」（第一章）及び「プロフェッション論の再構築―『市場』

の中の弁護士像」（第三章）と併せて、市場原理と折り合いをつけながら自由な社会の形成に向けて一定の役割を担っていく弁護士のあり方を論じたつもりである。

司法改革問題の中でも法曹養成については、「弁護士職をめぐる自由と統制」の中で私が予想した事態を遥かに突き抜けて、法科大学院（ロースクール）が数年のうちに発足しそうな勢いである。

なお第四章の「法科大学院構想（二弁案）の批判的検討」は、仲間内の機関誌に比較的最近発表したものである。この問題は、司法制度改革の審議会で審議中であり、日弁連総会で一応承認されたが具体的なロースクールのありようについては、いまだ合意が形成されていない。その中で、この論文を発表するのは時期尚早の感がないでもないが、弁護士制度を論じながら法曹養成問題を避けて通るのも気がひけるので、私のとりあえずの考え方を示すものとして、最末尾に載せておくことにした。

最後になったが、本書刊行に際し、新堂幸司東大名誉教授（現日弁連法務研究財団理事長）には終始ご懇篤なご指導をいただいた。また、信山社出版株式会社の袖山貴氏には出版に漕ぎつけるまで辛抱強くおつきあいいただいた。心から感謝し御礼を申し上げる次第である。

二〇〇一年三月三日

著　者

目　次

はしがき

第一部　実践の中の民事訴訟……1

第一章　訴訟代理人としての弁護士の役割と活動……3

一　改正の要点――弁護士の役割との関係で（3）

1　はじめに（3）
2　信義・誠実の原則（4）
3　弁論準備手続（5）
4　当事者照会制度（7）
5　集中証拠調べ（7）
6　文書提出命令（9）
7　主張及び証拠の事前開示（10）

二　弁護士の役割（11）

1　「役割」の社会学的意味（11）
2　様々な弁護士役割論（12）
3　手続追行機能（14）

目　次

4 利益擁護機能 (17)
5 秩序形成機能 (18)
三 新法における弁護士の役割と活動 (20)
1 弁護士代理制度の比重増加 (20)
2 訴訟の迅速化 (22)
3 十分な弁護 (23)
4 判例及び訴訟実務慣行の形成 (26)
四 まとめにかえて (27)
第二章 弁論準備手続と和解……39
一 問題の所在 (39)
1 和解情報コントロール (40)
2 交互面接方式による和解 (41)
3 対席方式による和解 (43)
二 交互面接方式と対席方式 (40)
1 和解情報コントロール (40)
2 交互面接方式による和解 (41)
3 対席方式による和解 (43)

三　弁論準備手続における和解（44）
1　弁論準備手続新設の影響（44）
2　弁論準備手続における和解（46）
3　和解手続への移行（47）
四　和解を行う時期と内容（48）
1　和解の時期（48）
2　和解か判決か（49）
3　和解の内容（50）
4　当事者の参加（50）
五　和解における心証形成（51）
六　弁論兼和解及び弁論準備手続兼和解の当否（51）
第三章　すべり出した新民事訴訟法……55
一　ファックス書面騒動（55）
二　訴状・答弁書の作成（56）
三　当事者照会（58）
四　弁論準備手続と和解手続の区別（59）
五　争点及び証拠整理（61）

六　口頭による議論の重要性（62）
七　集中証拠調べ（63）
八　控訴審における争点整理と証拠調べ（64）
九　裁判官の交代（65）
一〇　実務慣行と最高裁規則（67）
第四章　民事訴訟の中の実務慣行……69
一　はじめに（69）
二　民事訴訟改善運動と実務慣行（70）
三　「実務慣行」の成文化（72）
四　規範としての実務慣行（77）
五　おわりに（78）
第五章　「弁護士の専門技術」研究への展望……83
一　尋問技術の高度化（83）
二　ナレッジ・マネージメント（84）
三　論争の技術（85）
四　情報収集の技術（86）

五　「証人汚染」の問題（88）
六　口頭による論争の重要性（89）
七　説得の構造（90）
八　「ストーリー」論（93）

第二部　実務慣行改善への途……95

第一章　民事訴訟遅延と弁護士の立場……97
一　訴訟促進論の視点（97）
二　二〇ヵ月に近い審理期間（99）
三　訴訟遅延への不満（102）
四　訴訟遅延の影響――弁護士業務を中心として（105）
五　捕捉困難な遅延の概念と適正審理期間（112）
六　目標審理期間「六ヵ月」「一年」の提言と審理計画の有益性（114）
七　弁護士および弁護士会の役割――実践に向けて――（116）

第二章　集中審理再生のために……121
一　集中審理の重要性（121）
二　証拠調べの時間を短縮することの可否（124）

三　現在の裁判官数では集中審理は不可能か（127）
四　集中審理は職権強化につながるか（135）
五　弁護士は集中審理に対応できるか（137）
六　集中審理についての批判（139）
七　その他の問題点（140）
八　集中審理を阻む真の原因（141）
九　集中審理再生のために（143）

第三章　民事訴訟促進をめぐる実務家の動向と問題点……149
——弁護士の立場から——
一　弁護士会内外の動き（149）
二　裁判官増員論と司法試験改革問題（158）
三　現行法の改革と憲法上の制約（162）
四　訴訟慣行の改善と裁判所・代理人の役割分担（168）
——裁判所の審理充実方策案を中心にして——
五　おわりに（178）
——訴訟促進実行のにない手は誰か——

第四章　実務慣行の改善と民事訴訟法の改正……181
一　はじめに（181）
二　審議期間一年以内を目標とすべき（182）
三　法改正と裁判官増員及び実務慣行改善は矛盾しない（183）
四　弁論兼和解制度の認知（185）
五　日本的証拠開示制度の必要性（186）
六　弁護士代理制度の尊重（187）
七　審理計画の策定と期日一括指定方式の採用（188）
八　和解の位置づけ（189）
九　仲裁制度との有機的連携（190）
十　全面的改正か部分改正か（191）

第五章　謙抑的和解論
――和解の判決手続きに与える影響を中心にして――……193
一　はじめに（193）
二　和解手続きの現状（194）
三　和解が判決手続きに与える影響（197）
1　和解の効能とコスト（197）

2　影響のマイナス面（189）
3　和解手続きと判決手続きの分離の必要性（203）
四　和解の位置付け（204）
1　和解に対する評価について（204）
2　「妥当な解決」（205）
3　「自治的（または自主的）解決」（207）
4　「迅速な解決」（209）
5　「円満な解決」（210）
6　和解の位置付け（212）
五　和解に関する謙抑的姿勢（212）
第六章　争点整理における陳述書の機能……219
一　個人的体験から（219）
二　陳述書のメリットとデメリット（222）
三　争点整理に証拠を使用することの可否（224）
四　陳述書と尋問との重複性（227）
五　「争点整理」における陳述書の効用（228）
六　陳述書のあり方（232）

七　証拠としての陳述書について (235)
八　「訴訟実務慣行」の生成 (236)

第三部　弁護士――民事訴訟を支えるもの……241

第一章　弁護士の多様化と業務の改革・拡充……243
――これからの弁護士及び弁護士業務――
一　はじめに (243)
二　「あるべき弁護士像」論争 (244)
三　「弁護士」の統合理念 (246)
四　訴訟実務の改革 (250)
五　訴訟外業務の拡充と規制緩和の必要性 (252)
六　まとめにかえて――法曹人口の増加 (256)

第二章　弁護士職をめぐる自由と統制……261
一　弁護士と自由――序にかえて (261)
1　訴訟手続きと弁護士の自由 (261)
(1)　自由業 (261)　(2)　多事争論の場 (261)
2　法と自由 (263)

(1) 秩序と自由 (263)　(2) 「法の支配」(263)　(3) 法廷外の弁護士活動と「法の支配」(264)
3 個人的価値の擁護 (264)
(1) 依頼者が活動の起点 (264)　(2) 多様な価値の容認 (265)　(3) 自由主義と運命を共有 (265)
4 弁護士の業務上の自由 (266)
(1) 自由な業務環境 (266)　(2) 制約の中の弁護士たち (267)
5 弁護士自治 (267)
(1) 弁護士自治 (267)　(2) 自由をめぐる緊張関係 (268)　(3) 相互監視による統制 (268)
(4) 現状維持の傾向 (269)　(5) 利益擁護団体的性格 (270)
6 弁護士後継者の養成——残された国家統制 (270)
(1) 後継者選定の自由 (270)　(2) 弁護士人口抑制政策 (271)　(3) 弁護士の養成 (273)
7 自治と自由 (274)
(1) 自治と自由の関係 (274)　(2) 自由な弁護士制度への一里塚 (275)
二 弁護士業務統制の現状と問題点 (276)
1 弁護士自治と統制 (276)
(1) 業務に関する諸規制 (276)　(2) 競争制限的規制の混在 (277)
2 複数事務所の禁止 (277)

(1) 事務所単一主義（277）　(2) 競争制限が目的（278）　(3) 複数事務所主義の可能性（279）
3 公務員兼職禁止（280）
(1) 現状（280）　(2) 官吏の専心奉職義務（281）　(3) 弁護士の自由主義的体質（282）
(4) 弁護士資格を有したままでの公職就任（282）
4 営業許可制度（283）
(1) 曖昧な立法趣旨（283）　(2) 品位保持の問題（284）　(3) 職務専念義務との関係（285）
(4) 弁護士の独立性の問題（286）　(5) 営利活動からの隔離（286）　(6) 萎縮効果（287）
5 弁護士業務広告の禁止（288）
(1) 業務広告「解禁」の経過（288）　(2) 手厳しい外部批評（289）　(3) 実態は広告禁止（290）　(4) 競争排除が狙い（292）
6 隣接専門職種との共同事務所制限（293）
(1) 隣接専門職種との共同事務所（293）　(2) 法律事務独占の始まりと統制思想（295）
(3) 消費者・国民軽視（295）　(4) 法律事務独占の「完成」（296）　(5) 囲い込み運動（297）
(6) 法廷外法律事務の開放（299）
三 弁護士業務と自由競争原理（299）
1 弁護士業務と自由競争――日本の場合（299）
(1) 統制型経済システム（299）　(2) 奇妙な均衡（300）　(3) 規制緩和へ（301）　(4)

弁護士業務の民主化 (302)
2　弁護士規制緩和と自由競争 (303)
(1)　規制緩和は自由競争を拡大 (303)　(2)　自由競争への警戒心 (304)　(3)　競争は限定的 (305)
3　国際的動向――自由競争へ (306)
(1)　イギリスの司法改革 (306)　(2)　競争制限の崩壊 (307)　(3)　米国の弁護士業務「産業化」 (309)
4　市場原理と競争秩序 (309)
(1)　市場原理 (309)　(2)　競争秩序 (310)　(3)　自由競争の弊害の問題 (311)　(4)　競争と統制の併存 (312)　(5)　漸進的政策 (314)
四　プロフェッション論の見直し――まとめにかえて (314)
(1)　自由競争と弁護士のビジネス化 (314)
(2)　プロフェッション論 (315)　(3)　専門性 (316)　(4)　団体性 (317)　(5)　独立性 (318)　(6)　公共奉仕性 (319)　(7)　プロフェッション論の見直し (328)
第三章　プロフェッション論の再構築
――「市場」の中の弁護士像……335
一　弁護士増加と規制緩和 (335)

1　競　争（335）
2　規制緩和（336）
3　市場原理（337）
4　普遍的システム（339）
二　「プロフェッション」論と「市場」（340）
1　両立可能性（340）
2　「ステイタス関心」（342）
三　プロフェッション論の再構築（343）
1　「公共奉仕性」の限定（343）
2　「専門技術性」（345）
3　「独立性」と「団体性」（346）
四　市場の中のプロフェッション（347）
補　記（350）
1　専門知識と技術（351）
2　ビジネスプロフェッション（351）
第四章　法科大学院構想（二弁案）の批判的検討……359
一　はじめに（359）

二　現行司法修習制度の積極面（362）
三　大学の教育能力への不安（361）
四　大学教育と文部省の支配（363）
五　法科大学院（日本型ロースクール）について（364）
六　アメリカ型ロースクールとの相違点（367）
七　出発点は法曹人口問題（368）
八　弁護士補制度（369）
事項索引（巻末）

〔初出一覧〕

第一部　実践の中の民事訴訟

第一章　訴訟代理人としての弁護士の役割と活動………『新民事訴訟法の理論と実務』上、一九九七年一〇月

第二章　弁論準備手続と和解………………『現代裁判法大系』一九九八年八月「和解の在り方」を改題

第三章　すべり出した新民事訴訟法…………………「法の支配」一九九八年一一月

第四章　民事訴訟の中の実務慣行…………………判例タイムズ一九九九年一月

第五章　「弁護士の専門技術」研究への展望（判例タイムズ二〇〇〇年三月シンポジウム報告を再構成したもの）

第二部　実務慣行改善への途

第一章　民事訴訟遅延と弁護士の立場………………判例タイムズ一九八六年一月

第二章　集中審理再生のために………………………判例タイムズ一九八八年七月

第三章　民事訴訟促進をめぐる実務家の動向と問題点…………民事訴訟雑誌一九八九年二月

第四章　実務慣行の改善と民事訴訟法の改正…………「民事訴訟法の改正について」紫水一九九〇年一〇月

第五章　謙抑的和解論……………木川統一郎先生古稀記念論文集（上）、一九九四年五月

第六章　争点整理における陳述書の機能……………判例タイムズ一九九六年一一月

第三部　弁護士と自由——民事訴訟を支えるもの

第一章　弁護士の多様化と業務の改革・拡充………ジュリスト一九九一年一月

第二章　弁護士職をめぐる自由と統制……………『変革の中の弁護士』上、一九九二年一一月

第三章　プロフェッション論の再構築——「市場」の中の弁護士像…………自由と正義一九九六年一一月

第四章　法科大学院構想（二弁案）の批判的検討………………紫水二〇〇〇年一月

第一部　実践の中の民事訴訟

第一章　訴訟代理人としての弁護士の役割と活動

一　改正の要点——弁護士の役割との関係で

1　はじめに

平成八年六月に成立し、公布された新民事訴訟法（新法）は、旧民事訴訟法（旧法）の訴訟代理人[(1)]に関する規定をほぼそのまま引き継いだ。すなわち、①弁護士による代理制度に関する五四条、②代理権の範囲に関する五五条、③代理人が数人あるときの各自代理の原則に関する五六条、④代理人の陳述に対する当事者の取消し・更正権に関する五七条、及び⑤代理権の消滅に関する五八条等である。これらの規定は、表記上の問題を別にすれば、旧法と実質的に相違していない。立法過程においても、特に議論があったということを聞かない。

新法は、旧法同様、「当事者」の語にはその代理人をも包含するのを原則とし、特に区別する必要がある場合にだけ「当事者本人」、「訴訟代理人」という表現を用いている（当事者本人につき、新法一五一Ⅰ①・二〇七以下等。訴訟代理人につき、新法六九など）。新法は、当事者がなすべき行為につき、それが本人によって遂行されるか、訴訟代理人によって遂行されるかは、当事者内部の問題として、関心を示していないのである[(2)]。

しかし、実際上、弁護士は、当事者から委任されて訴訟代理人になれば、本人に代わってほとんどすべての行為を行う。当事者本人は、本人尋問等、本人でなくてはできない事項だけを分担するのが実情だ。それ故、新法の下で、弁護士の役割がどうなるかを検討するためには、当事者の役割をも視野に入れる必要がある。「当事者」の役割に変化が生じれば、それは直ちに訴訟代理人たる弁護士に影響を与えるのである。[3]

今回の法改正の中身を検討してみると、次項以下に述べるとおり、代理人の役割ないし活動に大きな影響を及ぼすことが必至とみられるいくつかの項目が浮かんでくる。

2　信義・誠実の原則

「裁判所は民事訴訟が公正かつ迅速に行われるように努め、当事者は信義に従い誠実に民事訴訟を追行しなければならない」との規定が新法二条に新たに盛り込まれた。旧法下では、規則が「裁判所は、審理が公正かつ迅速に審理されるように努め、当事者その他の訴訟関係人は、これに協力しなければならない」と定めていた（旧規則三）。この規定が、形式的には法律事項に高められ、[4]内容的には当事者の「協力」義務から「信義・誠実」義務に改められたものである。

信義誠実義務については、学説は早くから、「弁論主義は、当事者に自分の認識に反して虚偽の事実を陳述する自由を容認するわけではない。紛争の解決にも、取引行為におけるのと同様相互に信義誠実を重んじて交渉すべきで、権利のための闘争はあくまでフェアープレイに終始すべきで、虚言によって危利を博したり、或いは訴訟の引延しを策することは、訴訟競技上の反則と言うべきである」とか、[5]「民事訴訟を営むについても、この原則（信義則）が究極的には当事者の行為を規制すべきであることを承認しなければならない」[6]等という形でこれを認めてきた。信義則の発現形態としては、当事者間の信義則（狭義の信義則）と、裁判所・当事者間の信義則（広義の信義則）の二つがあり、前者が「訴訟事件解決の妥当性」の見地から要請された原則で「適正・公平の理念に奉仕する」のに対し、後者は主として「訴訟制度運営の必要性」の見地から「迅速・経済の理念に奉仕する」と指摘されている。(7)

判例の中にも、民事訴訟手続に信義則を適用した例が散見される。(8)

弁護士倫理四条には、「弁護士は信義に従い、誠実かつ公正に職務を行う」との規定があるが、日本弁護士連合会（日弁連）の担当委員会の解説では、ここにいう信義則は、裁判所との関係及び相手方代理人との関係の双方に適用されるとしている。(9)

このように、従来から学説及び実務上認められてきた信義誠実の原則ではあるが、これが司法の根幹を成す民事訴訟法の条文の冒頭部分に盛り込まれた意義は小さくない。今後、争点及び証拠整理、証拠調べその他訴訟手続の各段階で裁判所と両代理人間の三者の協働関係が重視されることになると予測されるが、本規定はその理論的根拠を提供することになる。

3　弁論準備手続

迅速かつ適正な裁判の実現という観点から、争点を早期に明確にし、集中証拠調べを準備するために、「弁論準備手続」が新設された（新法一六八）。弁論準備手続は、従来の準備手続（旧法二四九）の改正という形式をとりながらも、実際には「弁論兼和解」（又は「和解兼弁論」）という名で、実務に広く定着してきた方式を整備して成文化したものである。(10)

弁論兼和解は、法廷外で行う和解の場で、準備書面の交換、書証の提出、当事者に対する釈明などをも併せて行うことを目的として、第一線の裁判官の中で自然発生的に工夫され、普及してきた。その後弁護士、学者などから「和解に偏りすぎている」等厳しい批判を受けて、争点整理中心型のものが開発され、これを利用して一部裁判官が果敢に集中証拠調べを実践し成果を挙げ[11]、今次改正では目玉の一つとして、「弁論準備手続」という名称で成文化された。

弁論準備手続では、準備書面の提出、証拠の申出に関する裁判、文書及び準文書の証拠調べができる（新法一七〇ⅠⅡ）。

争点及び証拠の整理は、訴訟で争われるべきテーマを明確にして、その後に行われる集中証拠調べ（新法一八二）を効率的かつ充実したものにするための準備的作業であるから、両者が相乗的効果を発揮すれば、これが訴訟の迅速化に寄与することは確実である。各地の裁判所での実験的試みを伝える裁判官の報告からも、集中証拠調べのためには、事前の争点及び証拠の整理が有効であることが裏付けられている[12]。

争点及び証拠の整理についてはもう一つ、書面による準備手続の制度が設けられた（新法一七五）。

従来と同様に、口頭弁論期日において争点及び証拠を整理する途も、当然のことではあるが、残された。ただし、名称を「準備的口頭弁論」と改め、その目的が争点及び証拠の整理のためのものであることを明確にした（新法一六四）。

これら争点及び証拠の整理のために整備された手続を具体的にどのような形で運用するかは、今後の課題である（後述三**3**）。

4　当事者照会制度

争点及び証拠の整理に先立ち、相手方から主張、立証に関する情報を得るため、当事者照会制度が新設された（新法一六三）。制度の新設については、弁護士側が終始、積極的で、これが立法の原動力の一つになった。[13]

この規定は、改正試案の段階では証拠収集手続の一環として扱われていたが、[14]国会に提出された時点では、第二章の「第一節　口頭弁論」と「第三節　争点及び証拠の整理手続」の中間の「第二節　準備書面等」の末尾に置かれることになった。この事実が象徴するように、当事者照会制度は、口頭弁論及び争点整理手続のいずれにも属さず、証拠収集手続とも異なり、しかも裁判所が関与することが予定されていない点に特徴がある。それは、主張又は立証を準備する目的を持ち、裁判所の釈明（新法一四九Ⅰ）と同列の機能を果たすものと位置づけられている。[15]

この制度は、当事者本人及び弁護士個々人が二条の文言どおり「信義に基づき誠実に」民事訴訟を追行する姿勢を持っていれば、理論的にはうまく運用できるはずである。しかし、現状では、当事者本人は相互に対立的感情が激しくこの制度を運用する主体としては、多くを期待できない。弁護士も依頼者の利益を第一に考慮する傾向にあり、それは弁護士の役割の中核を占めるものとしてあながち非難できないものであるから、この制度を機能させるためには弁護士層を中心とした何らかの工夫が必要になる（後述**三1**）。

5　集中証拠調べ

新法に「証人及び当事者本人の尋問は、できる限り、争点及び証拠の整理が終了した後に集中して行わなければならない」という規定が新設された（新法一八二）。旧規則二七条には、証人及び当事者本人の尋問を一日で終えることを原則とした上で（いわゆる集中証拠調べ）、例外的に二日以上にわたるときも継続した期日に尋問をし、それができないときでもできるだけ短い期間に尋問を終えることを定める規定があった（いわゆる継続審理の原則）。今回新設された集中証拠調べの条項はこの規則の理念を引き継ぎ、これを法律事項に高めるとともに、表現もより直截なものとした。

集中証拠調べないし継続審理は、戦後になって米国の影響を受けて民事訴訟規則に定められたものであり、訴訟の迅速化を進める切り札的な存在であった。しかし、民事訴訟法の条文自体にこの理念を反映する改正が施されなかったためか、あるいは制度を担う裁判官及び弁護士に支持されなかったためか、それとも社会がそのような切れ味の良い訴訟手続そのものを必要としなかったためか、いずれにしても日本の民事訴訟手続に定着を見なかった。(16)

そののち、昭和五十年代後半から裁判所及び弁護士界内で自然発生的に生じた実務慣行改善運動の中で、訴訟の充実・迅速化の必要性が叫ばれ、これを受けた先進的な裁判官等により弁論兼和解手続による争点整理と組み合わせた集中審理（集中証拠調べ）が実験的に採用されて効果を上げ、その有効性が徐々に認識され始めた。(17)以上のような実務の動向を踏まえて、集中審理が訴訟の充実と促進のために必要不可欠であることにつき、再確認され、あらためて法律に明文で定められたのが一八二条である。

改正をめぐる議論の中では、争点整理に関心が集中したためか、集中証拠調べはやや背後に退いて、議論の対象になることが少なかった。(18)しかし、弁論準備手続は、集中証拠調べの準備的性格を持つものであり、集中証拠調べこそ今次改正の中心に位置する。

集中証拠調べに関する議論が少なかったことは、この規定の重要性をいささかも減ずるものではなく、むしろその正当性、有効性が疑いを差し挟む余地がないほどに明らかであったことの証左なのである。裁判官及び弁護士が集中証拠調べにどれほど真剣に取り組み、どの程度これを定着させるかは、新法の下での最大の課題であるといえよう（後述三3）。

6　文書提出命令

当事者が十分な準備を尽くすことを可能にし、早期に争点を明確にして、充実した審理ができるようにするため、証拠収集手続の強化（文書提出義務の拡充・一般化等）がなされた。この改正の中で、もっとも重要なものが、文書提出義務の一般化である（新法二二〇④）。

従来、文書提出義務が問題になるのは、引用文書（旧法三一二①）、引渡し・閲覧文書（旧法三一二②）、利益・法律関係文書（旧法三一二③）の三つの場合に限定されていたが、今回の立法でこれに重ねる形で四号に一般義務的な規定が加わった。従来、第三者が一般的に所持・保管している文書については裁判所に提出する義務がなかったのに対し、所定の除外理由がない限り、一般的な提出義務が認められたことは、従来から存在した証人義務（旧法二七一、新法一九〇）に加えて、国民一般が文書の提出面でも司法に協力する義務を負うことを宣明したことになり、その意義は決して小さくない。

日本では、証人が当事者のどちらかに肩入れする場合が多く、中立的な立場の証人が少ないのが実情で、真実究明という観点からは問題があった。これに比べると文書の場合はその性質上客観的なものが多いはずであるから、この規定が事実の確定という面で民事訴訟の機能を高める方向に働くことは確実である。[19]

この新たな武器をどう使いこなすか、弁護士層の力量が問われることになる。

7　主張及び証拠の事前開示

新規則では、訴状に「請求を理由づける事実を具体的に記載し、かつ立証を要する事由ごとに、当該事実に関連する事実で重要なもの及び証拠を記載しなければならない」としたうえ（新規則五三Ⅰ）、不動産に関する事件における登記簿謄本、人事訴訟事件における戸籍謄本、手形・小切手事件における手形又は小切手の写しなど、書証の写しで重要なものをも添付すべきことを定めた（新規則五五）。同様な規定が、答弁書についてもある（新規則八〇ⅠⅡ）。更に、準備書面において相手方の主張する事実を否認する場合には、「その理由を記載しなければならない」ものとされているが（新規則七九Ⅲ）、答弁書も、準備書面の一種と解されるから（新法一五八、新規則七九Ⅰ）、単純否認は許されないことになる。

これらのことは、以前から実務慣行改善の一環として、一部の裁判所及び弁護士から提言されていたことである[20]が、これが今次改正を機に新規則に明文化されたのである[21]。

これらの規定は、一つひとつを見れば従前から行われていたことを早めにさせたり、やや詳しく記載させたりという内容のもので、技術的かつ小さな改正に過ぎないが、総合的に観察すると、当事者が持っている関連事実、証拠などに関する情報を早期に開示させて、争点及び証拠整理の実効性を挙げようという、一つの明確な方向性が見えてくる。これは、前述の当事者照会制度と並んで、日本的な事前開示制度実現に向けて第一歩を踏み出したものと評価できる[22]。情報の事前開示により争点及び証拠整理を実質的で充実したものとし、これによって訴訟の迅速化を可能とするだけでなく、争点整理及び証拠整理に論争性を持たせる点でも、意味がある。

二　弁護士の役割

1　「役割」の社会学的意味

棚瀬孝雄教授によれば、「役割」は社会の規範構造の最小単位であり、社会と個人との接点にあって、社会から個人、そして個人から社会への二方向の力の交錯する社会的な結節点に位置する。[23]役割概念は規範の作用と個人の欲求充足としての相互規定関係を具体的に分析するための手がかりとなる。それは、社会成員の社会的属性（社会構造上の位置）をメルクマールにして、それぞれの成員に対する社会的な期待を核としたものであり、その適切な遂行によって、社会的秩序が維持され社会の同一性が保たれていく。他方で、しかし、この役割も不変固定的なものではあり得ず、個人の欲求充足を起点として、社会秩序が流動化すると、それまでの役割に変化が生じ新たな役割規範が形成されるという。[24]

以上の役割理論を弁護士訴訟代理制度について当てはめれば、弁護士という社会的属性を持った個人に対して、社会（その中には、報酬を払って依頼した当事者、法廷で弁護士と接する裁判官、訴訟制度の費用負担者である国民などが含まれる）が抱く期待を基礎として弁護士の役割が形成され、この役割を弁護士が適切に遂行することによって、弁護士代理制度という秩序が安定的に維持されていく。しかし、弁護士の役割遂行に密接な利害関係を持つ依頼者ないし当事者を始め、裁判官その他の関係者（棚瀬教授のいう「役割パートナー」）の欲求が充足されないときは、弁護士代理制度が安定性を失い、新たな役割形成に向けて流動化が生じるということになる。

弁護士が一定の役割を担うことにつき、最も密接な利害関係を持つのは当事者である。当事者は、委任契約を結び、対価を払って訴訟代理を依頼するのであるから、その期待を基礎として弁護士の基本的な役割が設定されるべきことは当然である[25]。

しかし、弁護士の役割はこの基本的な当事者からの委任に由来するもの一つだけにとどまるものではない。弁護士になるためには、国家による司法試験によって厳しい選別が行われ、司法修習制度による法曹としての基礎訓練も国費で賄われている。そこで、国民ないし納税者も弁護士の役割に一定の期待をもつことになる。裁判所ないし裁判官も、訴訟代理業務の場の主催者として、当然に弁護士の役割について関心を持つ。弁護士自治の原則に基づき弁護士を指導監督する弁護士会及びその構成員も仲間の弁護士が訴訟代理人として果たすべき役割について一定の要求を有する。さらに、一見、奇異に聞こえるかもしれないが、訴訟の相手方当事者も、自己と対立する当事者の代理人に対し、一定の役割ないし期待を寄せ、その期待が裏切られると、「あれで一体弁護士と言えるのか」等と不満を漏らすこともある。

こうして、一人の弁護士が訴訟代理人として行動するについては、実に多くの利害関係者から多様な役割を期待されることになる。それら複数の期待は、常に一致したものであるとは限らず、むしろ相互に矛盾、対立する要素を含み、弁護士はこのすべてを充足することが不可能な場合のほうが多い。そのような場合には、弁護士は、自らの価値判断で、矛盾、対立する役割の順序づけをして整理し、自己の行動の整合性を保つ[26]。

2　様々な弁護士役割論

以上のような利害関係者の数に応じて、弁護士の役割も複数存在することとなり、その結果いずれの利害関係者を重視するかによって、様々な弁護士役割論が可能となる。いずれにしても、弁護士の役割の中に「当事者の利益代表者的性格」と「社会的正義の実現という公的性格」の二つを認めることは、どちらに比重を置くかで見解が分かれるにしても、ほぼ異論のないところである。[27]

利益代表者的性格の中に、「当事者本人のなすべき行為を代行する」という側面と、「当事者本人のために弁護する」という二つの異なる側面があることを指摘する論者も多い。[28]

新堂幸司教授は、弁護士の役割をより詳しく分析して、①法律相談者としての役割、②利益代弁者としての役割、③プロフェッションとしての弁護活動、及び、④政策形成の担い手としての役割、を挙げている。[29]

谷口安平教授は、弁護士訴訟と本人訴訟とは全く異なる性格のものであることを前提として弁護士と当事者本人の相違点を検討し、弁護士は、①法に精通し、法に関する調査能力・法的思考能力を有している、②具体的事件に関して、法的知識、思考能力を糾合し一定の党派的立場から説得力な議論を整然と展開する能力を持つ、③訴訟実務に慣熟し、迅速で的確な事務処理能力を持つ、④事件や紛争との関わりという点で、距離をおいて客観的な立場から観察できる、⑤プロフェッションの一員として、一定の職業倫理の下に服している、ことを指摘している。[30]同教授の立場からすれば、本人にはないこれらの能力・特長を依頼者などのために発揮することが、すなわち弁護士の役割につながる、ということになるものと理解できる。

中川徹也弁護士は、当事者が「迅速な裁判」、「適正な裁判」（十分な「真実の究明」と正しい「法の適用」）を求めていることを指摘し、弁護士はそのいずれのためにも専門家としての役割を果たすことを期待されており、かつこれに加えて「適正な和解」を実現することも弁護士の役割の一つであるとしている。[31]

人は、なぜ代価を払ってまで、そしてときには負けることがほぼ確実な情況の中でもなお、弁護士に弁護をしてもらうことを望むのか。弁護士は、依頼者に頼まれれば、負けることがほぼ明らかな事件や経済的に割に合わないような事件についてまで、なぜ弁護を引受け、依頼者のために奔走するのか。考えて見れば難しい問題である。その解明のためには心理学、社会学あるいは法哲学までも動員する必要がありそうだ。このような基本的な問題を含めて、弁護士役割論の問題は複雑で奥が深く、この小論で取り扱う限界を超えている。

そこで、物事を単純化し過ぎるとの批判を覚悟しつつ、法廷における弁護士の役割を以下の三つに整理分類して、論を進めたい(32)。

① 当事者の代理人兼助言者として、訴訟手続を、迅速・的確かつ円滑に追行する役割（手続追行機能）

② 当事者の代理人兼助言者として、当事者の実体的利益・価値を代弁・擁護する役割（利益擁護機能）

③ 法律専門家として、訴訟手続を通じて法秩序維持・創造に参画し、判例及び良き訴訟慣行を形成する役割（秩序形成機能）

3　手続追行機能

弁護士は、第一に、当事者の代理人兼助言者として、手続面で訴訟を迅速・的確かつ円滑に追行する役割を担う。

弁護士は、当事者の代理人として、例えば、指定された期日に裁判所に出頭し、適時に書類を提出し、裁判所や相手方から必要な書類を受け取る等の行為をする。いわゆる、「代行者の側面」といわれるものである(33)。簡単な事件で、訴訟を開始・維持するために必要最小限の事項を記載した訴状、答弁書、人証尋問申立書等を代理人として作成することもこの範疇に入れて良いであろう。これらのことは、大学法学部卒業程度の法律知識と市販の書式集があれば、見よう見まねで可能な作業である。

この役割は、法の定める「訴訟代理人」の地位からも、さらには訴訟委任契約の趣旨からも比較的容易に導き出せるものではあるが、それだけに決して疎かにすることは許されず、もしこれを怠れば直ちに弁護過誤問題を生じさせる。(34)その意味では、代行者の役割は、訴訟代理人の原点でもある。しかし、弁護士から見て、このような代行者的地位に基づく行為は、現実の民事法廷業務の中では、比較的小さな比重を占めるに過ぎない。(35)

我が国の民事訴訟では、手続の進行は職権進行主義によるとされてきた。しかし、事件の提示に関しては処分権主義が、事実主張及び証拠提出に関しては弁論主義が支配しており、原告による請求の提示、これに対する被告の答弁、請求を基礎づける法的主張、証拠の提出など、手続の節目では当事者の積極的な行為が必要である。

それだけでなく、職権主義が適用される場面でも、弁護士の上申、要請、協力、ときには抗議などによって訴訟手続の進行に影響が生じることは日常茶飯のことである。例えば、裁判所の指定する期日に対して、「もうちょっと早い期日が入りませんか」等と牽制したり、争点に関係のないと思われる証人を採用しようとする裁判官に「その証人は必要ないと思いますが……」等と意見を述べたりする弁護士の姿はどこの法廷でも見ることができる。

このような事実上の機能を含めて、手続を迅速・的確かつ円滑に進行させるについては、代行者の役割を超えて弁護士の専門家知識・技能が必要かつ有益である。この役割は、弁護士が、訴訟手続の実際に通暁していることから自然に生ずる面もあるが、それだけでなく裁判所及び双方の弁護士が法律専門家（法曹）としてある種の信頼感で結ばれていることにより、当事者自体が訴訟を行う場合に比べ、不必要な争いを避け、真に重要な争点に絞って迅速かつ的確に審理を行うことを可能とする面もある。(36)

訴訟が、適正であるだけでなく、迅速・的確かつ円滑に追行されることは、依頼者にとって本質的に重要なことである。このことは、通常迅速な権利の実現を求める原告の場合は極めてわかりやすく、取り立てて説明を要しないであろう。現代の社会では、高度の専門性の要請を充たすためには、品質が良いだけでは不十分で、速さと、安さが伴うことが不可欠である。(37)

被告の場合は、一般的に訴訟を迅速に進行させることについて不利益を被るとして、これを理由に訴訟の迅速化に消極的な意見も弁護士の中に根強く残っている。しかし、被告の側についても、次の理由により、必ずしもそのように決めつけることが適切とは思えない。

①　訴訟が長引いている事件の中には、原告の提起した請求ないしその理由付け、証拠等に問題があって、被告が進行を望んでも原告側がこれに応じないケースが意外に多い。

②　被告が敗訴する場合でも、審理が長引くのが利益とは限らない。例えば、金銭請求や家屋明渡し訴訟では、認容額に利息ないし遅延損害金が付されるのが通例であるが、低金利時代には訴訟が長引くと、利息・遅延損害金の負担が無視できないものとなる。

③　訴訟を遅らせることについて被告が利益を得るのは、実定法から判断すれば敗訴が見込まれるが、判決が早期に出されず、いずれは訴訟上の和解などで、足して二で割る式の解決が見込まれる場合である。このような和解では、金利や遅延損害金は免除され、本来認められるべき権利の実現も割り引きされることが多いため、粘れば粘るだけ有利だということになる。しかし、実定法が解決の基準として機能せず、訴訟が迅速な解決を保障しないことが恒常化されていること自体、正常とはいい難いものがある。(38)

弁護士倫理においても、弁護士は、「良心に従い、依頼者の正当な利益を実現する」ように努めるべきであり（弁護士倫理一九）、「依頼の目的または手段・方法において不当な事件を受任してはならない」（弁護士倫理二四）

とされている。それ故、訴訟を遅延することのみを目的として弁護活動をすることが許されないことは当然である[39]（弁護士倫理五五）。

4　利益擁護機能

第二に、弁護士は、あたかも当事者本人が弁護士と同じ専門的知識・技術を持っていたならば自ら行うであろうように、専門的知識と技能を駆使して依頼者の実体的法的利益・価値を代弁・擁護することに努める[40]。双方の代理人がそれぞれの依頼者の利益ないし個人的価値を最大限に擁護・実現するために、可能な限り有利な情報を創出、収集し、これを法廷での口頭弁論に提出するとともに、相手方の提供した情報の価値を減殺するために有効なあらゆる活動を行うことは、近代的な民事訴訟の不可欠の要素である。このような訴訟のあり方を、ときに「当事者主義訴訟」と呼ぶことがあるが、そこでは、相対立する当事者が自己に有利な情報を提示しあって、論争ないし対論による一種の説得活動を展開し、判決や和解という形で有利な結果を獲得することを競う[41]。弁護士が、そのような活動をする前提として、一人の人間がもつ倫理、良心、価値観ないしものの見方は必ずしも単一なものではなく、確固不変のものでもなく、もう少し複雑で柔軟性に富んだものであるという事実がある[42]。

弁護士の活動の場である法廷は、このような多元的な価値ないしものの見方を容認し、これを主張することを許す点に特徴がある。

それは、多元的な価値の主張を認めるという点で本質的に自由主義的であり、その結論を得るために当事者及びその代理人が主体的に参加できるという意味で本質的に民主的である[43]。

弁護士は、利益擁護の役割を、単に代理人として行動する場合だけでなく、助言者として行動するときにも果たしている。例えば、訴訟を起こすべきかどうか当事者が迷っているときに、専門家的判断に基づいて断固として訴訟提起に踏み切るべきことを勧めることもあれば、逆に当事者が訴訟にはやっているときに、主張の薄弱さ、証拠の不在等を理由に慎重な姿勢をとるよう諌めることも、弁護士の役割である。

5　秩序形成機能

弁護士はその法廷活動について、社会ないし国家からも一定の役割を付与され、現実にその役割を遂行している。いわゆる弁護士の公共性ないし公益性といわれるものである。この役割は法解釈学的には、弁護士法一条一項の「弁護士は、基本的人権を擁護し、社会正義を実現することを使命とする」という条項を根拠とするのが一般的である。(44)

この弁護士の使命ないし役割を民事訴訟に即して具体的に述べれば、第一に、裁判官及び相手方弁護士と協力して民事訴訟制度を迅速・的確かつ円滑に機能させることである。訴訟を迅速・的確かつ円滑に機能させることが、社会的公共性を持つのである。この点については、本人訴訟において、当事者が法的知識を持たず訴訟実務にも通じていないことから訴訟の進行に支障を来し、困惑した裁判官が当事者に弁護士の選任を勧めている法廷風景を見れば、直ちにその意味することが了解できるはずである。ドイツにおける弁護士代理強制主義が、単なる当事者の利益保護を目的とするのではなく、訴訟の円滑な遂行という国家的な利益をも反映したものであるといわれていることも、これを裏付ける。

弁護士のこのような役割は、旧規則に「裁判所は、審理が公正かつ迅速に行われるように努め、当事者その他の関係人は、これに協力しなければならない」と定められていたことにも表れているが（旧規則三）、今回の改正で法律事項に格上げされ、新法の冒頭部分（二条）で「信義に従い、誠実に訴訟を追行しなければならない」という、より明確な表現をもって規定されることになった。

この、信義に従い誠実に訴訟を追行する義務は、当事者の意図的な虚偽陳述をすることを容認しないという意味での、いわゆる真実義務を含む[45]。弁護士倫理も、「勝敗にとらわれて真実の発見をゆるがせにしてはならない」と戒め（弁護士倫理七）ている[46]。

第二に、弁護士は訴訟を通じ依頼者の多様な個人的価値のエネルギーを汲み上げその擁護・実現に努める。一般の民事弁護士が日常取り組む訴訟は、一つひとつ見ればきわめてありふれたものであって、判例となるような事案ばかりではない。しかしこれらのありふれた事件を誠実に処理する弁護士の活動は、個人の財産権の保障等に関係し、自由な社会の形成、発展に不可欠なものである。このような弁護士の活動の集積が結果的には、基本的人権の擁護、社会正義の実現につながる[47]。

第三に、弁護士は訴訟における専門的な論争ないし対論を通じて法の形成に寄与する[48]。訴訟の結果である判決を通じて、裁判官が判例法を形成する現象が見られることは、我が国においても広く認められているが、この場合の判例は多くの場合、裁判官の孤独な思索の中から裁判官の力によってのみ生まれると見るべきではない。それは法廷での当事者双方の代理人弁護士の論争ないし対論の結果を踏まえて、両者の主張を参考にして形成されるものである。判決は、法の専門家である弁護士の論争を踏まえたものであるからこそ、判例を形成する価値を有するのである[49]。

この法の形成と密接不可分であるが、やや異なる側面を持つ弁護士の役割の一つとして、弁護士が法廷活動の実践を通じ訴訟慣行の形成に寄与することを挙げることができる。(50) 訴訟慣行は裁判官及び弁護士の行動基準となるという意味で、一種の規範を形成する。このような訴訟慣行が法廷のあり方を事実上決することは内外の論者の指摘するところである。(51) 近時の実務家による民事訴訟改善運動は、このような点に注目した実践活動であって、一定の効果を挙げていることは周知のとおりである。(52)

三　新法における弁護士の役割と活動

1　弁護士代理制度の比重増加

改正の一つの要点である争点及び証拠の整理は、弁論準備手続（新法一六八）で行われることが多いと見込まれるが、そこでの作業は裁判官及び双方当事者による率直かつ双方向ないし三方向的な対論を不可欠な要素とする。この作業は常に法規範をキーワードにして共通の言葉で語られるので、(53) 法的素養を欠く当事者では対応が難しい。裁判官と同等な専門知識と経験を有する弁護士がいてはじめて可能なことである。

有能な裁判官と誠実な当事者がいれば、弁護士抜きでも裁判官の結論を出すための最低限の争点や証拠の整理はできないではない。しかし、それは、論争抜きの裁判官主導型のものに過ぎず、双方当事者が自分の利益を最大限に実現するため可能なあらゆる主張と証拠を提出しあい、批判しあってより次元の高い真実や正義についての共通の認識を形成するという意味での当事者対立構造的な近代型の訴訟の理念とはほど遠い。裁判の速さというだけならば、弁護士が介在するよりも能率的で、裁判官としてはやりやすい面があるかもしれないが、訴訟としては平板で薄味なものに終わる。(54)

同様にして、集中証拠調べ（新法一八二）の採用も弁護士代理制度が有効に機能することが前提となる。

本来、交互尋問による証人及び本人尋問は、限定された争点に対し、時間的にも内容的にも集中して尋問を行い、主尋問では限られた時間の中で期待する陳述を引き出さなくてはならず、反対尋問ではその陳述の中に矛盾や虚偽の臭いをかぎ分けながら、的確にしかも巧みに主尋問の効果を減殺させ、ときには自分の側に有利な陳述を引き出す作業である。またこのような作業を法廷で効果的に行うには、事前にそれまでになされた主張及び証拠を再検討し、詳細な尋問事項書を一問一答形式で作成し、証人や本人に面接して尋問事項及び陳述内容を確認し、必要に応じ陳述書を作成する等の準備作業が必要である。この作業は、実際に法廷で尋問する以上の長い時間と、精神の集中を要する。これらの作業は尋問の技術に修練を積んだ専門家でもなかなか難しいのであって、経験のない者が容易にこなせるものではない。

非集中型のいわゆる五月雨式の証人尋問では、一人を調べ終わった段階で、次の尋問を考えればよいから次の人証を調べるまでに、ある程度軌道修正したり、裏をとる調査をしたりすることが可能であり、尋問の順序が後になればなるだけ、それ以前の尋問を参考にして、適切な内容のものにすることもできた。しかし、集中証拠調べでは同じ日に連続的に尋問を行うのであるから、前の尋問を参考にするにしても限度がある。事前の準備の良否が決定的な差を生じさせる可能性が強い。また、集中的に尋問が行われる結果、その場で裁判官の心証が形成され、同時に双方代理人もほぼ同様な心証を共通に持つことになるから、勝敗の形勢の判断が付きやすくなる。事件の建て直しを図るにも時間がなく、集中証拠調べの結果がそのまま最終的な勝敗に直結する可能性が高まる。格段に高度な尋問技術、能力及び経験が必要となるのである。

裁判官の能力という点から見ても、証人尋問を一挙にやるのであるから、その精神的・肉体的負担は過酷なものとなり、双方代理人による適切な交互尋問が行われることが不可欠の前提となる。

新たに採用された当事者照会制度（新法一六三）についても、対立的な感情が支配する当事者本人間で円滑に機能する可能性はほとんどない。多少なりとも中立的客観的立場に立つ弁護士が代理人として介在してこそこの制度も生きてくる。(55)

こうして、新法の下では、弁護士の果たす役割は、格段に重要性を増す。谷口安平教授のいう本人訴訟と弁護士訴訟の区分(56)に従えば、法は両者を区分しない立場から、後者を重視し、弁護士代理制度に依拠して訴訟の高度化を図る方向へ大きく一歩踏み出したといってもよいであろう。

2　訴訟の迅速化

新法の下で、弁護士の役割が増すことは前項で述べたとおりであるが、その増加する役割はどのような側面に関するものであろうか。

まず、気づくのは訴訟手続を迅速・的確かつ円滑に追行する面（手続追行機能）である。

従来、訴訟の迅速化というと、裁判所、ことに司法行政を司る最高裁事務総局が中心となって推進し、弁護士及び弁護士会はこれに反対ないし消極的な姿勢を示すという図式が続いた。(57)しかし、昭和五十年代末からの民事訴訟実務改善運動は、やや異なる傾向を示した。弁護士は自らの業務問題に引きつけて訴訟遅延問題を考え、訴訟の遅延が依頼者・国民の裁判を受ける権利を損ね、司法への信頼を破壊し、ひいては弁護士の社会的・経済的利益をも損ねるとの危機感を梃子にして改善運動を展開した。裁判所も、訴訟の遅延が司法への信頼を損ね、ひいては法曹への批判となって跳ね返ることを認識して真剣にこの改善に取り組んだ。(58)

今回の改正項目のうち、集中証拠調べが訴訟の迅速化に有効であることは既に述べた（一5）。争点及び証拠の整理も集中証拠調べを効率的かつ充実したものにするための準備的作業として、やはり訴訟の迅速化に寄与する（一3）。当事者照会、文書提出命令、主張及び証拠の事前開示も早期の事案解明、争点整理を可能とし、あるいは集中証拠調べの実効性を高め、あるいは和解的解決を促進することで、訴訟の迅速化に寄与する。二条に新設された信義・誠実条項は、弁護士が相手方や裁判官の信頼を裏切って訴訟を遅延させる等の行為をしないことをも当然に要請する。弁護士の最も重要な役割は依頼者の利益を擁護することであるが、それも訴訟という土俵の上で、そのルールに従って追求されなければならないのである。

しばしば、民事訴訟の促進ないし迅速化が適正と対立する概念であるかのごとく説く意見がある。迅速化を極限にまで押し進めれば、効率か適正かという二者択一を迫られる場面がないとはいえまい。しかし、日本の民事訴訟の現状はそのような極限状態にあるのではなく、適正さを犠牲にすることなく、あるいは適正さと迅速性を二つながらに追求できる余地を十分に残している。

3　十分な弁護

弁護士の最も重要な役割が、弁論を通じての依頼者の十分な弁護（利益擁護機能）であることは前述した（二4）。今回の改正がこの弁護士の重要な役割にどのような影響を与えるのか、弁護士の役割がどのように変化するのか、明らかではない。新法はこの点では必ずしも明確な方向を指し示さず、弁護士を中心とする法律実務家の今後の運用に委ねたと見ることができる。

当事者照会制度（新法一六三）の新設、文書提出義務の一般化及び発令手続の整備（新法二二〇④・二二二・二

二三Ⅲ等）、事前開示機能の強化（新規則五三・五五・七九・八〇等）は、弁論を活性化し、審理を充実させる方向でも一定の限度で機能するものと予想できる。

問題は、争点及び証拠の整理手続の改正が利益擁護機能にプラスに働くか、マイナスに働くかという点である。弁論準備手続は、複数用意された争点及び証拠整理手続の中で、従来広く用いられてきた弁論兼和解の性格を色濃く引き継いだものであるから、今後とも多用される可能性が高い。

しかしながら、弁論兼和解は、当初、和解を主たる目的にし、ただその際、弁論で行うべきことも併せてやってしまえば、時間及び人的、物的設備の節約になるというような趣旨で利用され始めた。その影響が後を引いたのか、争点整理の側面が強調されるようになった後も、現実の運用は和解中心で本来の争点整理は行われていないか、行われるにしても極めて不十分なものではないかという疑問がつきまとっていた[59]。

新法の下での弁論準備手続についても同様な懸念がないではない。民事訴訟は、当事者対立構造の下で、論争ないし対論を通じて、両当事者が互いに自己に有利な主張と証拠を提出しあい、相手方及び裁判官を説得する手続である。これに対し、訴訟上の和解、ことに争点整理ないしそれ以前の段階で証拠調べを経ないで行う和解は、このような対立構造による論争を通じた説得作業を中止して、単なる交渉、しかもしばしば、裁判官の権威に頼った交渉によって、紛争を一件落着させる方向に傾きがちである。それは、論争性の確保という観点からは問題がある[60]。

最近、訴訟への絶望や批判からＡＤＲ（代替的紛争解決）や訴訟外示談交渉による紛争解決を重視する意見が有力である。しかし、現実には訴訟が紛争解決の中核に位置することは否定しがたく、弁護士がこの職場を放棄したり、軽視したりすることは、一種の逃避行為と言わねばならない。訴訟上の和解も、民事訴訟が本来持って

いる論争性を損なわない限度で、かつ判決形成手続に悪い影響を与えない範囲内で利用されるべきである。(61)

弁論準備手続期日に於いて争点及び証拠の整理をほとんど済ませ、公開の法廷で行われるのは人証尋問だけというような事態が生じることを懸念する意見もある。実際、そのような懸念が全く見当はずれなものだとも思えない。問題は、公開の場における口頭弁論主義の長所である手続の透明性と、弁論準備手続の長所である活発な論争の要請をどう組み合わせ、どう折り合いをつけさせるかということである。

思うに、訴訟手続には対立的要素と協同作業的要素の両者が併存する。審理の公開性、透明性の理念を大きく損なうことはできないし、さりとて争点整理に欠かせない口頭による率直な意見交換ができずにいつまでも争点が煮詰まらないということでも困る。ごく一般的な事件を想定すると、訴状、答弁書の陳述及び基本的な主張を交換する準備書面の陳述、基本的な書証の提出程度までは、第一回口頭弁論及びこれに続く一、二回程度の準備的口頭弁論で行うことにより、一応の公開性、透明性の要請は充たせる。その後は事件の性質に応じてあるいは引き続き数回の準備的口頭弁論で争点を整理し、あるいは数回の弁論準備手続で争点整理を行い証明すべき事実の確認（新法一六五Ｉ・一七〇Ⅵ・一七七）をした上、遅くても訴え提起後六カ月を経過する頃には集中証拠調べの期日が入るという進行なら、早期に争点を整理し迅速に事件を処理するという要請をも充たすことができるのではなかろうか。(62)

集中証拠調べについても、従来なかなか尋問手続に入らず、入っても五月雨式で、尋問の結果が直ちに裁判官の心証に結びつかず、判決という形での解決に結実しなかった事態がしばしばあったが、今後は争点整理が終われば一気に集中証拠調べに入るものと期待できる。そして、集中証拠調べは、それ自体論争性を強く帯びた手続であるから、今回の改正により一般的には論争性を高める方向で機能するはずである。しかし、集中証拠調べが裁判所による尋問時間切り詰めの口実に利用される危険性がないでもない。例えば、弁論準備手続で、実質的な証拠調べを済ませていること、あるいは事前に提出させた陳述書で事足りることを理由に、申請のあった人証調べを極端に制限したり、切り詰めたりする傾向が強くなれば、口頭主義は形骸化し、書面中心の訴訟手続に成り下がってしまう。このような事態が望ましくないことはいうまでもない。集中証拠調べの目的の一つは、審理の促進にあるのであるが、それは手抜きや省力による早期の解決を是認するものではない。むしろ、充実した審理を行うことにこそ目的があるはずである。

民事訴訟法の改正で、争点及び証拠の整理手続が整備され、集中証拠調べを実行に移す地均しはできた。その争点及び証拠整理手続を集中証拠調べのために有効に活用し、訴訟手続の論争性を高める方向に法廷実務を押し進めるか、それとも名は争点整理だが実際には和解のための期日として論争抜きの交渉の場とするかは、今後の弁護士及び裁判官の態度いかんに係っている。

4　判例及び訴訟実務慣行の形成

弁護士が、当事者主義訴訟の理念に基づき、当事者の利益を代弁擁護する役割を果たすべく、十分な弁護を尽くすことが個々の訴訟を通じての法創造、判例法の形成に寄与することは前述した（二5）。今回の改正が弁護士のこの分野での役割にどのような影響を与えるかは、新法の下でどの程度実質的な論争ないし対論が実践されるかにかかっている、といってよいであろう。

いずれにせよ、日々の法廷業務の中で、判例が重要な機能を営み、しかも集積度を増すことによってますます比重を高めていることは、弁護士業務にある程度携わったものであれば肌身に感じていることである。

同様にして、法廷の現状を直視すれば、民事訴訟手続が、法律や規則だけで動いているのではなく、実務家の行動様式ないし実務慣行が重要な役割を果たしていることを理解できる。健全な法廷慣行の形成のためにも弁護士は重要な役割を果たさなければならない。

弁護士が、日常の法廷実務を通じて、これら判例及び訴訟実務慣行の形成・改善に寄与することは、弁護士法一条二項が定める「社会秩序の維持及び法律制度の改善」の一環として、弁護士の使命の一つを構成すると考えられる。

四　まとめにかえて

民事訴訟において弁護士が果たす役割は、訴訟手続を進めるために最低限必要な事実と証拠を提出し、後は裁判官の裁断を待つだけの消極的ないし受働的なものにとどまらなくなっている。弁護士の役割は、学説判例を渉猟して法的主張を構成し、裁判官及び相手方との議論の中で争点を整理し、依頼者だけでなく相手方当事者や第三者からも広く証拠を収集し、詳細な準備に基づく交互尋問などを通じてこれを効果的に法廷に顕出して、依頼者の利益を最大限に代弁擁護し、ときに交渉能力をも動員して訴訟上の和解を試みる等、多彩で積極的かつ能動的なものに変わってきているのである。

同じことは裁判官についても当てはまる。従来、裁判官は、当事者から提出された事実と証拠に対し、所与の法を機械的に適用して結論を出すというようなイメージが強かった。そのようなイメージに影響されてのことであろうか、これまで、裁判官は法廷で自分の見解を積極的に示さず、手続進行面でも自らの個性を表に出して進行を図るということが少なかった。

しかし、この十数年ほどの間に、裁判官の姿も随分変わってきた。訴訟法や規則に従いつつも、様々な工夫を凝らして、個性的で魅力のある、しかし近代的な訴訟理念からは決して逸脱しない訴訟手続を開発し、その成果を法律専門誌などに公表して普及を図る裁判官が出始めている。裁判官の顔が見えはじめてきたのである。

私は、このように弁護士や裁判官が主体性を発揮して、積極的かつ能動的に活動し始めたことは、日本の民事訴訟にとって明るい材料だと思う。

訴訟は所詮、人間が行うものであって、その内容は、訴訟を現実に動かす弁護士や裁判官がどのように行動するかによって決まってくる。法が定める争点整理といい、集中証拠調べといっても、現実に訴訟手続に関与する弁護士や裁判官の行動の外枠を画するに過ぎず、裁判関係者の行動様式ないし実務慣行こそが具体的現実を決定する。新民事訴訟法制定を契機に、弁護士が法廷において、一層積極的かつ能動的に活動することが期待される所以である。

（1）　訴訟代理人には、法令上の訴訟代理人（支配人、船舶管理人、船長）と、訴訟委任に基づく訴訟代理人とがあるが、通常、訴訟代理人というときは、専ら訴訟委任に基づく代理人を指す（本書でも、特に断らない限り、訴訟代理人をこの意味で使用する）。

（2）　従来の民事訴訟理論において、弁護士の影が薄かったことについて、谷口安平「弁護士と法・事実——民事訴訟における弁護士の役割」民訴雑誌三四号（昭和六三年）四〇頁・四九頁。同教授の表現を借りれば、「弁護士は裁判所と両当事者を結ぶ三角形の底辺の両脇に控える補助者程度に考えられていたふしがある」。本章は、弁護士が民事訴訟において、当事者の補助者にとどまるものではなく、独自の役割を担っていることを論証することを一つの目的とするものである。
（３）当事者に焦点を当てた論考として、難波孝一「訴訟当事者の役割」新民事訴訟法の理論上（ぎょうせい）一八一頁を参照。
（４）最高裁判所規則は、憲法で最高裁判所に特に認められた立法権であるから、国会が定める法律との間に上下関係はない、と解する余地がある。ただし、現実には法律の方が重視され影響も大きい。
（５）兼子・体系〔初版〕（酒井書店、昭和二九年）二〇一頁。
（６）三ケ月・民事訴訟法〔補正版〕（法律学講座双書、弘文堂、昭和五六年）三一四頁。
（７）林屋礼二「民事訴訟法における権利濫用と信義則の関係」新実務民訴(1)一七三頁。なお、伊藤眞「訴訟手続」注釈民訴(3)四一頁以下。
（８）最判昭三四年三月二六日民集一三巻四号四九三頁、最判昭四一年七月一四日民集二〇巻六号一一七三頁、最判昭四八年一〇月二六日民集二七巻九号二四〇頁、最判昭五一年三月二三日判時八一六号四八頁等。
（９）日弁連弁護士倫理に関する委員会『注釈弁護士倫理』（有斐閣、平成七年）三一頁。
（10）法務省民事局参事官室「民事訴訟手続に関する改正要綱試案補足説明」（平成五年）、山本和彦「弁論準備手続」ジュリ一〇九八号（平成八年）五三頁等。
（11）田村洋三「民事集中審理について――その実務的経験から（上）判時一三八三号（平成三年）八頁、井垣敏生「民事集中審理について――体験的レポート」判タ七九八号（平成五年）七頁、西口元「民事訴訟の汎用的審理モデルを目指して――事前準備、争点整理及び集中証拠調べの一つのモデル」民訴四一号（平成七年）二一九頁、菅野博之「弁論兼和解と集中的証拠調べ――札幌地方裁判所における実情と私見」判時一五一三号（平成七年）二六頁等。
（12）前掲注（11）各論文。
（13）日本弁護士連合会「民事訴訟手続に関する要綱試案に対する意見書」（平成六年）一〇三頁、清水正兼「当事者照会制度」ジュリ一〇九八号（平成八年）四八頁。
(14) 法務省民事局参事官室「民事訴訟手続に関する改正要綱試案」（平成五年）二二頁。
(15) 法務省民事局参事官室・前掲注（10）三八頁。
(16) 小山稔「わが国における民事訴訟促進方策の歩み」判タ六〇一号（昭和六一年）一九頁、那須弘平「集中審理再生のために」判タ六六五号（昭和六三年）一五頁。
(17) 最高裁事務総局「民事訴訟の審理の充実を図るための方策に関する協議要録」（昭和六三年）、前掲注（11）各論文。なお那須弘平「民事訴訟の促進をめぐる実務家の動向と問題点」民訴三五号（平成元年）六二頁。
(18) 例えば、新法成立後のジュリ一〇九八号（平成八年）、法時六八巻一一号（平成八年）等の特集でも、集中証拠調べは独自のテーマとしては論じられていない。
(19) なお、法案作成の最終段階で行政文書の提出義務について行政庁の判断を裁判所の判断に優先させる除外規定が挿入され、司法・学界・マスコミ等を巻き込んだ論争の結果、国会で一部修正され、行政文書に関する改革が全て先送りとなったことは周知のとおりである。近い将来に国会の付帯決議どおり、「不合理な官民格差を生じない方向で」再検討されるはずである。
(20) 小山稔「モデル訴状、答弁書の試み」判タ六六四号（昭和六三年）二二頁、畠山保雄「モデル訴状と審理の進め方」判タ六六四号（昭和六三年）三二頁、第二東京弁護士会民事訴訟改善研究委員会「民事訴訟充実促進実践マニュアル試案」判時一三三八号（平成二年）三頁。
(21) 弁論兼和解が新法で弁論準備手続として成文化されたことと併せて、法廷現場での法律実務家の改善努力が実定法に結実する可能性を示す好例である。なお、近時盛んに利用され始めた陳述書について同様の可能性を認めるものとして、那須弘平「争点整理における陳述書の機能」判タ九一九号（平成八年）二六頁。
(22) 伊藤眞「開示手続の理念と意義（上）」判タ七八六号（平成四年）七頁以下。

(23)　棚瀬孝雄『紛争と裁判の法社会学』（法律文化社、平成四年）四七頁。
(24)　棚瀬・前掲注（23）五〇頁以下。
(25)　ただし、このような委任契約によって依頼者と弁護士間に形成される個別的期待関係を、強いて「役割」と結びつける必要があるかどうか、若干の疑問がある。そのような契約関係は、市場原理の下では、対価の授受を踏まえた取引の一場面に他ならず、契約に定める業務を履行すれば報酬を支払い、履行しなければ報酬を支払わないのであるから、「役割」などという規範的な概念になじみにくいようにも思われる。しかし、委任契約は、当初から不確定的要素をはらみ、最終的には社会的規範に依拠して弁護士の業務が遂行されざるを得ないこと、しかも弁護士は規制された職業であり、単なる当事者間の取引関係に還元しきれない要素を含んでいることも確かであるから、とりあえず、弁護士の「役割」の中に、委任契約によって定められる依頼者の期待も含むものとして論を進める。
(26)　棚瀬教授の言う「準拠枠」の問題である（棚瀬・前掲注（23）五九頁）。
(27)　石川明「弁護士の基本的性格に関連して」『民事法の諸問題』三九三頁（一粒社、昭和六二年）、加藤新太郎『弁護士役割論』（弘文堂、平成四年）六頁。
(28)　萩沢晴彦「弁護士法と訴訟行為」民訴一四号一五五頁（昭和四三年）、伊藤眞「弁護士と当事者」講座民訴(3)一七七頁。なお、王亜新助教授は、中国の弁護士の役割に関してではあるが、訴訟代理の最も原型的な内容を成す「代理の役割」、当事者の利益要求を法的権利命題に翻訳し、その実現を目指して法の技術を駆使する「専門家の役割」に加えて、法の知識や技術以外のいろいろな資源を動員して、訴訟における自分の利益を追求する当事者を助けるという意味での「ブローカーの役割」があることを指摘する。日本の弁護士の発生史とも関連して、興味深い指摘である（王亜新「中国の民事訴訟における弁護士の役割(一)」民商一〇九巻四・五号（平成六年）七〇六頁）。
(29)　新堂幸司「訴訟代理人及補佐人」注釈民訴(2)三〇三頁以下。
(30)　谷口・前掲注（２）四一頁。

(31)　中川徹也「民事訴訟における弁護士の役割」『変革の中の弁護士（下）』（有斐閣、平成五年）一一五頁以下。

(32)　この三つの役割は、民事訴訟の目的に関する三つの説、すなわち紛争解決説、権利保護説及び私法秩序維持説にほぼ対応する。民事訴訟の目的に関する最新のかつ極めて示唆的な文献として、竹下守夫「民事訴訟の目的と私法の役割」民訴四〇号一頁以下参照。

(33)　萩沢・前掲注（28）四九頁以下。伊藤・前掲注（28）一一七頁。

(34)　加藤・前掲注（27）四四頁以下。

(35)　ただし、当事者から見ると、弁護士に依頼する真の理由が、訴訟の手続に不案内だ、法廷に出ていくのが煩わしい、忙しくて時間がない、等である場合も少なくないと思われ、代行者的地位に基づく役割が意外に大きな比重を占めている可能性がある。

(36)　反面、専門家は過去の慣行を無批判に踏襲しがちで、実務の慣性の流れを変える必要のあるときは弁護士の関与が改革を妨げる方向に作用することにつき、三ケ月「司法改革を阻む思考の諸形態」判タ六四〇号四頁（昭和六二年）、谷口・前掲注（２）四三頁等。昭和五〇年代以降の民事訴訟改善運動は、この実務家の保守的体質への挑戦の試みでもあった。裁判所と弁護士が法曹としての信頼感で結ばれているかどうかで、訴訟の迅速性に差が生じることにつき、Ｐ・カラマンドレイ（小島武司他訳）『訴訟と民主主義』（中央大学出版部、昭和五一年）一一七頁。ただし、法曹間の信頼に基づく行動は、依頼者から見ると「なれ合い」と映ることがあるので、依頼者の信頼を損ねない配慮が必要である。

(37)　訴訟を離れて考えたとき、我々が「さすが専門家だ」と感心してその仕事の内容に高い評価を与えるのは、品質が高いだけでなく、費用も合理的で、しかも迅速な場合である。訴訟についても、速さは訴訟の専門家である弁護士が心掛けるべき必須の要素である。ちなみに、第一東京弁護士会は昭和六三年三月に「新民事訴訟手続試案（迅速訴訟手続要領）」（ジュリ九一四号四〇頁）を発表して、その中で訴訟の「納期」という概念を提唱した。第二東京弁護士会も、平成元年九月に「民事訴訟充実促進実践マニュアル試案」（判時一三三八号三頁）を発表し、通常の事件で六カ月、やや複雑な事件で一年以内で終了すべきことを提唱した。（なお、裁判所及び弁護士会の訴訟促進運動の概要につき、那須弘平「訴訟促進をめぐる実務家の動向と問題点」民訴三五号五七頁（平成元年）参照）。

(38)　那須弘平「謙抑的和解論――和解の判決手続に与える影響を中心にして」『木川古稀・民事裁判の充実と促進』(上)（判例タイムズ社、平成六年）七〇四頁。

(39)　訴訟遅延と弁護士倫理の関係につき、高橋宏志「民事訴訟引延しと弁護士倫理・懲戒」NBL五七五号（平成七年）八頁。なお、これに関連して田中紘三「訴訟の引延しは弁護士懲戒処分の対象になるか」NBL五八三号（平成七年）一一頁、加藤新太郎「司法過程における弁護士の役割」自正四七巻六号（平成八年）八九頁参照。日弁連弁護士倫理に関する委員会編『注釈弁護士倫理』（有斐閣、平成七年）二〇二頁は、旧「弁護士倫理解説書草案」を引用して、この問題の困難性を指摘している。限界事例についてはともかく、一般論としては、迅速に訴訟手続を進行させることが弁護士の依頼者に対する役割の一つであり、遅延目的での弁護活動は弁護士倫理五五条にいう「不当な目的」に該当することを認めるべきである。

(40)　「利益を擁護する」というのは、弁護士のやや独りよがりの表現かも知れない。依頼者が弁護士に期待する心理には、「できることなら、法廷で自分の言いたいことを十分に言い尽くしたい。しかし、自分にはその能力がないので、弁護士さんに任せる。自分では気づいていない面も含めて自分の立場を代弁して欲しい」という側面がある。弁護士も、現実に「利益が擁護される」かどうかはともかく、依頼者の言いたいこと、本人が気づいてはいないがもし気づいていれば言いたいであろうことを法廷で代弁してみよう、という目的で受任をすることも少なくない。このような微妙な心理に支えられた弁護士の役割を「利益の擁護」等という乾いたニュアンスの言葉で括ってしまうのは、やや粗雑に過ぎるかもしれない。ただ、現実の訴訟では、法的枠組みの中で、弁護活動が行われるが故に、「権利の擁護」とか「利益の擁護」とかいう表現にならざるを得ないのであろう。しかし、それも「擁護」というよりは、「擁護」

護に向けて直摯な努力をすること」が弁護の実態であり、恐らく本質であるといってよい。

(41)　判決は、中立的な第三者である裁判官の裁定であることによってその正当性を獲得し、和解は当事者の合意の存在によって正当性を獲得する。しかし、そのいずれの場合にもこれに先行する当事者間の十分な論争ないし対論があればこそ、単なる訴訟外の紛争解決とは異なる、程度の高い正当性が認められることになるのである。その意味で、十分な論争ないし対論は、訴訟上の解決の欠くことのできない要件であると考える。

(42)　桂木隆夫『自由社会の法哲学』(弘文堂、平成四年)四一頁によれば、「社会に適合しうる目として形成された我々の心の中には、他者との交流によって培われた複数の目が共存している。我々は常に複数の見方、複数の目で世界を見ているのであり、決して一つの固定した見方で世界を見ているのではない」という。人間の人格・心についてこのような考え方を、同教授は多元的自我(multiple self)と呼ぶ。この考え方によれば、人がある見方に立って自分の主張を通し、相手を説得しようとする場合、相手が持っている複数の見方のうち、共鳴してもらえる可能性のある部分に訴えかけ、その支持を取り付ける作業をしていることになる。相手の主張に対して、反論を加える場合も、相手の内心に存在する複数の見方のうち、こちらの見方・主張に共鳴しうる部分に訴えかけて、従来の見方に動揺を生じさせ、あるいは変更をさせる作業をしているということになろう。

この指摘は、弁護士が自分とは異なる価値観を持った当事者の依頼に応えて、相手方当事者や裁判官を説得するということを業務とすることがなぜ可能かということを原理的に基礎づける理論的枠組みを提供する。また、弁護士の多くは、全く相反する立場の複数の依頼者の弁護を——例えば、ある法廷では借地人の借地権を擁護し、他の法廷では地主の所有権を擁護する弁護を行う等というように——同時進行的に日常茶飯のこととして実践しているが、このような複数の相矛盾する価値の擁護を同時並行的に行いうるのも、「多元的自我」を内面に持っているからであると理解できる。

(43)　P・カラマンドレイ・前掲注(35)一一〇頁。

(44) 伊藤・前掲注(28)一一六頁以下、加藤・前掲注(27)五頁。ただし、私は弁護士法一条を唯一の根拠として、弁護士の社会ないし国家に対する役割を導きだすことに若干の抵抗感を覚える。弁護士の公共性ないし公益性は、普遍性をもち、このような条文を持たなかった戦前の日本の弁護士にも、そして外国諸国の弁護士にも認められる特性であるはずである。現行弁護士法下での日本の弁護士以外の弁護士についても、公共性、公益性を認めるためには、ひとまず弁護士法一条を離れて、もっと実質的な理由を探してみる必要がありそうである。弁護士法一条はこの実質的な根拠を確認的に規定したものと解するのが、論理的にもそして社会的事実としても正しいのではなかろうか。

(45) 中野貞一郎「民事訴訟における真実義務」『過失の推認』(弘文堂、昭和五三年)一六四頁。加藤・前掲注(27)二四九頁以下。ちなみに、ここに言う真実義務の内容は、自己が真実に反すると知りながらある事実を主張したりそれを裏付ける証拠を提出してはならず、また真実と反すると知りながら相手方の主張事実を争ったり、反証を提出したりしてはならない、という限度の消極的なものである。これを超えて、訴訟のいかなる場合・状態においても真実を述べなければならないというような積極的な義務を課することは、当事者対立構造の弁論主義の長所を損なうので適当でない(中野・前掲書一五五頁)。

(46) ただし、日弁連弁護士倫理に関する委員会・前掲注(9)三八頁は、これが民事訴訟における真実義務を直接規定するものではないとしている。

(47) 那須弘平「弁護士職をめぐる自由と統制」『変革の中の弁護士(上)』(有斐閣、平成四年)一六五頁以下、一七五頁。

(48) 谷口・前掲注(2)五六頁。

(49) 田中英夫教授の言葉によれば「両当事者の優れた弁論は、良い判決が生まれる母胎」である(田中英夫『英米法と日本法』(東京大学出版会、昭和六三年)九頁)。

(50) 弁護士法一条二項は弁護士に法律制度の改善に努力すべき責務を課している。弁護士が立法活動に積極的に関与することも重要であるが、弁護士の業務との関係でいえば、適正な法廷実務慣行の形成はこれに劣らず重要なことである。

(51) Ｐ・カラマンドレイ・前掲注（36）一七頁。中野貞一郎「手続法の継受と実務の継受」『民事手続の現在問題』(判例タイムズ社、平成元年) 五七頁。

(52) 前掲注（11）各論文。なお、那須・前掲注（17）七五頁。

(53) 谷口・前掲注（2）論文三七頁。

(54) 一般論としていえば、弁護士抜きの論争の中からは、先例となるに値する程の良い判例法が生み出される可能性は薄いのではないか（田中・前掲注（49）九頁）。

(55) 弁護士が介在する場合でも、法廷をただ対決の場と考えているようでは、照会も糾問調で不適切なものとなり、相手方も誠実な回答をしないということになりかねない。その場合に、口頭弁論の期日又は期日外において、裁判長から発問してもらうことも一つの方法であるが（新法一四九Ⅲ）、それでは当事者照会制度を自ら否定することになる。そこで、問題が生じたときは、弁護士間で自主的に調整し、それでも駄目なら弁護士会に適切な運用のために設けた裁定機関等で判断してもらう等という工夫が必要となる。その場合、新法二条が一つの根拠となるであろう（青山善充ほか「(研究会) 民事訴訟手続に関する改正要綱試案をめぐって」ジュリ一〇四二号二三頁（平成六年）の新堂発言)。

なお、清水・前掲注（13）は、弁護士会において、当事者照会の運用準則的なものを制定することを示唆している。近時、普及し始めた弁護士会仲裁センターを利用するのも一方法である。

(56) 谷口・前掲注（2）三九頁。

(57) 小山稔「我が国における民事訴訟促進方策の歩み」判タ六〇一号（昭和六一年）一九頁、那須弘平「民事訴訟遅延と弁護士の役割」判タ六〇三号四二頁（昭和六一年）四二頁。

(58)　那須・前掲注（17）六二頁、前掲注（11）各論文等。

(59)　ただし、平成三年頃から、集中証拠調べを本格的に行う前提としての争点整理を弁論兼和解で行うことが各地の裁判所で試みられたが、この場合にはかなり本格的な争点整理が実践された模様である（前掲注（11）各論文）。

(60)　那須・前掲注（38）七〇四頁以下。

(61)　那須・前掲注（38）七一一頁以下。

(62)　平成元年に第二東京弁護士会が提唱した「民事訴訟充実促進実践マニュアル試案」も、ほぼ同様な発想に基づいている（第二東京弁護士会民事訴訟改善研究委員会「民事訴訟充実促進シンポジウム」判時一三三八号三頁以下）。

第二章　弁論準備手続と和解

一　問題の所在

訴訟上の和解は、もともと、当事者が判決手続の過程の中で自発的に和解の気運を生じ、裁判所がその結果を認めて訴訟を終了させるとともにその和解内容に判決類似の効果を認めるものであったと考えられる。

しかし、和解の現状はこのような立法者の意図を遙かに超えて、量的には判決と同じか、それ以上の事件を和解で終了させるまでに至っている。和解成立までの過程でも、裁判所が積極的に関与することが多くなり、和解技術の重要性が強調されるようになった。平成八年の改正では、裁判所等が定める和解条項の制度（新民訴二六五）が新設され、裁判所の役割が増した。

このような状況の下で、学者を中心にして、和解に関する手続規制の必要性を主張する意見が有力になってきた。中でも、従来、実務慣行として行われてきた交互面接方式による和解手続については批判が多く、対席方式を推奨する意見が強くなっている（後掲〈参考文献〉⒂一二七頁）。

二　交互面接方式と対席方式

1　和解情報のコントロール

裁判官が裁判官室や準備手続室において和解を進める場合、交互に当事者及び代理人を呼び入れて意見を聞き、双方の主張を調整して和解を成立させるいわゆる交互面接方式が広く行われてきた。双方が対席して和解を進める対席方式もしばしば利用されてはいたが、交互面接方式の方がはるかに多かった。交互面接方式については弁護士も別段の疑問を持たず、むしろ自らこれを選択することも少なくなかった。

弁護士が交互面接方式を好む理由の一つとして、和解交渉においては、専門家による情報の操作・管理ないしコントロールが有益であると言う事実を挙げることができる。

このことは、訴訟外における交渉の状況を観察すれば、より簡明な形で理解できる。

弁護士が依頼者から委任されて訴訟外において相手方と交渉する場合、相手にも弁護士の代理人がついているときは、弁護士同士で面会して交渉し、当事者は同席しない例が多い。当事者が同席する場合にも、弁護士同士が表面に立って、法的に意味がありかつ証拠面からもある程度確かな事実を抽出して、そこからどのような効果が生じるのかという形で議論を進める。

訴訟とは異なるから、事件の背景となった事情とか、当事者双方の経済状況等も話題に上がるが、それも和解的解決に必要な事項に限られる。弁護士同士の交渉の場合に、双方の代理人は当事者から得た情報（この情報の獲得自体一つの専門技術である）をそのまま相手方にぶつけることはしない。

和解交渉の席で相手方から入手した情報は、通常できるだけ正確に自分の依頼者に伝える。しかし、ときには、相手方代理人との複雑な内容のやりとりを依頼者に理解可能な内容に要約加工したり、和解成立に有害、又は無益な情報をカットしたり、相手方代理人との間で取り交わされた専門家特有の厳しいやりとりを緩和した表現で言い直したりという程度のコントロールは、多くの弁護士が行っている。

弁護士の多くは、法律専門家が情報を適切にコントロールすることで一般の人が行う示談交渉よりも効率的で適正な和解を実現できると考えている。

2　交互面接方式による和解

訴訟上の和解手続において、当事者から裁判官に伝えられる情報には次のとおり多種多様なものがある。

① 事実面、法律面で自己の主張を裏付けたり、相手方の主張を反駁するのに有益な情報

② 自己の側の弱点の自認、最終的な和解内容に対する腹づもり等

③ 本人自身の愚痴、心情、相手方に対する人格的非難、悪口等

交互面接方式では、これらの情報が一方当事者（代理人）から裁判所だけに伝えられる。その情報が裁判所から他方当事者へとそのまま伝えられるとは限らない。むしろ、新たな提案の提示や、相手方提案の諾否等、結論部分を除いては、相手方に伝達されないのが通常の例である。結論以外の事項、例えば自己の提案の理由や、相手方の提案を拒否する理由などが相手に伝達されることもあるが、その場合でも裁判官によってかなり整理・要約されたものとなることが多い。裁判官が、和解に関する情報をコントロールする役割を担っているのである。

交互面接方式の下での裁判官の情報コントロールの結果、次のような効果が期待できる。

① 当事者は、和解が早い時期に行われる場合、後に提出する予定の主張や証拠等の情報を事前に相手方に察

知されることを嫌う傾向が強いが、交互面接方式では相手方へこれらの情報が漏れない。

②　当事者は、対席の場合、譲歩の限度や自分の弱み等を相手方に察知されることを恐れ、つっこんだ議論ができないことが多いが、交互面接方式ではこの懸念がなく、率直な心情を裁判官に伝えることができる。

③　裁判官も自分の心証を含め、当事者に率直な意見を伝えることができる。ときには、裁判官が当事者を慰めたり、いたわったりすることで、和解への雰囲気を盛り上げることもある。

④　当事者が直接交渉すると、相手を非難したり怒ったりして相手を刺激し、まとまる話もまとまらなくなる。これに対し、交互面接方式では、裁判官が当事者から上がってくる情報のうち和解を成立させるために有効であると判断する情報のみを取捨選択して相手方に伝えることで、和解が成立しやすくなる。

交互面接方式による和解では、社会的にも権威があり、和解が不成立なら判決をする権限を持つ裁判官が、和解手続に現れた全ての情報を独占的に保有し、これを適宜コントロールして手続を進める点に特徴がある。当事者はいずれも相手方の情報を裁判官経由でしかも濾過された形でしか取得していないから、必然的に裁判官に依存することになる。そこで、裁判官が双方から得た情報を基にして裁断的に示す和解案も強い説得力を持ち、和解が成立する率も高まる。

他方で、和解に関する情報を双方当事者が共有せず、裁判官が情報をコントロールすることについて、透明性や公正さの点から問題があると言う批判も絶えない。訴訟が当事者の対席を原則とする手続であるのに、その中の和解だけが対席でない点で異質であることは否定しがたい。

3　対席方式による和解

対席方式による和解は交互面接方式による和解に比べ、やりとりされる情報の経路、及びコントロールの内容、程度に大きな差異がある。

対席方式の下での和解でも、双方当事者（代理人がいるときは代理人）は、裁判官に向かって発言し、これに対する反論も裁判官を通して行うのが本来の在り方である。実際にもそのようなやり方で和解を行う裁判官もいる。しかし、対席方式では、多くの場合、原告と被告（代理人がついているときには、双方代理人）との直接的な意見交換が中心となり、裁判所は、議論を整理し、両者の歯車がかみ合わない場合に調整するだけである。和解の最終段階では、裁判所の和解案を示すこともあるが、それも双方の交渉による和解成立の参考として提出されるに過ぎない。

当事者双方及び裁判所は、和解の場に提供される全ての情報（相手方が提出する主張や証拠等のフォーマルな情報だけでなく、相手方や裁判官の表情、態度等インフォーマルな情報を含む。裁判官の心証開示も当然含まれる）を共有し、これを基に解決方法を模索し、説得したり説得されたりしながら和解を成立させることができる。

この方法は、和解の透明度と公正さを格段に高める。訴訟が対席を原則とするものであることを考慮すると、和解も対席方式を採用することで全体の手続の中によりよく調和するといえよう。

他方で、対席型の和解では、裁判官による情報のコントロールは事前に発言の内容について誘導・指導したり、事後的に整理・修正したりするなど、きわめて限られた範囲にとどまる。このことで、裁判官の権威や適切な情報コントロールに依存した裁断の機会が少なくなり、結果的に和解成立の率が低くなることがあるとしてもやむをえないことである。

三　弁論準備手続における和解

1　弁論準備手続新設の影響

新民事訴訟法の下では、弁論準備手続が従来の弁論兼和解の果たした機能を相当部分受け継ぐことになる。この手続は対席方式が原則であるから（新民訴一六九Ⅰ）、従来、弁論兼和解手続で行われてきたことの中で、事実上及び法律上の主張、書証の提示、人証の陳述内容の予告（陳述書等）を争点及び証拠整理の一環として行うのに適しており、現実にもこれらの行為は弁論準備手続で行われる可能性が高い。

この弁論準備手続で和解をどの程度行うことができるか。この問題を考える前に、いくつかの前提問題を検討する必要がある。

①　弁論準備手続の中で（和解期日に切り替えることなしに）和解を行うことができるか（これは新法の下で弁論準備手続兼和解を認める余地があるかと言う問題と混同しやすいが全く別の問題である。後述）。

口頭弁論手続（準備的口頭弁論を含む）の中で和解を行うことができるのであるから（新民訴八九、新民訴規六七Ⅰ①）、これと同様に考えると弁論準備手続において和解を行うことも、その基本手続が対席で行われる限り、問題がないということになる（新民訴八九、新民訴規八八Ⅳ）。それは弁論準備の中の一行為であって、和解手続ではないのである（後掲〈参考文献〉⑿一七三頁）。

②　双方当事者に異議がないときは交互面接方式で弁論準備手続を行うことができるか。

これが認められれば、右①の問題について弁論手続のなかで和解を行うことが許されることと連動して、旧法下での弁論兼和解と同様に争点整理と交互面接方式による和解を渾然一体のものとして運用できることになる。

法が弁論準備手続を「当事者双方が立ち合うことができる期日」において行うとした趣旨から見て、当事者の一方が欠席したときや、当事者が感情的になり手続を継続することが困難になったような場合に、例外的に対席原則を崩し一時的に交互面接方式を採ることは許されるであろう。

　しかし、これを超えて弁論準備手続の中で一般的に交互面接方式による和解を行うのを許してもよいかということになると、いかに当事者双方が同意するからと言っても、弁論準備手続制定の趣旨、経過から見て問題があると言わざるをえない（後掲〈参考文献〉(14)二六頁、後掲〈参考文献〉(23)一六頁等）。弁論準備手続は、旧法下で弁論兼和解の名の下に争点整理と和解とが渾然一体として運用されていたことに対する反省の上にたって制定されたものである。手続の目的が「争点及び証拠の整理を行うため」と特定されていることを重視すれば、専ら和解に必要と思われる交互面接を弁論準備手続きで行うことを容認することは、争点整理に名を借りて、実際には和解を押し進めた旧弊を温存することにつながりかねない（ただし、法務省及び裁判所関係者の多くは反対の立場のようである。後掲〈参考文献〉(9)一九三頁、後掲〈参考文献〉(13)二二一頁はいずれも交互面接も可能とする。なお、後掲〈参考文献〉(23)一六頁は、「通常は、和解期日を指定するまでもなく、弁論準備手続の中で、当事者双方に和解を勧試することを明示し、その了解を得た上で、同時面接方式あるいは交互面接方式による和解勧試をする事で足りると考えられる」としている。これが和解期日でなく弁論準備期日での交互面接方式を許す趣旨であるとすれば賛成しがたい）。

　③　弁論準備手続中に交互面接方式で和解をする必要が生じたときは、その旨の告知をして和解手続に切り替える必要があるか。

　弁論準備手続は、旧法下における弁論兼和解があまりにも融通無碍で、争点整理と和解が不可分で運営されていたことに対する批判の上に立って、争点及び証拠整理に純化したものである。したがって、弁論準備手続中に、交互面接方式による和解をするには、和解手続への移行を告知する必要があると解する。

2　弁論準備手続における和解の可能性

弁論準備手続における争点及び証拠の整理では、どこまでが判決のための作業でどこからが和解のための作業であるか明確に区別しがたい面を持つ。抽象的に言えば、判決のための争点整理が双方の主張の不一致点を確定する作業なのに対し、和解が双方の一致点を確認しこれを拡張していく作業である点で差異があるが、それは写真のネガとポジのように裏腹の関係に立つ。また、争点整理の対象を「和解などに役立つ背景事情（あるいは周辺事情）」にまで広げる立場（いわゆる「事実型争点整理」論。後掲〈参考文献〉(7)六四頁）に立つかどうかは別として、実際の争点整理では背景的事情もある程度紛れ込むのは避けがたいことであり、これを潔癖に排除しようとするとかえって窮屈な手続になってしまう。

旧法下での弁論兼和解では交互面接方式が多用されており、しかも争点整理と和解を区別することなく渾然一体として運用したため、裁判官が当事者から個別に事情を聞く作業に多くの時間が費やされ、争点整理はかけ声倒れに終わる傾向が強く、手続に弛緩や遅延を生じさせる原因の一つとなっていた。

新法では弁論兼和解に替わるものとして弁論準備手続が新設されたが、そこで対席が原則とされたことで、かなり事態は変わってきた。弁論準備手続中で和解を行う場合にも、同じことを何回も繰り返すなどのことでもしない限り、長時間にわたって和解を続けることは難しい。したがって、対席方式を崩さない限り、和解を弁論準備手続から排除することは必要性に乏しく、実際上も排除は無理を強いることになりかねない。また、口頭弁論手続中で和解勧試を行う場合に別個の和解期日を開く必要がないこととの権衡の問題もある。

この点について東京地裁は「弁論準備手続においても和解の勧試ができるが、これをする場合には、争点整理の手続と和解の手続とを明確に区別する必要がある」とする指針を示している（後掲〈参考文献〉(23)一六頁)。これは従来、弁護士会等からの「弁論兼和解において、争点整理と和解が明確に区別されていない」という批判に対する配慮をした結果と思われる。このように区分する姿勢はそれなりに評価できるのであるが、一方で弁論準備手続中での和解について当事者双方の合意があれば交互面接でも良いとするのでは（前掲**1**②)、せっかくの争点整理と和解とを区別する姿勢も首尾一貫性を欠く結果となる。

弁論準備手続の中で和解をすることは構わないが、同手続が争点及び証拠整理目的のものであることから、争点及び証拠整理と和解とを区分して運用するだけでは不十分で、対席によって行う原則を堅持する必要がある。そのことが、解釈論的には対席原則を採用した新法一六九条一項の趣旨に合致し、実際上も弁論準備手続の本来の目的である争点及び証拠整理機能を高めることになると考える。

3　和解手続への移行

かつて交互面接方式で延々と繰り返されてきた和解は、新法下では一部が弁論準備手続の争点及び証拠整理に変身し、対席が要件とされるに至った。

そこでは対席であるがゆえに、取り交わされる情報の内容も精選され、和解期日が止めどもなく続く恐れは少なくなった（ただし、そのためには、弁論準備にある程度の時間をとって口頭による実質的な討論がなされる必要がある)。

裁判所が定める和解条項制度の新設により、和解条項に関する細部の調整が、交互面接の場における駆け引きの中で行われることから脱却して裁判官の裁断に委ねられることも可能になった。弁論準備手続の中で、対席で和解を行う環境が整ってきたと言ってよいであろう。

和解手続固有の作業として残された部分は、真に和解と呼ぶに相応しい当事者の譲歩と決断の部分である。和解には互譲の部分が不可欠で、その部分は必ずしも合理性が支配するものではない。ある種の決断が決め手になる。この決断のためには当事者の密室での内心の吐露と裁判官のカウンセリング的な説得が有益な場合も少なくない。

そこで、私は、交互面接の場面がより縮小することが近代的な訴訟にとって望ましいことを認めつつなお和解の詰めの段階では和解手続に切り替えたうえで、交互面接による和解を進めることがあってよいと考える。

四　和解を行う時期と内容

1　和解の時期

裁判所が和解を試みる時期は、大きく分けると、第一回口頭弁論直後、争点及び証拠整理段階、及び集中証拠調べ直後の三類型が考えられる。

このうち、第一回口頭弁論直後の和解は、被告が請求原因事実を争わず、ただ支払い能力に問題があるので一部の免除、ないし分割弁済を希望し、原告もこれに応じる用意がある場合などに利用される。原告とすると、和解により被告の任意の履行を期待できると言うメリットがある。

争点及び証拠整理段階、殊にその最終段階では、裁判所も双方当事者もおおよその事件の結論を見通せる状態になる。最終的な結論は争点を対象とする集中証拠調べの結果を待たねばならないが、それでも全くの白紙という状況ではなく、既に出された主張及び書証、並びに予想される人証の陳述内容（その予想は、準備書面や尋問事項書でもある程度は可能であるが、陳述書が提出されれば一層容易になる）で一応の見通しを立てることが可能な状態になる。

裁判官から見て結論の予想が困難な場合でも、当事者代理人は自分の側の人証についてはより的確に陳述内容を予測し結論も見通せることもある。このような場合は、客観的に不利な情勢を認識した当事者から和解を希望することになる。事案が錯綜していて集中証拠調べを経ても事案の解明は困難であることが予想される場合もあるし、争点を立証する姿勢を示しながらも、用意した人証ではとうてい立証が困難なことが予想できる場合もある。残された争点を解明するために人証調べに多くの時間と労力を要することが見込まれることから、費用対効果の関係で和解が適当な場合もある。このいずれの場合にも、争点及び証拠整理の段階で和解を試みる意味がある。

集中証拠調べを終えた後は、裁判所及び当事者双方もより確度の高い事件の見通しが可能となる。ただ、ここまでくると勝訴が見込まれる当事者は、和解より判決を望むことになり、敗訴の可能性が高い当事者の和解解決への要請も強く、そこに一種の綱引き状態が生じる。その場合は、裁判所がどう動くかで、和解か判決かが決まってくる。

2　和解か判決か

判決が可能な場合にも、できることなら和解で解決するほうが望ましいという意見はかなり根強い（後掲〈参考文献〉２二七頁以下）。当事者による自治的な解決、判決作成のための裁判所の労力の節約、控訴による事件の延伸の回避、履行の確保など、和解的解決には多くのメリットがある。

しかし、他方で判例の形成という観点からは、判決に熟した事件はできるだけ判決することにもそれなりの理由がある。訴訟には、単純に当事者の利益だけでなく公共の利益も関連している。訴訟に投じられた人、物、金及び情報は一種の公共財を構成する。これが当事者の自治的解決であるという一事で、世に埋もれることのマイナスも配慮されるべきであろう。

3　和解の内容

和解において、訴訟では得られないような将来志向・建設的な内容を定めることができればそれはそれで望ましいことではある。しかし、普通の和解では、請求の範囲内でそれをどれほど縮減するかと言う観点で交渉が行われ、内容が定められる。交互面接方式の場合には、裁判所が裁断する要素が強いので、和解の内容は予想される判決を見据えて、過不足のないものとすることが望ましい。

対席方式の下での和解では合意に向けた交渉が両当事者間で自治的に行われることから、その結論にはそれなりの合理性があるはずである。そこで、裁判官が容喙する余地は必然的に小さくなるであろう。

4　当事者の参加

対席型を推奨する意見の中には、当事者が和解に主体的に参加できるという点を強調するものがある。確かに、当事者が対席で自由に意見を交換することは当事者の参加意欲を高める。この場合、裁判官の役割は議論の整理、誘導、説得等全般にわたってより重要となる。これに比べて、弁護士はやや脇役にまわる。新民事訴訟法において全般的に弁護士代理に依存する傾向が高まっている中で、和解においてこれと逆の方向に進むことがどのような意味を持つのか、ごく平均的な裁判官でも実行可能なものか、さらに検討が必要であると考える。

五　和解における心証形成

判決形成手続を担当する裁判所が和解手続も行う場合には、和解手続の中で形成した心証が判決手続に影響するのではないかという懸念がある。この懸念は、交互面接方式の下で、裁判官が双方から情報を得ても、相手方にはこれを伝えないことで、より深刻さを増す。

裁判官はプロの法律家であるからそんな懸念は無用だと一蹴するのは簡単だが、実際のところ弁護士の多くは和解において形成された心証が判決に影響を与えることがあると信じている。裁判官の中にも、このことを率直に認める人もいる。

この懸念は、新法における弁論準備手続の新設と、そこにおける対席原則の採用で相当部分払拭されることになった。争点整理手続において双方対席の場で情報がやりとりされるかぎり、それが和解のためのものであっても、相手方はこれを反論する機会があるのであるから、透明性や公正さと言う点では問題がなくなる。和解で形成された心証の流用の問題は、弁論準備手続において対席で行うことを徹底することにより解消に向かう。

六　弁論兼和解及び弁論準備手続兼和解の当否

旧法下の「弁論兼和解」は、その名称の紛らわしさにかかわらず、法廷外における和解期日を基盤として、これに本来口頭弁論期日で行うべき訴訟行為を併せて行うために工夫されたものである。それは本来の口頭弁論の中で和解を行うこととは似て非なるものであった。

双方が対席することを要件としない和解手続の中で口頭弁論を行うことは、弁論準備手続が新設された以上、新法が予定しないところであると言ってよいであろう（後掲〈参考文献〉(23)一三頁等）。

弁論準備手続兼和解についてはどうか。弁論準備手続の中で和解を行うことが対席方式その他の法定の要件が堅持される限り差し支えないことは口頭弁論の中での和解が許されるのと変わりがないが、問題は「和解手続の中で弁論準備手続を行えるか」ということである。それも、和解を対席で行うのなら、わざわざこれに弁論準備を上乗せする必要はなく、弁論準備手続を行えばこと足りる。そこで、問題は「和解期日の中で対席によらない弁論準備手続を行えるか」ということになる。

問題をこのように限定した場合、新法一六九条一項で弁論準備手続が「当事者双方が立ち合うことができる期日において行う」とされていることを考えると、弁論準備兼和解を肯定することはとうていできないという結論になる。

〈参考文献〉

（1）田中豊「民事第一審訴訟における和解について――裁判官の役割を中心に」民訴雑誌三二号
（2）草野芳郎「訴訟上の和解についての裁判官の和解観の変遷とあるべき和解運営の模索」判タ七〇四号
（3）司法研修所編「民事訴訟のプラクティスに関する研究」法曹
（4）太田勝造『民事紛争解決手続論』（信山社）
（5）太田勝造「実態調査からみた和解兼弁論（弁論兼和解）」『裁判内交渉の論理』（商事法務研究会）
（6）那須弘平「謙抑的和解論」木川古稀記念（上）（判例タイムズ社）

（7）司法研修所編『民事訴訟の新しい審理方法に関する研究』（法曹会）
（8）山本和彦「弁論準備手続」ジュリ一〇九八号
（9）法務省民事局参事官室編『一問一答　新民事訴訟法』（商事法務研究会）
（10）高橋宏志「新民事訴訟法から見たこれからの弁護士像」自由と正義四七巻一一号
（11）西口元「争点整理の原点に立ち返って」判タ九一五号
（12）草野芳郎「和解」塚原朋一＝柳田幸三＝園尾隆司＝加藤新太郎編『新民事訴訟法の理論と実務　下』（ぎょうせい）
（13）加藤新太郎「争点整理手続の整備―裁判官の立場からみた争点整理」塚原ほか編『新民事訴訟法の理論と実務上』（ぎょうせい）
（14）大阪弁護士会「意見書　新民事訴訟法のもとでの審理のあり方」判例タイムズ九三八号
（15）山本和彦「決定内容における合意の問題」民訴雑誌四三号
（16）北尾哲郎「争点整理にいかに臨むか」自由と正義四八巻六号
（17）小山稔「争点整理総論」三宅省三＝塩崎勤＝小林秀之編『新民事訴訟法大系２』（青林書院）
（18）山本和彦「弁論準備手続①―立法の経過と目的」三宅ほか編『新民事訴訟法大系２』（青林書院）
（19）三宅省三「弁論準備手続―立法過程における意見の対立点」三宅ほか編『新民事訴訟法大系２』（青林書院）
（20）井垣敏生「弁論準備手続③―適切な事案の選択」三宅ほか編『新民事訴訟法大系２』（青林書院）
（21）加藤新太郎「争点整理の基礎」自由と正義四九巻一号
（22）小島武司＝伊藤眞『裁判外紛争処理法』（有斐閣）
（23）東京地方裁判所監修『東京地方裁判所における新民事訴訟法・規則に基づく実務の運用』（司法協会）

第三章　すべり出した新民事訴訟法

一　ファックス書面騒動

新民事訴訟法施行後、弁護士業務がなんとなく忙しくなってきた。

平成一〇年の正月が明けて事務所に出勤すると、訴訟の相手方代理人からファックスによる準備書面とともに「書面送付書兼受領書面返送依頼書」が送られてきていた。それを見て、「ああ、民事訴訟法が変わったのだ」としみじみと思った。しかし、そんな感懐に浸る暇もなく、次々に舞い込んでくる似たような書面に、その場で受領印を押して相手方代理人と裁判所にファックス送信をする作業が続いた。相手方代理人も似たような書式で裁判所に提出書を送るから、結局一回の書面提出で四通のほぼ同一内容の書面が行き交ったことになる。こちらが書面を裁判所に提出するときも同様の書類を用意しなければならない。そのうちに、どの事件について準備書面を受け取り、どの事件はまだだったのか、こちらからの書面はどこにどう送ったのか、区別が付かなくなることもあった。

新民事訴訟法になってこの書面のやり取りが最初に法律事務所の仕事として登場し、これが結構正月あけの事務所の繁忙感を掻きたてたため、弁護士や法律事務所職員にとってまことに印象的なことがらであった。

裁判所の方も大変だったようだ。準備書面や書証の写しがファックスで次から次へと送信されてきて、準備書面や書証をＢ４の大きさに切りそろえたり、その後に送られてくる相手方からの受領書面を綴じ込んだり、他の事件のファックス書面との区別に神経を使ったりというようなことで、書記官の事務は繁忙を極めたという。

弁護士は裁判所に提出する書類についてできるだけ見映えのよいものにしたいという気持ちが少なからずある。そこで、いったん書面をファックスで送付した後で、元の書面を直接持参したり、送付したりという丁寧なやり方も旧法時代同様続いていた。しかし、書記官の中には、最初のファックス書面が正式なものなら、後から郵送されてきた同一内容のよりきれいな書面をどう扱えばよいのか、交通整理に頭を悩ます向きもあったに相違ない。

ファックス書面騒動は、各裁判所、あるいは各部ごとに、受領書面提出の催促をしないとか、できるだけ正本や副本を持参または郵送してもらう扱いにするとか、あるいは相手方に連絡の上、正本・副本を裁判所窓口に提出してもらうなどといった方法を工夫して、一段落したようだ。結局は、旧民事訴訟法下で、実務慣行として行われていた方法をも取り込んだ柔軟な運営が定着しつつあるということになろうか。

最近の私はファックスによる書面送付にも慣れてきて、これはこれで良い制度だと思い始めた。慣れとは面白いものであり、一面では怖いものだとも思う。

二　訴状・答弁書の作成

訴状や答弁書に重要な証拠（ほとんどが書証である）を記載し、しかも書証写しを添付することになったことも弁護士業務を気忙しくさせた一因である。訴状を作るのに、従前のように気軽に起案して、証拠はいずれじっくりと吟味して出せばよいなどとのんびり構えていられなくなった。私は民事訴訟改善に熱心な仲間の影響を受けて、旧法時代からできるだけ訴状、答弁書、準備書面に証拠を記載することにしていたが、そこには自発的で前向きなことをしているという充実感があった。ところが、新法下では法律や規則で決められているのだから、そのとおりにしなければという義務感に駆られてなにやら窮屈な感じがしないでもない。しかし、これも慣れればどうということはないのであろう。

書面に証拠を記載すれば、当然証拠の写しを添付することになる。この写しの作成が結構大変だ。継続的商品取引に伴う売掛金請求の場合など納品書の量が多数になり、訴状が大部なものになることがある。訴状を作成し提出するまでの労力が倍増とまではいかないが、五割かた増したというのが私の実感である。

答弁書の場合も、証拠の引用及び書証写しの添付については訴状と同じだが、さらに単純否認が認められなくなった結果、認否の仕方が難しくなった。当然事前に当事者から詳しく事情聴取をする必要性も増した。

従前は、よくわからない部分はとりあえず「否認」としておけば良かったがこれからはそうはいかなくなった。事実はどうだったかを当事者に確かめ、その上に立って「否認」という答弁の背後にある真相を積極的に開示する必要がでてきた。

もちろん、従前通り、簡単に認否して、その余の主張は次回準備書面でというスタイルも結構目にするが、新法・規則の趣旨を取り込んだものに比べて見劣りがすることは否めない。

当然のことながら、訴状及び答弁書でこれだけの情報を盛り込ませれば、訴訟は最初から密度の濃いものになる。いずれはやらなければならないことを、訴状、答弁書の段階でやるのだから、結局は当事者や弁護士のためになることでもある。情報開示の前倒しは大きな効果をあげているといってよい。立ち上がり時の負担の重さは甘受すべきことであろう。

三　当事者照会

当事者照会は、私はまだ出したこともなければ受けたこともない。知り合いの弁護士に聞いてもそれほど活発に利用されている形跡はない。それは、この制度が利用価値がないからということではなさそうだ。むしろ、新しい制度のために利用をためらっている、様子を見ている、利用のチャンスをうかがっている、という情勢だ。ただ、弁護士の関心は高い。私の周辺での議論も結構熱心に行われている。しかもその議論は日を追うにつれて高まりつつある。

私も、何回か当事者照会を利用しようと思い立ったことがある。一つは預託した某有名作家の書簡返還請求事件。原告の代理人が途中でやめて私が引き継いだのだが、訴訟物である複数の書簡の特定がきっちりできておらず、相手方は同じ作家の似たような書簡を多数収集して所持しているからどの書簡の引き渡しを求めるのか特定してくれという。そこで、相手が所持しているというその作家の書簡の点数、内訳などを当事者照会し、その回答を待って引き渡しを求める書簡の特定をしようかとも考えたが、結局は相手方代理人に「本来は当事者照会をすべきことですが」と前置きをして、事実上コピーを開示してもらい、その中から目指す書簡を特定できた。

もう一つは、旧法時代から継続していた特許権侵害訴訟である。被告は原告が製造禁止を求める被告製品の特定が不十分であるとして、なかなか本論に踏み込もうとしなかった。しかし、新法下では、単純否認しているだけでは足りず、いずれは自己が製造している製品の詳細を開示せざるを得ない。開示を拒めば、当事者照会の対象にもなる。結局、この事件では、争点整理の中で被告が自発的に製品に関する情報を開示して、特定問題は決着を見た。

いずれも当事者照会にまで至らなかった案件であるが、背後に当事者照会制度や積極否認の制度があればこそのことである。

私は、この二つに文書提出命令の一般義務化を加えた三点セットが、民事訴訟の中での情報の流れの質と量に大きな影響を与え、日本の訴訟を根本的に変えていくのではないかと期待している。

法制審議会における審議の過程では、当事者照会制度に裁判所が一定の関与をするという案も出されたが、裁判所の方が消極的で採用されず、結局現在のような姿に落ち着いたと聞いている。私は、裁判所の関与が結果的に排除されたのは、当事者照会制度の将来のために良かったのではないかと考えている。何もかもが裁判所の関与の下で行われるというのはもはや時代の趨勢にあわない。むしろ、訴訟を真実と正義に合致したものにするためには、法廷の内では積極否認によって否認する側が事実を開示するとともに、自己に不利な証拠でも裁判所の指示があれば文書提出命令に応じる一般的義務を負う。これと同様に、当事者は法廷の外でも相手方からの照会には真実を開示する義務を負うという思想が確立してそれが常識となることはきわめて望ましいことである。何でもかんでも裁判所の世話にならねば紛争は解決しないという思想そのものから脱却する絶好の契機をこの制度は提供するのだと私は思っている。

四　弁論準備手続と和解手続の区別

このたびの改正で最も注目された弁論準備手続については、従来の弁論兼和解と表面上は変わらない運用がなされている。むしろ、弁論準備手続とすると「証明すべき事実の確認」、やその後の結果陳述をしなければならないことから、口頭弁論手続の率がやや増えたような気がするが、これはあくまでも私の個人的な印象であって、正確なところはわからない。ただし、その口頭弁論手続は、いわゆるラウンドテーブルの法廷で、かなり自由かつ柔軟に議論できる雰囲気で行われる例も少なくない。よくよく考えれば、本来の口頭弁論もそれほど格式張ってやる必要はないのであるから、むしろあるべき姿に近づきつつあるといって良いのかもしれない。

一つ気になるのは、弁論準備手続と和解手続との区別である。弁論準備手続は、「争点及び証拠の整理を行うため」であり、「当事者双方が立ち会うことができる期日において行」われることが明記された。弁論準備手続は争点及び証拠整理のためのものに純化されたといってよいであろう。

しかし、訴訟の現場ではなお弁論準備手続は和解のための手続でもあり続けているように思われる。和解のためにも「争点及び証拠整理」は必要で、したがって「争点及び証拠整理」のために設けられた弁論準備手続は和解のためのものでもあり得る、という論理に支えられているのであろう。

判決手続のための「争点及び証拠整理」と、和解のための「争点及び証拠整理」は同じかという論点は残るものの、これはこれで筋が通っている。弁論準備手続で和解を試みることも、口頭弁論手続でそれが許されるのと同様に、法的には問題がないといってよい。

問題は、弁論準備手続のなかで行われる和解のための双方当事者及び裁判官の間のやりとりを、各当事者・代理人が裁判官と交互に面接する方式（交互面接方式）で行って良いかという点である。

法は弁論準備手続について「当事者双方が立ち会う」機会を与えることを定めているだけだから、当事者が合意すれば、一方が退席して他方だけが裁判官と面接する交互面接方式でも構わない、という意見もあるようだ。裁判所の意見ではこれが結構有力のように思われる。

しかし、法がわざわざ「当事者双方が立ち会うことができる期日において行う」と定めた趣旨は、そのような便宜的かつ融通無碍な運用を認めるためではなかったのではないか。

弁論準備は双方対席で行うという基本線は堅持し、和解を交互面接方式で行うときは和解手続に切り替えた上で行うことを励行すべきであろう。

五　争点及び証拠整理

争点及び証拠整理についてはイメージが先行して、具体的な技術ないしノウハウが成熟していない。

ただ、平成八年六月法律が成立してからこれまでの二年余の間にいくつか議論が深められたことがある。

第一は、争点及び証拠の整理は司法研修所で教えてきた要件事実の整理を前提にしながらも、それにとどまるものではなく、人証以外の書証などを動員して協議を重ねることで、争いがあるにはあるが書証で証明できるものは取り除き、どうしても人証調べを行わなくては結論がでない事実だけを絞り込んでゆくという作業を含むものだということである。その絞り込まれた事実の中にも、書証が存在するので相当程度に事実関係の推認が可能だが念のために間違いがないかどうかを聞いておくという程度の争点から、書証が存在しないか、存在してもその成立など核心部分に争いがあって、集中証拠調べで人証に聞いて見ないことには黒白を決することが困難であるというような意味での争点まで、濃淡がある。

その意味で、争点及び証拠の整理は具体的な事件ごとに対応が異なり、個別的で機能的な作業を伴うと考えるべきであろう。

第二は、争点及び証拠の整理は裁判官の頭の中でできればそれで足りるというものではなく、原告及び被告双方の代理人をも加えて三者が同様な認識をもつことを目標にすべきだということである。

これは、争点及び証拠の整理が何よりも集中証拠調べのための準備的な手続であるところ、その集中証拠調べは当事者双方の代理人がそれぞれ主尋問や反対尋問を行うことを中心にしていて、裁判官は補充的に尋問を行うのが原則であることとも関係する。

条文上もそして現実に行われる証拠調べでも、尋問の流れを形成するのは双方の代理人に他ならない。その代理人が裁判官と共通する認識を持つことが必要なことはこの集中証拠調べの構造から見てむしろ当然なことである。

この共通の認識は、裁判官や代理人の内心でそれぞれに同一内容のものが形成されればよいというものではない。それは三者によって客観的に認識可能な形で確認される必要がある。これが法一六五条一項の「その後の証拠調べによって証明すべき事実の確認」に他ならない。

六　口頭による議論の重要性

第三は、争点及び証拠の整理には口頭による議論が有効であるということである。

法は「書面による準備手続」をも用意しているのであるから、書面による争点及び証拠の整理を否定してはいない。実際のところ、旧法下での争点整理は、その多くを訴状及び答弁書その他の準備書面の交換によって行ってきたのであるから、その実態は書面による争点整理であったといっても過言ではない。しかし、書面による争点整理の非効率性、不完全性は多くの実務家が繰り返し指摘してきたところであり、その反省こそが新法制定の一つの原動力になったのであった。

そこで、争点及び証拠の整理の手法としては、口頭弁論においても、また弁論準備手続においても口頭による議論が中心にならざるをえない。

このことは旧法時代から先進的な裁判官が繰り返し指摘してきたことであるが、私も近時そのことについて確信に近い認識を抱き始めた。

書面による議論では、形式的かつ慎重な表現になるところ、口頭による議論では、その声の調子、態度等から書面では得られない多様かつ豊富な情報が相手に伝えられ、相手方のその場での反応によって重要な情報とそうでない情報が識別されふるいにかけられていく。この過程を通じて議論が整理されていく。相互のやりとりの中で信頼感の形成も容易になり、議論が深まれば深まるほど、整理が進む。

近代的な訴訟法が例外なく口頭主義、直接主義を基本としているにはそれなりの理由があるのである。

七　集中証拠調べ

集中証拠調べについては未だ本格的な実施例を体験していない。しかし、二時間半程度で三人の人証調べが行われたことがある。特に集中証拠調べと銘打ってやった訳ではなく、ごく自然にそうなった。人証としてはその三人で足りる事案であったから、あれも集中証拠調べの範疇に含めてよいのであろう。むしろ、このようなことがごく自然に肩に力を入れることもなく行われるようになったことこそ、新法の効果であろう。

集中証拠調べこそ新しい民事訴訟の成否を決するものであると信じている。しかし、集中証拠調べについては立法過程を通じて比較的反対が少なく、議論がなかった。その結果、争点整理に人々の注意が集中して、集中証拠調べについては脇役に回った感が強い。しかし、集中証拠調べが重要であることには全く変わりがない。その長所も多くの論者が指摘したところである。

問題は、どうやって集中証拠調べを可能にするかである。争点及び証拠の整理をきちんとすることが大事であることはいうまでもない。当事者照会や文書提出命令制度の拡充が充実した反対尋問のために有益であることもあまり異論がないであろう。弁護士が尋問技術を磨くことも必要であろう。

しかし、理想的な集中証拠調べが普及するためにはなお多くの試行錯誤が必要である。その間、不十分な尋問技術と証拠収集制度による制限された情報だけで何とか集中証拠調べを実効あるものに仕立て上げていかなければならない。

その際、陳述書は不十分な尋問技術や証拠収集制度を補うものとして一定の効果を上げることができるように思う。集中証拠調べの中で充実した主尋問を行うにも、反対尋問を行うにも陳述書はそれなりに有益である。

八　控訴審における争点整理と証拠調べ

ところで、新法は一口でいえば、日本の民事訴訟が書面による裁判から口頭による裁判へと変身を遂げる契機となる可能性を秘めている。

準備的口頭弁論や弁論準備手続における争点整理は口頭で行われることが多いはずである。

集中証拠調べにおける心証も尋問の現場で形成される。調書は作られない場合もある。

そこで、控訴審における審理構造が従前通りだと、争点及び証拠整理の結果についても、また集中証拠調べの結果についても、控訴審への情報の引継が十分に行われないおそれがある。

この控訴審の不便さを補うために、書面による記録を残すことに重点を置きすぎると従前通りの訴訟に戻ってしまう。

そこで、第一審を重視するという意見がでてくる可能性があるが、弁護士から見て三審制はそれなりに意義を持つのであって、そう簡単に第一審を重視するというだけでは納得できない。裁判官にもいろいろな人々がいるのであり、誤審や不当な判決が一定の率ででてくるのはやむをえないことである。これを是正する控訴審をそう軽視するわけにはいかない。

むしろ、必要なときは控訴審では控訴審なりに争点及び証拠整理をやり直し、必要に応じ再度の証人調べ、当事者本人尋問を行うべきではなかろうか。

といっても、第一審における争点及び証拠整理の結果は相当程度第一審の判決及びその前提となる記録に反映しているのであるから、第一審に比べれば要する時間や労力には自ずから限りがあろう。その意味で、新法は控訴審のあり方にも変革を迫っていると考える。

九　裁判官の交代

同様な問題に、裁判官の交代による弁論の更新がある。せっかく争点及び証拠整理を積み重ね、裁判官との間に一定の信頼関係が形成され、それがその後の手続に良い影響を与えようという時期に、裁判官が交代することが少なくない。

新法が施行された直後は特別な時期であったかもしれないが、私はかなり重要な三つの事件で裁判官の交代、弁論の更新を経験した。

争点及び証拠の整理が口頭で行われることからすると、従前通り「裁判官が交代したので弁論を更新します。

従前どおりと伺ってよろしいですね」と裁判長から一方的にいわれて、例外なく「はい」と答えざるを得ないという状況は改善しなければならない。

争点及び証拠整理の途中の場合は当然であるが、これが終了している場合も、合議体の一名が交代した場合を除き、新しい裁判官による再度の争点及び証拠整理を全く省略するのはいかがなものか。一からやり直す必要はないにしても、従前の経過を踏まえて簡単に争点及び証拠整理の結果を再現し新裁判官にも双方の代理人と共通の認識を持ってもらう必要があるように思う。

集中証拠調べ後には、その心証は後任の裁判官に引き継ぐ術がないのであるから、判決を書いてから交代するのが筋であろう。集中証拠調べが一般的になれば人証調べは一気に行うのであるから、集中証拠調べはしたが判決はまだ書いていないという形での手持ち事件の数は限られたものになり、この要求はそれほど過酷なものにはならないのではないか。

それでもこの方法は転勤する裁判官や後任の裁判官にある程度負担をかけるのは確かだ。

時代が大きく転換する中で、裁判官の転勤制度に伴う実務のあり方も変革を免れないのではないか。プロフェッションとしての法曹の論理からすれば、自分が手がけた事件は最後まで責任を持つのが当然である。転勤する裁判官や後任の裁判官が何の負担もなく当事者の負担で事件の承継が行われるというのは官僚の論理である。そろそろ、官僚の論理よりも法曹の論理を優先させる時期が来ているのではないか。

一〇　実務慣行と最高裁規則

最後になるが、冒頭で紹介したファックス騒動は、導入直後の混乱を示すエピソードにしておくにはもったいない教訓を含むように思う。それは、このような細かい手続規則はまず実務の中で運用をしてみて、慣行として定着したものを最高裁規則にすべきだということである。逆に望ましくない実務を改めるためにも規則は使われるが、その場合は実務の意向を十分打診する必要があるのである。

これは訴訟法と、最高裁規則とそして実務慣行との関係がいかにあるべきかを示すなによりの教訓と受け止めるべきである。

第四章　民事訴訟の中の実務慣行

一　はじめに

『全訂法学辞典』（末川博編）の「慣習」の項を見ると「慣習　或る社会の内部に歴史的に発生し、それが広く承認され、かつ継続・反復して行われる事実的な行為の様式。その拘束力はいろいろであるが、当該社会に属する成員の行為を規制する。法・道徳とともに、社会規範の代表的なもの。慣習として行われている事項を、規範としての側面からではなく行為としての側面から見たものを慣行という」と解説されている。

民事訴訟手続の中にも、自然発生的に、あるいは裁判官や弁護士などの実務家の工夫により行われるようになったと思われる事実的な行為で、ある程度継続性・反復性が認められることから、「慣行」と呼ぶに相応しいものが存在する。

その一つが、つい最近まで広く行われていた「弁論兼和解」である。この弁論兼和解は、平成八年六月成立の新民事訴訟法（以下「法」という）において、若干の整備をしたうえで、弁論準備手続として成文化された（法一六八条以下）。

民事訴訟法とほぼ時を同じくして、改正された新民事訴訟規則（以下「規則」という）の中にも、準備書面の直送（規則八三条）等、多くの実務慣行が取り込まれて成文化されている。

さらに、成文化はされなかったものの、訴状・答弁書の記載方法に始まり書証番号の割り振りにいたるまで、実に多くの実務的慣行が訴訟手続の中に息づいていて、現に弁護士や裁判官がこの慣行に従いつつ、日々の業務を行っている。

このような実務慣行が存在することは、日々訴訟実務に携わる実務家にとってはむしろ常識に属することがらであり、あらためてことごとく取り上げる必要を見いだしがたいことである。さらに、このような実務慣行は実務家にとっては身近に過ぎて、かえって客観的に観察したり、分析したりすることが難しいという側面も持つ。

他方、研究者にしてみると、法律や規則と違って文章化されておらず、実務家による紹介も少なく、案外と関心を寄せにくい事柄なのではなかろうか(1)。

二　民事訴訟改善運動と実務慣行

この「実務慣行」という言葉にある種の思い入れを持っている。それは所属する第二東京弁護士会（二弁）の弁護士業務員会民事訴訟部会（後に民事訴訟改善研究委員会として独立）が昭和五八年六月に「民事訴訟遅延解消」をテーマに取り上げ、民事訴訟改善運動に取り組んだとき以来、常に運動の中でこの言葉が使われてきたことによるものである。

例えば、二弁は昭和五九年四月、日弁連定期総会に、「弁護士及び弁護士会は民事裁判促進のため旧来の実務慣行を再点検し、自ら反省するとともに、その改善を裁判所その他関係方面に働きかける等最大限の努力を尽くすべきである。」という決議案を提出することを試みた。

この決議案は日弁連理事会との調整の中で、様々な修正を迫られ、結局撤回のやむなきに至ったが(2)、これ以後発表された二弁会内ミニシンポジウム「民事訴訟促進と弁護士業務の改善(3)」や、「民事訴訟充実促進マニュアル試案(4)」の中では常に「実務慣行」がキーワードとして登場してきた。

当時、私たちは「実務慣行」の用語について明確な定義をすることもなく、「五月雨型審理」、「三分間弁論」、「主張及び証拠の後出し」、「争点整理抜き人証尋問」、「調書依存型心証形成」などを漠然と念頭に置いて、これらの慣行を改善するために「弁論兼和解」を利用して裁判官と当事者双方代理人が実質的な議論をして、出せる証拠は早期に出し、争点及び証拠を整理して、集中審理を実現することを考えていた。何が現に行われている「実務慣行」であるか、どのような要件を備えていれば「実務慣行」と呼ぶに値するのかなどについて厳密に定義をせず、この言葉を使用していた。

それだけでなく、何が悪しき実務慣行、改革されるべき慣行で何が有益な訴訟慣行か、という区別することなくこれを使用していたのであった。

しかし、民事訴訟法改正が成った今、実務慣行とは何であるのか、そして現行法の下でどのようなものが存在し、どのような機能を営んでいるか、あらためて見つめ直して見ることも無駄ではないと思う。

三　「実務慣行」の成文化

1　「弁論兼和解」と弁論準備手続

改正前の民事訴訟手続の中で「実務慣行」と呼ぶに最も相応しかったものの一つが「弁論兼和解」である。その発生の由来は必ずしも明らかでないが、少なくとも昭和五〇年代末ころまでには、訴訟手続の中にこのような慣行が存在していたことは確かである。その内容は必ずしも一定していなかったが、「弁論兼和解」ないし「和解兼弁論」という呼称で「和解」期日に「弁論」の性格を併有させた期日を裁判官室ないし準備手続室において開き、準備書面、証拠申出書及び書証等を提出させ、争点や証拠を整理しながら、和解を進めるという点で共通していた。

この手続は、それが和解手続なのか弁論手続なのか、弁論手続と解すると公開性の要請をどうやって充足するのか、争点整理を目的にするのか和解を目的にするのか、争点整理を目的にすると言いながら実は和解に傾斜しているのではないか、等数々の問題点を指摘されながらも、その便利さにより実務では広く利用されてきた。(5)

今次改正においては、これを正式に認知することが立法者の関心事の一つとなり、若干の整備をした上で、「弁論準備手続」(法一六八条)という形で成文化されたことは周知のとおりである。

2　各種慣行の規則への取り込み

今次法改正で特徴的なことの一つは、新民事訴訟規則に、従来慣行として行われていたことを広く取り込み、

成文化したことである。(6)

その中には、つぎの各規定が含まれる。

① ファクシミリによる書面提出（規則三条）

② 裁判所外における和解期日の開催（同三二条）

③ 準備書面等の書類の直送制度（同四七条①、八二条②、八三条①及び②、九九条②、一〇七条③、一二九条②、一三八条①、一四〇条③、一四九条②等）

④ 訴状における請求を理由づける事実、重要な関連事実、証拠等の記載（同五三条①）

⑤ 訴状への謄本・重要な書証の写し等の添付（同五五条②）

⑥ 書記官による訴状の補正の促し（同五六条）

⑦ 訴状副本の提出及び被告への送達（同五八条①）

⑧ 口頭弁論期日前における参考事項の聴取（同六一条）

⑨ 準備書面における証拠の記載（同七九条④）

⑩ 答弁書における請求の趣旨に対する答弁、請求原因に対する認否、証拠等の記載（同八〇条①）及び重要な書証の写しの添付（同条②）

⑪ 証人尋問・当事者尋問の申し出における見込み時間の明示（同一〇六条、一二七条）

⑫ 証拠説明書の提出（同一二七条）

⑬ 写真等の証拠説明書における撮影日時、場所等の記載（同一四八条）

⑭ 録音テープ等の内容を説明した書面の提出（同一四九条）

右各規定の中には、訴状副本の提出及び被告への送達、訴状における請求を理由づける事実の記載、及び答弁書における請求の趣旨に対する答弁・請求原因に対する認否など、完全に慣行として定着していたものもあるが、一部の弁護士及び裁判官によって行われていたに過ぎないものもある。

これらの「慣行」は、いずれにしても訴訟の円滑な運用に望ましいものであることに格別の異論もなく、弁護士も裁判官から指示があれば訴訟指揮の一環としてこれを受け入れてきた。その意味で、なお「慣行」の名に値する事項であり、今回の改正でこれらが広範に成文化されて規則に取り込まれたのである。

3　消滅が見込まれる「実務慣行」

今次改正で、争点及び証拠整理手続（法一六四条以下）及び集中証拠調べ（法一八二条）が明文化された。これらの手続は、「五月雨型審理」、「主張及び証拠の後出し」、「争点整理抜き人証尋問」あるいは「調書依存型心証形成」等の慣行を改めるために設けられたものである。したがって、条文どおりに法が運用されれば、これらの慣行はいずれも解消に向かうはずである。「三分間弁論」も弁論準備手続（法一六八条）が活用されれば、改善されるものと期待してよいであろう。

しかしながら、訴訟改革の歴史を見ると、悪しき「実務慣行」は、条文があろうがなかろうが、忍び足で訴訟手続の中に入り込み、気づいたときは、法が予定するものとは似ても似つかない手続を現出させているのが常である。殊に、実務家が過去に慣れ親しんできた慣行は容易なことでは改まらない(7)。

改正により、条文は立派になったが訴訟の現状は旧態依然、何の進歩もない、というような事態が起こらないとは必ずしも保障できない。訴訟の現場の中に、悪しき慣行が復活の兆しを示していないかどうか、監視を続ける必要があるのである。

4　法・規則に取り込まれなかった実務慣行

他方で、実務慣行として存在しながら、成文化されることなく、さりとて改廃の対象にもならず、現在でも慣行として存在している事項が多数存在する。例えば、

① 法廷における原告、被告の席の位置（裁判官から見て右手に原告、左手に被告が座るのが一般的である）

② 書証の番号の割り振り（原告側書証を甲一、甲二等とし、被告側書証を乙一、乙二等として提出順に番号をつける）

③ 訴状への訴訟物価額の記載（この記載は必要要件ではないが、管轄や貼用印紙額を決定する基準になることから、実際には必ずといってよいほど訴状に明記されている）

④ 訴訟物価額の算定基準（昭和三一年一二月一二日民事甲第四一二号最高裁民事局長通知による算定基準が使用されている）

⑤ 訴状における請求の趣旨の記載方法（給付訴訟の給付内容の法律的な性格もしくは理由は記載しない等）

⑥ 訴状における訴訟費用の負担に関する記載（必要的記載事項ではないが、実務上は必ず記載する）

⑦ 答弁書における答弁の方法（主張事実ごとに「認める」「否認する」、「不知」、等と記載する）

⑧ 判決書の様式（旧様式、新様式）

等である。

以上列挙した中には、原告席・被告席の配置や、書証番号の割り振り等、形式的かつ価値中立的なものも少な

くなく、これらについてそもそも慣行と呼ぶ意味があるかどうか疑問を持つ向きもあろう。

しかし、仮に当事者やその代理人が「自分は被告だが、裁判官席から見て右手に座りたい」とか、「自分は書証にアルファベットで順番をつける」等と言い出した場合の混乱を考えれば、これらも一種の慣行と呼んで誤りではないであろう。

訴状や答弁書の記載の仕方も、一定の形式が確立されていることで、裁判所及び両当事者代理人間の相互理解が容易になり、手続も効率的に進められることになる。

これらの慣行は、今のままでも十分に機能していて取り立てて問題にすべきこともないのであるから、性急に成文化する必要はない。

むしろ、慣行が慣行として存在すればこそ、柔軟な運用も可能となるという側面もある。例えば、身体的障害をもった当事者を入り口に近い席に座らせるために、特例的に原告・被告席を通常とは逆にしたり、本人訴訟において訴状や答弁書の記載が慣行からはずれる形式や内容のものでも、善解して手続を進める等という取り扱いも、これらに関することが慣行の範囲内にとどまっているからこそ可能となる。

ただし、訴訟を専門家の独占物とせず、当事者や国民一般からも理解しやすいものにするという視点からすると、これらの慣行の中にも成文化してよいものが将来出てくるかもしれない。

5　実務慣行としての陳述書及び和解手続

規則に取り込まれなかった慣行の中には、より実質的な事項もある。

その一つがいわゆる陳述書である。

陳述書についてはなお、賛否両論があるが、少なくとも複雑な計算や人事関係の訴訟での紛争の経過等についてはこれを認めていくことについては殆ど異論がなく、さらに積極的に争点整理や証拠調べにおける事前開示目的にも利用していこうという意見も見られる。(8)

もう一つ、より重要かつ広範に慣行が成立しているのが訴訟上の和解の運用を巡る事項である。周知のとおり、日本の民事訴訟では、証拠調べ前に和解が勧告されるのが通例で、証拠調べが済んだ後もなお和解が試みられないという例は稀である。時には第一回口頭弁論においてさえ和解の勧告がなされる。

その和解の進め方は、民事訴訟法には規定がなく、慣行に依拠して行われている。和解のために、裁判官が双方当事者・代理人を交互に和解室に呼び込み、双方の意見を聴取して適当な落としどころに結論を持っていく、という情景が多く見られる。(9)そこには和解に裁判官が積極的に介入し、裁判官が和解交渉の仲介者の役割を果たしていることが見てとれるが、これなども一種の慣行と呼んでよいであろう。

四　規範としての実務慣行

実務慣行に共通な事象として次のようなことが一般に言えるであろう。

① 実務慣行の多くは、裁判所ないし法曹社会という部分社会における一種のルール（慣習）となっている。実務慣行に従えば、手続は円滑に進む。逆らえば手続に混乱が生じ、停滞する。

② 司法研修所及び実務修習においては、既存の実務慣行を修得することが修習の重要な一部となっている。実務慣行の修得は実務家となるためのパスポートである。

③　実務慣行の中には、裁判所などにより意図的に形成されたものもあるが（新様式判決書等）、多くは実務家の日常行動の中から自然発生的に形成されたものである（弁論兼和解、書類直送、陳述書等）。

④　実務慣行は、多くの場合合理的なものであるが、そうでないものもある（五月雨式審理等）。合理性について意見の対立があるものもある（弁論兼和解、陳述書等）

⑤　実務慣行は、制定法と相まって、一国の訴訟のあり方に一定の影響を与えている。

五　おわりに

以上、思いつくままに民事訴訟の中の実務慣行について書き連ねてきたが、最後に、実務慣行の将来について若干触れておきたい。

新民事訴訟法、規則が制定された現在、今後の成り行きが注目される実務慣行として次の二つがある。

①　和解手続

従来の和解は、ほとんどが交互面接方式によって行われてきた。しかし、最近対席で和解手続を進めるべきであるという意見が有力に主張されはじめた。交互面接方式による和解か、対席方式による和解かは、和解をどう位置づけ、どのような法的性質をもったものと考えるか等とも関連して、将来の民事訴訟のあり方に大きな影響を与えることが予想される。(10)

②　陳述書

陳述書は、計算書類、専門的・技術的事項、複雑な人間関係を要領よく説明するためなどの目的で従来から作成され、書証として提出することが認められてきた。

しかし、近時は、争点整理や集中証拠調べを効率的に行うためにも積極的に利用されはじめた。陳述書は他面で訴訟の書面化の傾向を強める危険性をはらむことから、どのような場合に利用されるべきか、その運用基準をどうするか、などについて議論がされている。

陳述書については当面これを実務慣行としての運用の中で実務的な工夫を積み重ね、いずれは規則の中に他の証拠や争点整理の手法と整合性を持たせた形で取り込むべきであろう。

また、新民事訴法の制定を機に、実務慣行の形成が期待される分野として次のものがある。

①　当事者照会の手法

当事者照会制度は、弁護士会の要望を反映して今次改正に取り込まれた。しかし、現在のところ、広く利用されているという実情にない。これは、どのような場合に、どのような内容で行えばよいのか、書式も含めて未だ手法が確立していないことが原因の一つであると考えられる。

どのような場合に回答を拒否できるのか、ことに法一六三条各号に列挙する場合以外にも、回答を拒絶することについて正当な事由が認められる場合があるのではないかなどの問題をめぐって、なお議論もある。回答を拒絶したことの当・不当について当事者の意見が分かれる場合の解決方法についても、今後実務的な工夫が必要である。当事者照会については裁判所が関与しないのが建前であるから、判例の集積は期待できない。弁護士界内部での慣行の形成に期待されるところが大きい。

②　争点及び証拠整理の手法

争点及び証拠整理手続の拡充（法一六四条以下）は、今次改正の眼目の一つである。ことに、弁論準備手続における争点及び証拠整理をどう行うかは、口頭による議論の復活という日本の民事訴訟の重要課題とも関連して、実務家としてきわめて関心の深い分野である。しかし、口頭による議論は、不定形で臨機応変に対応することがその本質であるから、法・規則に成文化することは勿論、教科書や解説書に文章化することも困難である。

効率的で機能的な争点・証拠整理のために一定の慣行が法曹間に形成されることが望ましい。

③　集中証拠調べの手法

集中証拠調べについては、法改正前からの実務的な工夫の中で、各種の手法が提言され、実験的に実施され、公表されてきたことでその実現可能性に見通しが出てきた(11)。

しかし、五月雨型審理に慣れ親しんできた実務家にとっては、集中審理への急転換はかなり抵抗感を伴う。集中審理に協力する気持ちはあっても、身体がついていかないという面がある。

尋問の仕方も、旧来の方法から変えなければならないのだが、その技法が確立していない。やはり、実務家間における新たな慣行の形成が期待される分野である。

以上のことを含め、実務家には望ましい訴訟実務慣行を育成し、望ましくない実務慣行を改善する努力をすることが期待されているといってよいであろう。弁護士についていえばそれは弁護士法第一条二項の「社会秩序の維持及び法律制度の改善」に努めるべき責務の一環を成すと解される(12)。

研究者も実務慣行について、民事訴訟法や民事訴訟規則の条文についてと同様な関心を持ち、発言をしていただくことを期待したい。

（1）Ｐ・カラマンドレーイは、「訴訟と民主主義」（小島武司他訳・中央大学出版部・昭和五一年）一二頁以下で、裁判実務における慣行の重要性を指摘している。なお、同様の指摘をするものとして、中野貞一郎「手続法の継受と実務の継受」民事手続の現在問題（判例タイムズ社・平成元年）五七頁。
（2）那須「民事訴訟促進をめぐる実務家の動向と問題点」民事訴訟雑誌三五号（一九八九年）五九頁。
（3）判例時報一一一八号（一九八五年）
（4）判例時報一三三八号（一九八九年）
（5）鈴木正裕「弁論兼和解方式について」民訴雑誌三六号（一九九〇年）一頁など
（6）林道晴「新しい民事訴訟法規則の概要」新民事訴訟法の理論と実務上（ぎょうせい、一九九七年）八五頁。
（7）小山稔「わが国における民事訴訟促進方策の歩み」判例タイムズ六〇一号（一九八六年）一九頁。
（8）山本克己「人証の取調べの書面化―陳述書を中心に」自由と正義四六巻八号（一九九五年）五四頁、那須「争点整理における陳述書の機能」判例タイムズ九一九号（一九九六年）一八頁、高橋宏志「陳述書について―研究者の立場から」同書二七頁、西口元「陳述書をめぐる諸問題―研究会の報告を兼ねて」同書三六頁等。
（9）那須「謙抑的和解論」木川古稀記念（上）（判例タイムズ社、一九九三年）六九二頁。
（10）草野芳郎「和解」新民事訴訟法の理論と実務下（ぎょうせい、一九九七年）一六三頁、那須「和解の在り方」現代裁判法大系一三民事訴訟（新日本法規、一九九八年）三〇七頁。
（11）大阪地裁民事集中・審理勉強会「大阪地裁における民事集中審理の実際」別冊判例タイムズ一四号（一九九七年）など。
（12）那須「弁護士の多様化と業務の改革・拡充」ジュリスト九七一号一四九頁（一九九一年）。

第五章　「弁護士の専門技術」研究への展望

一　尋問技術の高度化

集中証拠調べが本格的に実施されるようになると、裁判官の心証形成は、法廷において一回的・集中的になされることになるといわれている(1)。必然的に、弁護士の尋問技術も一段と高度なものが要求されるようになる。

主尋問においては、一回で複数の人証の尋問を行うのであるから、重複した尋問をすれば「又同じことを聞くのか」と裁判官に眉をひそめられる。他方で、重要な事項について尋問が欠落しても、後で別の人証を申請して補うということができない。証拠調べの申請に際し、誰と誰を対象にして、どのような尋問をするのか、その場合に尋問事項の割り振りをどうするかなどについて、戦略的見地から綿密に検討する必要が増したことは確かである(2)。

相手方代理人も、主尋問が続いている中で、同時並行的に反対尋問の準備をしなければならない。どこに焦点を絞って何を聞くか、尋問の仕方、順序、提示する書証をどうするかを即時その場で判断していかなければならないのである。従来は主尋問の調書を見て仔細に矛盾点の存否を検討して、次回に反対尋問をしたり、準備書面において反論をするというようなことも行われていたが、これでは機を失することになる。集中証拠調べが実施されるようになると、証言の内容は「リアルタイム」で吟味されるのである(3)。

二　ナレッジ・マネージメント

弁護士の中には、証人尋問に関する高度な技術を既に身に付けていると自負する者も少なくない。法廷で対峙した相手方弁護士の尋問に、「敵ながらうまいものだ」と感心した経験を有する者はもっと多いと思う。問題は、これらの尋問技術が、客観化された形で弁護士階層全体の共有財産として後進に承継されるシステムが構築されていないことである(4)。その結果、ある弁護士がすばらしい尋問技術を持っていても一代限りで、折角の技術が後輩に伝えられず、あるいはごく狭い範囲に留まるということだ。

証人尋問の技術には、その人固有の天性に基づくもので、他の者がまねしようとしても困難なものがある。他の者が学ぶといっても、法廷業務の実践の中で、身体で覚えていくしか良い方法がなく、その意味で文字等の形で客観的に承継することが困難な場合もある。

技術の中には、しかし、文字化したり映像化したりすることで、後輩が承継できる基本的技術も少なくない。内容は客観的に記述できなくても、そのような技術があることを示すことで、後進が技術開発の目標を設定でき、結果的に高度な技術の開発に寄与する場合もあるはずだ。これらは、いわゆる「暗黙知」と呼ばれる分野の知識に属する。このような暗黙知をどう記録し次代に引き継ぐか、最近のナレッジマネージメント研究の重要な課題とされている(5)。

弁護士の専門技術の一環としての尋問技術については、日弁連法務研究財団（新堂幸司理事長）でも、民事訴訟法学者を中心にして研究を始めた（高橋宏志・東大教授を主任研究員とする「弁護士の専門技術（証人尋問）」の研究）。いずれ、この財団が弁護士の専門技術に関する研究の中核的存仕に成長していくことを期待してもよいであろう。

三　論争の技術

証人尋問の技術とは一体何なのか。その中核に、話し手から事実や意見、感想等の情報を聞き出して、これを可視的なものにする技術（インタビューの技術）が存在することは疑いない。

証人が有する多様な情報の中から、訴訟における真実解明のために有益な情報を選択して、これを整理された形で、わかりやすく裁判官や相手方に提示するために一定の技術を要することは、誰も異論が無いであろう。しかもそれは、単に情報を裁判官や相手方の面前に提示する作業ではなく、これらの人々を説得するという要素を伴っている。裁判が公開の法廷で行われ、一般市民にもわかりやすいものであることを要請されることを思えば、社会の注目を浴びる事件については、傍聴席及びその背後に控える社会、その代表としてのマスコミをも説得するという要素も必要とされるはずである。

証人尋問、当事者尋問は単に証拠を裁判所で調べてもらうということに尽きるものではない。「何を聞くか」「どう聞くか」などを選択する作業を通じて、一種の論争をしているのである。弁護士が、法廷における活動の中で、証人尋問、当事者尋問を特に重視するのはそのような背景があってのことであると、私は理解している。

この意味で、尋問技術は「論争」の技術でもある。

もっとも、この証人尋問の技術について語った先輩弁護士の意見を聞くと、法廷の現場での技術という側面よりも、法廷に臨むまでにどのような準備をしていくか、というような段取り論が重要な位置を占めていることがわかる。[6]その中には、立証すべき主要事実、間接事実が何であり、これを立証する証拠がどこにどのように存在するかなどを検討し、詳細な尋問事項を用意し、自己の側の証人とは事前に綿密な打ち合わせをするというような地味な作業が含まれている。このような準備作業面も含めて、専門技術の研究が行われることが必要である。

四　情報収集の技術

証人尋問を限られた時間内で的確に行うには、事前の準備が必要不可欠である。中でも、当事者・証人との打ち合わせは欠かすことができない。打ち合わせの中で、訴訟に有利な事実、不利な事実を聞き出し、それまでの主張の正しさを検証し、それまでの主張に誤りや不十分な点があればその対策を練る。証言予定者のあやふやな記憶を書証等に照らし合わせることで、より正確なものにしたり、不適切な表現をより的確なものに修正させることもある。

このような作業は、広義の面接助言の分野に属し、それ自体弁護士の重要な専門技術の一部を構成する。この面接助言の技術についても、日弁連法務研究財団で研究中である（柏木昇東大教授を主任とする「弁護士の専門技術（面接助言）」の研究）。

事情聴取の技術は弁護士の技術の中でも重要な部類に属する。紛争の発端から現在に至るまでの経過をつぶさに聞くことは当然である。当事者の主張を裏付ける証拠がどのような形でどこにあるのかも、聞き出す。もしすぐに出せる証拠であれば、相談するその場で提示してもらって、原本を預かることも大切だ。事情聴取は、こうして、当事者からの口頭による説明と証拠の提示とが同時進行する。

これらの事情聴取作業はただ聞いて記憶するだけではない。当然のことながらメモをとる。録音やビデオを撮ることも理論的には可能だが、メモのほうが一覧性において勝る。

メモのとり方は弁護士によって精粗があり、どの方法がよいとは一概に言えない。いずれにせよ、後に陳述書を作成するに足りる程度の詳しさを持つことが望ましい。もっとも、最初の時点では相手方の主張なしで一方的に依頼者の言い分を聞くだけだから、一度で完全無欠な情報が集められるわけではない。

そこで、第一回目では、事件全体の概要を知り、訴訟の基本方針を決定するに足りる情報だけでよしとすることもある。

事情聴取をする際の方法については、依頼者の言い分を親切に聞くことを第一として、あまり途中でさえぎったり、弁護士の意見を述べたりしない方がよいという意見をよく聞く。

しかし、依頼者にただ語るに任せたのでは、要点を要領よく聞き出すことは難しい。むしろ、法的知識をもとにして何が重要な事実で何が重要な事実でないかを意識しながら、依頼者の発言を引き出していく技術が重要である。依頼者が気づかないか、気づいていても重要でないと勝手に判断して触れない事実を聞き出すことはもっと重要だ。

要するに、事情聴取もまた一種のインタビューであって、これには専門的な技術が必要である。しかし、弁護士は事情聴取についてこれまで、見よう見真似でやってきたというのが実態に近い。インタビューの技術に関する科学的な研究成果を利用するというような問題意識に薄かったと言ってよい。今後の弁護士の専門技術を研究する際のひとつのポイントとなろう。

事情聴取は、ときには依頼者だけでは足りない場合もある。事務所へ呼ぶことが難しい関係人には出向いてでも事情を聞きこれをメモや録音テープ、ビデオなどに記録しておく必要がある場合もある。

ただし、事情聴取はできるだけ弁護士の事務所で行うことがのぞましい。きちんと整理された法律事務所の応接室で事情聴取を行うことで、弁護士の信頼度がより高まり、よい成果を生みだすことが期待できる。

事情聴取の途中で判例や学説を調べる必要が生じることもある。事務所外で事情聴取をしているときは、そんな場合に不便である。

当事者からの事情聴取は単なる証拠の収集ではない。それは訴訟の基本方針を決めるための依頼者とのコミュニケーションの一環をなす。のみならず、依頼者と弁護士との間に必要不可欠な信頼関係の樹立の第一歩ともなる。それは情報を一方的に受け取る作業ではなく、弁護士のほうから依頼者へも事情聴取の内容、順序、聞く姿勢、などを通じて依頼者に重要な情報を提示している。弁護士から発せられるこのような多様な情報の発信の中で、依頼者はあるときは弁護士を信頼し、あるときは不信感を募らせる。その結果がその後の訴訟の進展に微妙な影響を与える。

五　「証人汚染」の問題

証拠調べの準備の関係で触れておきたいことが一つある。「証人汚染」の問題である。(7) 準備作業を重ねる中で、弁護士が証人に、意識的にあるいは無意識のうちに影響を与えて、結果的に法廷での証人の証言が真実とかけ離れたものになってしまうのではないかという懸念に関するものである。

率直に言って、少なくとも主尋問に関する限り、証人の証言により「法廷で真実が発見される」というのは神話にしかすぎない。弁護士と証人との事前打ち合わせの中では、有益な情報、無用な情報をとりまぜ、雑然と話が繰り広げられる。弁護士は、その中から法廷で述べられるべき重要な情報がどれで、重要でない情報がどれであるかを吟味してこれを取捨選択し、一定の尋問時間内におさまり、しかも裁判官にもわかってもらえるような内容に整序しなおす。その意味で、「真実は、法廷よりも先に、まず弁護士の事務所の中で語られる」という方が実情に近い。

このように証人尋問について周到な準備がされるのが一般化すると、それだけ証人や当事者本人の陳述に弁護士からの有形無形の影響が及ぶことは必然的なことである。精緻な尋問技術は、一歩誤ると、負けてしかるべき事件を勝たせる技術にもなる。

しかし、このような意味での「汚染」の危険性が増すからと言って、尋問技術を低いレベルにとどめたり、事前準備を抑制するというのは非現実的である。この問題は、弁護士倫理を高度化することによって、解決する外はない。高度な専門技術には高度な倫理が要求されるのである。(8)

六 口頭による論争の重要性

尋問に関する技術と並ぶもう一つの重要な論争の技術が、訴状、答弁書、準備書面等の作成である。

準備書面については、本来、口頭弁論期日での口頭での陳述を準備するためのものにすぎなかったが、実際には準備書面の交換そのものが論争の性質を帯び、口頭弁論期日での「陳述」は形骸化した儀式にすぎなかったことは、多くの論者が指摘するところである。この点から見て、弁護士はしばしば「話す専門家」である以前に「書く専門家」であった。

しかし、新民事訴訟法の中で弁論準備手続きが新たに制定され（民訴法一六八条以下）、口頭による論争の必要性も高まってきた。

本当に議論を煮詰めるためには、書面の交換をするだけでは不十分である。細かいところは、お互いの顔を見ながら、肉声で議論をすることが有益だ。その中で、相手の言葉の意味だけでなく、声の調子、顔つき、姿勢等多様な情報がやりとりされ、その応接の中で、何が重要な主張で何が重要でないのか、どこは譲歩可能でどこは譲歩が期待できないのか、などが判断可能となる。

議論の過程では争点を拡散させる場面と、収束させる場面とがある。一般に、書面は争点を拡散させたり深めたりするために有益な手段である。他方で、争点が出尽くした段階で、重要度を選別したり、重要でない争点を整理したり、残った争点を体系的に並べたりというような微妙な作業は、口頭の方がずっとやりやすい。弁論準備手続きでは、口頭による議論が有益であるというのはこのようなことを考慮しての提言であると言って良い。

七　説得の構造

論争には常に説得という行動がつきまとう。

相手方への説得活動の前提として、人はしばしば複数のものの見方（仮説）や価値観を内心に抱いているということを認識することは有益であろう(9)。

もし、人が単数のものの見方や価値観しか内心に持っていないとしたら、説得とは相手のものの見方や価値観を否定し、説得者の意見を相手に押しつけることでしかない。しかし、相手方が複数のものの見方や価値観を内心に持っている場合には、説得する者が自己の主張に近い相手のものの見方、価値観に働きかけてこれを選択させることが可能になる。

説得とか論争とかいうととかく争いとか闘争というイメージが強く感じられるのであるが、訴訟の中での説得は右のようなソフトな働きかけを含んだ作業である。それは、相手方から説得される可能性を含んだ作業でもあって、対立的要素と協働作業的要素が混在している(10)。

弁護士の中でもいわゆる老練な弁護士、敏腕な弁護士であればあるだけ、説得とか論争にはこのような微妙な要素が混在し、結果に大きな影響を与えることを肌で感じ取っている。説得とか論争とか言う作業は、声高に自らの主張を述べ続けることでもなく、相手を必要以上に論難する作業でもない。

初心の弁護士によく見受けられることであるが、準備書面などで、「虚偽」「暴論」「卑劣」などという刺激的な語を多用して、口を極めて相手を悪しざまに罵る例を見かける。しかし、このような罵倒に近い主張が相手方を説得したり、意見を変えさせたりすることに有害無益であることは容易に理解できることである。裁判官も、このような罵倒的主張に耳をかすとは思えず、むしろ不信感を強める危険性のほうがはるかに大きい。

もしこのような罵倒的主張が意味を持つとしたら、自己の依頼者が自分の頼んだ弁護士の威勢のよさに一時的にせよ信頼感を高める程度であろう。しかし、そのような虚勢に基づく信頼感はいずれ崩壊する運命にある。訴訟は罵りあいとは違う。

特に、争点および証拠整理手続きにおける議論は、何が争点であり、そのためにどのような証拠調べをすればよいのか、を発見する作業であることから、協働作業的要素がつよくなる。

この説得ないし論争という作業においては、事実面における証拠や法的側面における法、判例または学説などを提示するという実体的な側面のほかに、情報を提示する場合の時期、順序、方法などに関する技術も重要である。

さらに、情報提示の際にあわせて伝えられる非公式的情報、例えば説得の口調、態度、姿勢等の情緒的な側面も無視できない。同じ主張をするにも、顔をこわばらせ目を吊り上げて、声高に主張するのと、ゆったりとした態度で静かに語りかけるのとでは、結果に違いが出てくる。このような非公式的な情報の提示については、その人のもつ素質が大きくものを言うことから、従来あまり重視されてこなかった。しかし、右の点についてもある程度は訓練によってコントロールがきく分野である。

今後、訴訟が書面中心主義を離れて、口頭主義に接近すればするほど、このような観点からの訓練が重要度を増すものと見込まれる。

いずれにせよ、この面の研究は未開拓である。今後弁護士の専門技術を本格的に研究するについては無視できない重要性をもつ。

八　「ストーリー」論

争点及び証拠の整理は証人調べ、当事者本人尋問の準備作業であって、心証形成には関係ないと考えるのは、おそらく間違いだ。　裁判官の心証は、訴状及び答弁書が陳述される第一回口頭弁論の段階から徐々に形成されはじめ、双方の準備書面及び書証の提出を経て具体的な内容を付与され、弁論準備手続きないし争点及び証拠整理完了段階でほぼ最終局面にさしかかるというのが実態に近いと思われる。裁判官から「双方の主張と書証でほぼ心証が固まる」とか、「人証の尋問で心証が覆る例は少ない」というようなことを聞くことがしばしばあるが、これも右の考え方の正しさを裏付けている。(11)

裁判官は、争点整理段階までの主張及び書証などの提示、及びこれをめぐっての議論を通じて、一応の仮説（ストーリー）を形成し、証人尋問や当事者尋問ではこの仮説の当否を検証するという「ストーリー」論(12)も、このような事実を踏まえて考えると理解しやすくなる。

裁判官による心証形成作業の最盛期が、証人尋問及び当事者尋問実施以前の争点整理段階であるとすると、弁護士も弁論準備手続きにおける主張、立証及びこれを巡る議論に強い関心を寄せざるを得ない。弁論準備手続きでの口頭による「論争」の技術を研くことは、尋問技術の開発と並んで、弁護士にとって極めて必要度の高いものであると言って良い。

(1)　加藤新太郎他「新版民事尋問技術」（有斐閣、一九九九年）八頁

（2）加藤他前掲書九頁注（1）。
（3）加藤外前掲書一〇頁注（1）。
（4）その中にあって、司法研修所編「民事弁護における立証活動」日本弁護士連合会（一九七一年）、及び加藤他・前掲書は、後進への技術伝授を目的にした貴重な実務書である。
（5）森田松太郎外「入門ナレッジマネジメント」（かんき出版、一九九九年）等。
（6）大野正男「反対尋問の技術について」東京弁護士会研修叢書一三・最も効果的な反対尋問（一九九〇年）所収。徳岡卓樹他「反対尋問―その理論と実際」判例タイムズ五三〇号（一九八四年）五七頁。なお、司法研修所編・前掲注（4）一七八頁以下。
（7）シンポジウム「二一世紀における証拠調べの課題」判例タイムズ一〇一九号一二頁、同一〇二一号頁の西口元判事の発言等。
（8）弁護士倫理（日弁連・平成二年）第七条は「弁護士は勝敗にとらわれて真実の発見をゆるがせにしてはならない」と定め、同第五四条は「弁護士は偽証若しくは虚偽の陳述をそそのかし、または虚偽の証拠を提出してはならない」と定めている。
（9）桂木隆夫「自由社会の法哲学」四一頁・弘文堂（一九九〇年）
（10）田中成明「法的空間」二三八頁・東京大学出版会（一九九三年）
（11）井上治典「民事手続論」一〇七頁・有斐閣（一九九三年）
（12）東京地方裁判所ほか「民事訴訟の運営改善に関する懇談会」判例時報一四六五号（一九九三年）一九頁、同二四頁。伊藤眞ほか座談会「民事集中審理の実際」判例タイムズ八八六号一九頁（一九九五年）

第二部　実務慣行改善への途

第一章　民事訴訟遅延と弁護士の立場

一　訴訟促進論の視点

昭和二五年一一月、最高裁事務総局の要職にあった判事が、訴訟促進に関する論文を発表し、その冒頭部分で、戦前の訴訟促進の動きについて、次のとおり指摘した。

「裁判所構成法時代われわれは幾度か訴訟促進の声を聞いた。しかし、それは多くの場合、司法大臣を首班とする司法行政当局の裁判官に対する要請として唱えられた。当時の法制の下においては、訴訟促進の要請も、もっぱら下僚たる裁判官に対する行政監督権者の、むしろ露骨な、官僚的な督励であった。行政優位の当時にあっては、国民の要求を直接真剣に取り上げるというよりも、むしろ多く裁判官に対する行政当局者の単純な行政上の要請として訴訟の促進が取り上げられるのである」。そして同判事は、戦後の新憲法、裁判所法、検察庁法、新弁護士法、新刑事訴訟法等の制定により、国政における国民の地位も司法の地位も改まり、裁判所の性格も訴訟における当事者の地位も変革を遂げたとして、「訴訟促進の問題は、いま、新しい角度から取り上げられることになった。それは、いわばこの新しい制度に適合させるための、司法の合理的な再編成の要請なのであ

る」と、主張した。(1)

右論文の発表から既に三〇年余が経過した。今、改めて戦後の訴訟促進の動きを振り返ってみるとき、その指摘中の「司法大臣」という語を「最高裁判所」と置き換えただけで、ほとんど同様の歴史が繰り返されたことに気づく。最高裁主導による訴訟促進の結果は、民事訴訟に関する限り、成功したといいがたいのである。(2)原因はいろいろ考えられるが、最高裁による訴訟促進策が、「司法行政当局者の裁判官に対する要請として唱えられた」戦前の訴訟促進と大同小異であって、「国民の要請を直接真剣に取り上げる」視点からのものではなかったことも原因の一つである、といえるのではなかろうか。

右論文の指摘からも窺えるとおり、民事訴訟の促進ないし遅延解消については、複数の視点からの議論が可能であり、また必要である。(3)その中で、最も重要、かつ基本的な視点は、民事訴訟の遅延によって現実に経済的負担と心理的苦痛に悩む訴訟当事者および遅延に恐れをなして訴訟利用をためらう国民の立場からのものではなくてはならない。

さらに民事訴訟の重要な部分は、訴訟代理人たる弁護士によって遂行され、弁護士の多くは民事訴訟からの報酬を主要な収入源としている。(4)それゆえ、遅延が弁護士の社会的経済的地位へどのような影響を与えているかという側面からの議論も重要である。

(1)　内藤頼博「訴訟促進をめぐって」法曹時報二巻一二号六四頁。

(2)　最高裁事務総局の統計によると、全地裁における第一審通常訴訟の既済事件平均審理期間は、この一〇年間短縮の傾向にある。しかし、事件らしい事件の平均審理期間は一九―二〇ヵ月に及び、成功というにはほど遠い。後述二参照。
(3) 小島武司「民事訴訟遅延の基礎的考察」判例タイムズ二八八号四頁。
(4) 日本弁護士連合会「弁護士の職域に関する意識調査」自由と正義一八巻五号一九頁。

二　二〇ヵ月に近い審理期間

『司法統計年報』(民事・行政編昭和五九年版、以下同様)によれば、昭和五九年中、地方裁判所において判決、和解などにより終局に至った第一審通常訴訟事件は、一〇四、八一四件であった(表1)[(5)]。この中では、判決の言渡しによるものの割合が四八、八一二件(四六・五%)で最も多く、和解によるものが三二、六八六件(三一・二%)でこれに次ぐ。ところで、右判決の中には、欠席判決二一、八八一件が含まれているが、これは擬制自白により実質的な審理なしで判決に至るのであるから(民訴法一四〇条第三項)、審理期間が短いのは当然であり、民事訴訟の遅延を論じるときはこれを除外するのが適当である[(6)]。そこで、欠席判決を除外し、対席判決と和解を合計した五九、四六〇件に限定して審理期間を見てみると、六ヵ月以内(一ヵ月以内、二ヵ月以内、三ヵ月以内を含む。)に一九、六二四件(三三・〇%)が終了し、一年以内では三一、七四一件(五三・四%)が終了し、二年以内で四五、三八七件(七六・三%)が終了したことになっている(図1)。

右最高裁の統計結果によれば、訴訟事件の過半数が一年以内に終了していることになるが、これは弁護士の体験的実感とはかけ離れている。実際には、一年を超えても終局を迎えない事件のほうが圧倒的に多い[(7)]。

この統計上の数字と弁護士の実感との喰い違いは何に由来するのであろうか。対席判決や和解の中に実質的には欠席判決に等しいもの（たとえば、被告が答弁書を提出しながら第一回期日に出頭しない事件など。以下「準欠席判決事件」という）や、認諾と同視しうるもの（たとえば、双方第一回期日に出頭するが、その場で和解成立に至り、あるいは第一回期日で和解の方針を決め、第二回期日で和解成立に至るなど、以下「準認諾事件」という）が多数含まれている。前記喰い違いは恐らくこれに由来するものと思われる。[8]

それでは、これら準欠席判決事件および準認諾事件による影響は、どの程度のものになるのであろうか。最高裁の統計上正確な算定はできないが、以下の理由により、両者を合わせた数字は少なくとも九、〇〇〇件を超えるものと思われる。

(イ)　対席判決により、終了したものと和解により終了したものの合計が五九、四六〇件であるのに対し、証人または当事者尋問が行われた事件は四〇、八三九件で、[9]残り一八、六二一件は人証の取調べなしに終了している。人証の取調べがまったくない事件でも、本格的に争い、判決、和解で終了する事件もないではないから、両者の数字の差が直ちに準欠席判決事件または準認諾事件であるとはいえないが、それにしても、われわれの経験上、準欠席判決、または準認諾事件は、過半数九、三一一件を下らないといえるのではないか。

(ロ)　対席判決事件のうち、三ヵ月以内に終了したもの三、一一五件、および和解事件のうち三ヵ月以内に終了したもの六、四七六件の多くは、三ヵ月以内という期間の短さから見て、本格的な弁論と証拠調べを経由したとは考えられない。両者の合計は九、五九一件である。

以上、いずれの計算からも、準欠席判決および準認諾事件は、九、〇〇〇件を超えることになる。仮に三ヵ月以内に処理された対席判決および和解の各事件数九、五九一件を、準欠席判決事件および準認諾事件数と考えて、対象から除外して、「事件らしい事件」（以下「実質的訴訟事件」という）の審理期間を計算すると、六ヵ月以内に二〇・一％が終了し、一年以内では四四・四％が終了し、二年以内では七一・八％が終了したことになる（図2）。われわれ弁護士の実感では、これでもなおかなり甘い数字であって、実際にはさらに各五％ずつくらい割り引いたあたりが実状に近いと思われる。[(10)]

右『司法統計年報』の数字とは別に、最高裁事務総局によって発表された平均審理期間の統計がある。[(11)]この統計によると、地方裁判所における民事第一審通常訴訟の既済事件、未済事件の平均審理期間は僅かずつ短縮の傾向にあり、昭和五九年度において既済事件で一三・〇ヵ月、未済事件で一八・二ヵ月である（表2）。

両者の間に五・二ヵ月の差があるのは、既済事件では比較的早期に処理される、いわば回転率の良い欠席判決や認諾およびこれに準ずる事件の比重が高いことと、逆に長期事件の終了数が少なく、その比重が低くなることとの相乗効果によるものと思われる（表3）。仮に既済事件のうち三ヵ月以内に終局に至った、すべての事件合計三三、一一一件について、実質的訴訟事件に含まれないものとして、その影響を排除して計算すると約一七・九ヵ月となる。[(12)]さらに欠席判決すべてを排除して計算すると、一九ヵ月を超える。

未済事件では逆に長期未済事件の比重が増し、早期処理事件の比重が減る結果、平均審理期間は一八・二ヵ月に延びるのであるが、なお、最初から欠席判決や認諾、およびこれに準ずる形態で終了する見込みの事件を多数含むことによる影響から脱していない。

かくして、事件らしい事件に要する平均審理期間は、ごく内輪に見ても、二〇ヵ月近くなるものと思われる。[(13)]

（5）　最高裁判所事務総局・司法統計年報（民事・行政編昭和五九年版）一二八頁。

（６）仁分百合人「民事訴訟が長くかかりすぎることとその対策」ジュリスト二六五号一八頁。
（７）最近の指摘として、第二東京弁護士会弁護士業務委員会主催シンポジウム「民事訴訟促進と弁護士業務の拡大」（判例時報一一八五号四頁以下）における、河合弘之弁護士の報告および原後山治弁護士の発言。
（８）仁分・前注（６）一八頁。
（９）前掲・司法統計年報一四二頁。
（10）身近な弁護士二六名に対して行った小規模なアンケート結果によると、六ヵ月未満で一七・三％、一年未満で三八・九％、二年未満で六三・七％という結果がでている。
（11）最高裁判所事務総局民事局「昭和五九年度民事事件の概況」法曹時報三七巻一一号五頁。
（12）{13.0×104814－（１×4644＋２×13086＋３×15381)}÷(104814－4644－13086－15381）＝17.9
（13）筆者が、昭和六〇年一年間の判例時報に掲載された第一審通常訴訟事件について調査したところでは、平均審理期間は三年を超えている。なお、日本弁護士連合会は、本年（昭和六一年）九月開催予定の司法シンポジウムのために、最近各単位会を通じ詳しい調査を実施した。その結果により、審理期間についての正確な数字が明らかとなるはずである。

三　訴訟遅延への不満

実質的訴訟事件の審理に二〇ヵ月近くを要するという事実は、当然に国民の審理期間に関する意識に反映する。そしてその国民の意識は裁判利用傾向に影響し、弁護士の業務にも重大な影響を与えることになる。

この点に関し、日本弁護士連合会は、最近、極めて詳細かつ広範な国民の意識調査を実施し、その結果を単行本にまとめて公表した(14)。

これによると、有効回答者数二、三二五人のうち二、〇〇一人（八六・四％）が「裁判所は時間がかかりすぎる」と考えている。そして「よほどのことのない限り、裁判はしたくない」と考える人びとは、八八・三％に上り、「裁判になりそうな問題が起きたときでも、できれば（裁判を）利用したくない」人が六六・七％を占めた。裁判経験者だけを見ると、右の割合はさらに高くなっている。なお、この調査では、裁判に対する意見を自由回答で求めたところ、時間がかかりすぎることを挙げた人が五一・六％で、他を大きく離して第一位を占めた。

弁護士自身も、「裁判に時間がかかりすぎること」に不満をもち、これを理由に裁判を回避する傾向がある。

図１　対席判決および和解事件の審理時期

（全地方裁判所　昭和59年）

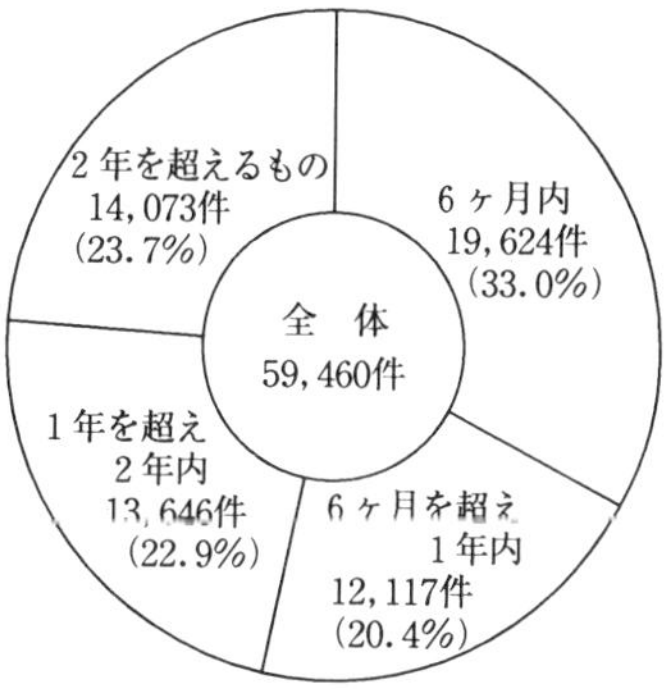

▶ ６ヵ月以内　33.0%
▶ １年以内　33.0＋20.4＝53.4%
▶ ２年以内　33.0＋20.4＋22.9＝76.3%

＊参考資料：最高裁事務総局・司法統計年報
（Ｉ民事・行政編　昭和59年版）

図２　実質的訴訟事件の審理時期

（全地方裁判所　昭和59年）

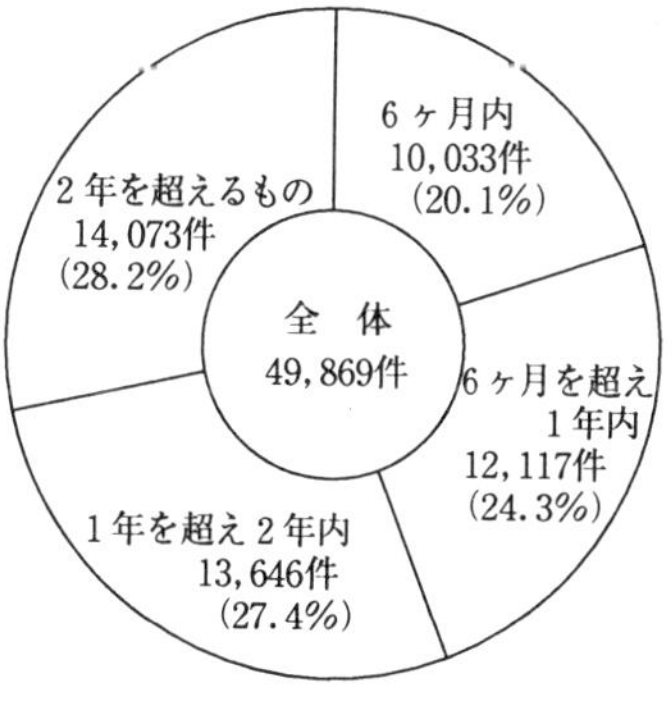

▶ ６ヵ月以内　20.1%
▶ １年以内　20.1＋24.3＝44.4%
▶ ２年以内　20.1＋24.3＋27.4＝71.8%

＊参考資料：最高裁事務総局・司法統計年報
（Ｉ民事・行政編　昭和59年版）

表1　第一審通常訴訟既済事件の審理期間（全地方裁判所　昭和59年）

終局区分	総　数	1月以内	2月以内	3月以内	6月以内	1年以内	2年以内	3年以内	4年以内	5年以内	5年を超える
総　数	104,814 (100%)	4,644	13,086	15,381	21,276	17,415	16,530	7,564	3,784	2,395	2,739
判　決	48,812 (46.5%)	99	5,440	10,137	11,399	6,786	6,739	3,523	1,912	1,390	1,387
対　席	26,774	21	1,067	2,027	4,010	4,986	6,510	3,484	1,904	1,384	1,381
欠　席	21,881	37	4,326	8,084	7,369	1,786	226	38	7	5	3
その他	157	41	47	26	20	14	3	1	1	1	3
和　解	32,686 (31.2%)	368	3,098	3,010	6,023	7,131	7,136	3,015	1,373	666	866
認　諾	1,244 (1.2%)	87	614	215	172	94	34	14	7	2	5
取下げ	19,780 (18.9%)	3,279	3,397	1,765	3,412	3,199	2,509	978	468	325	448
その他	2,292 (2.2%)	811	537	254	270	205	112	34	24	12	33

＊参考資料：最高裁事務総局・司法統計年報（Ⅰ　民事・行政編　昭和59年版）

表2　第一審通常訴訟の平均審理期間の推移

（全地方裁判所）

区 分	昭和50年	昭和51年	昭和52年	昭和53年	昭和54年	昭和55年	昭和56年	昭和57年	昭和58年	昭和59年
既 済	16.3月	15.8月	14.7月	13.9月	13.7月	12.8月	12.1月	11.5月	13.4月	13.0月
未 済	21.7月	20.7月	19.6月	19.6月	19.4月	18.7月	18.3月	18.6月	18.7月	18.2月

＊参考資料：最高裁事務総局民事局「昭和59年度民事事件の概況」法曹時報37巻11号

表3　第一審通常訴訟の既済・未済対比審理期間別事件数

（全地方裁判所　昭和59年）

区 分	総 数	6月内				1年内	2年内	3年内	4年内	5年内	5年を超える
		1月内	2月内	3月内	6月内						
既 済	104,814 (100%)	54,387 (51.9%)				17,415 (16.6%)	16,530 (15.8%)	7,564 (7.2%)	3,784 (3.6%)	2,395 (2.3%)	2,739 (2.6%)
		4,644 (4.4%)	13,086 (12.5%)	15,381 (14.7%)	21,276 (20.3%)						
未 済	110,375 (100%)	39,689 (35.9%)				19,503 (17.7%)	23,465 (21.3%)	12,358 (11.2%)	6,234 (5.6%)	3,523 (3.2%)	5,603 (5.1%)
既済/未済	0.95	1.37				0.89	0.70	0.61	0.61	0.68	0.49

＊参考資料：最高裁事務総局・司法統計年報（Ⅰ　民事・行政編　昭和59年版）

第二東京弁護士会司法問題対策委員会が昭和五九年、会員に対して実施した調査[15]によると、「最近五年間で裁判手続に不満をもったことがあるか」との質問に対し、回答者（いずれも弁護士、以下同様）一五五名中、七二・九％が「解決までに時間がかかりすぎた」ことを挙げている（図３）。また、「相談を受けて訴訟によらずに他の解決手段によって処理したことがあるか」との質問に対し、八七・三％が「ある」と答え、その理由として「裁判手続は費用と時間がかかりすぎ、得策ではない」を挙げた者が五六・九％で、やはり第一位を占めた（図４）。

こうして、国民のみならず、訴訟に日常関与し訴訟を知りぬいている弁護士もまた、訴訟に対する最大の不満として遅延問題を挙げているのである。

(14)　日本弁護士連合会弁護士業務委員会・市民と法律問題一七二頁、一七八頁、一八四頁および一九五頁。

(15)　第二東京弁護士会司法問題対策委員会・紛争処理機関等に関するアンケート調査結果について（未公表）二一頁以下。

四　訴訟遅延の影響
――弁護士業務を中心として――

訴訟遅延は何よりも、事件当事者、ことに勝訴が期待される当事者に多大な影響を与える。①権利の実現が遅れることによる経済上の不利益（たとえば引渡しを受けるべき土地を訴訟期間中現実に利用ないし処分できないとか、債権回収が遅れるために企業活動に支障を生じる等）、②訴訟が長期化することによる弁護士費用へのはねかえり

図３　裁判に対する不満の原因

（第二東京弁護士会会員アンケート　昭和59年）

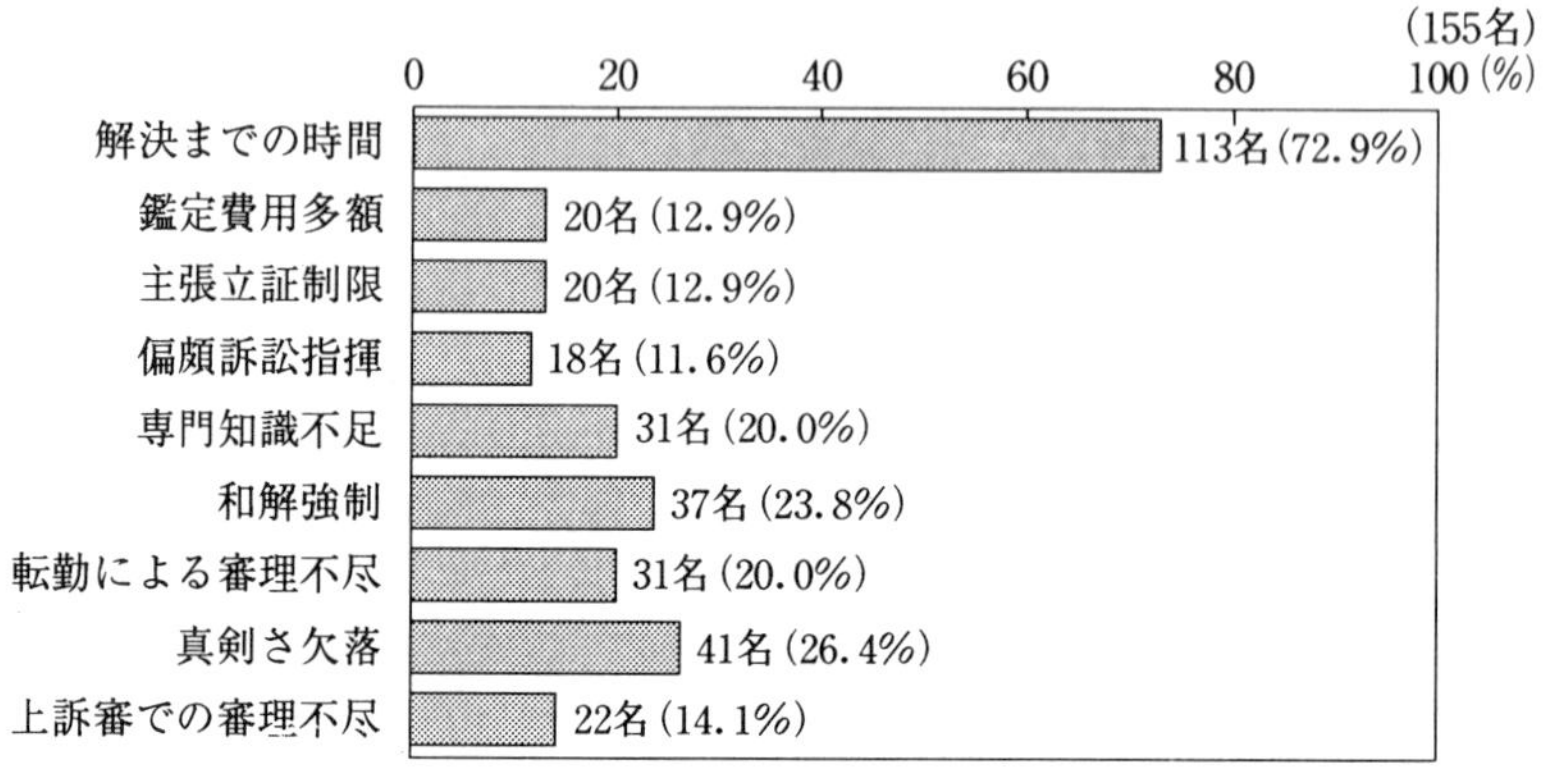

図４　訴訟によらずに他の解決手段によって処理した理由

（第二東京弁護士会員アンケート　昭和59年）

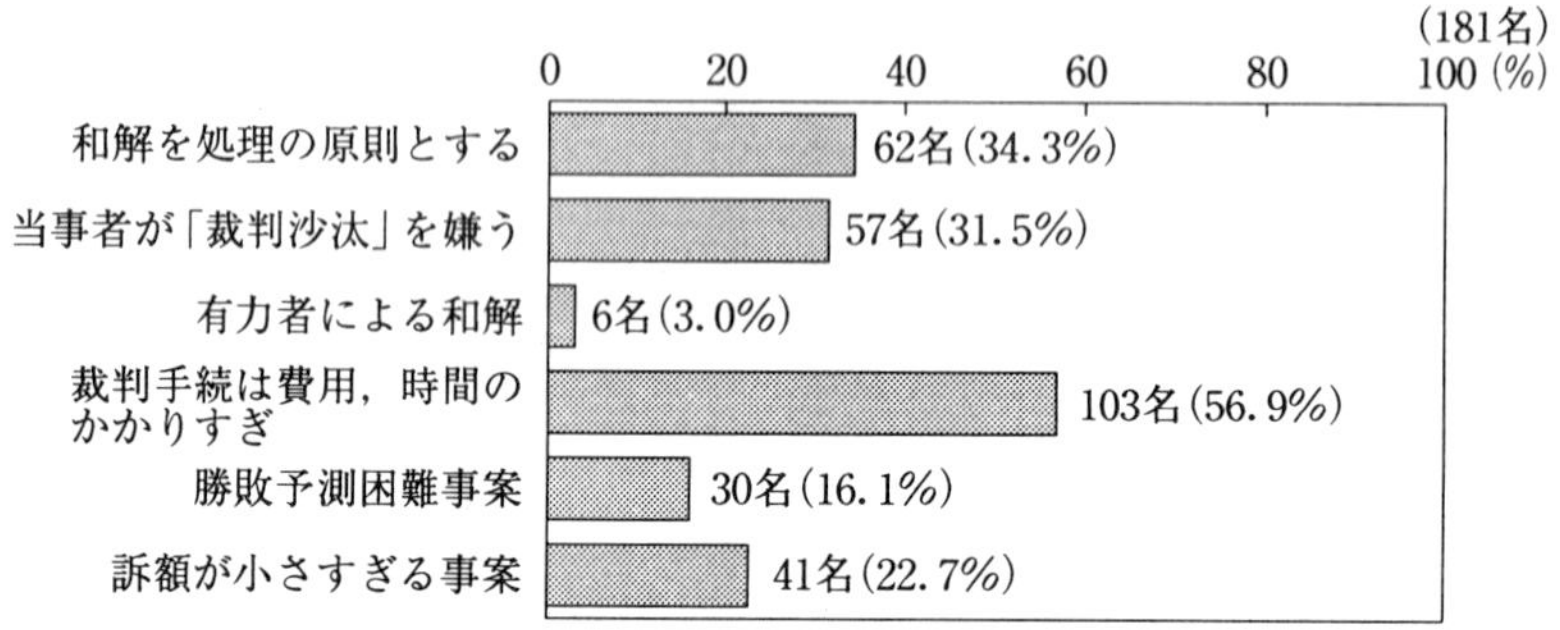

〔弁護士費用の問題はつきつめると訴訟の非能率の問題である〕、③訴訟長期化による心理的苦痛の増大など、が影響の典型的なものである。前掲の日弁連『市民と法律問題』中の調査でも、訴訟経験者のほうが未経験者よりも遅延に対する不満度が高く、裁判所利用意欲が低いという結果が出ている。その根底には遅い裁判により、多かれ少なかれ右のような諸不利益を被っているという事実が存在すると見るべきであろう。

訴訟を経験した者が訴訟に対して感じた不満は、周囲の未経験者にそのままの形で、ときには誇張した形で伝えられ、国民一般の訴訟に関する意識形成に影響を与える。(16) 合理的な紛争解決方法不在のままで裁判回避の傾向が進行するのは、一国の社会経済に有形、無形の悪影響を与えているはずである。遅延が裁判所およびその構成員に与える影響も見逃せない。訴訟の遅延は、必然的に裁判所のコストを増加させるとともに、裁判官および書記官へも肉体的および心理的苦痛を与えている。(17)

民事訴訟の遅延は弁護士業務へも種々の形で悪影響を及ぼしている。弁護士は、自己の職業的利益の点からも訴訟の遅延解消に関心を寄せざるを得ない。

それでは、日々訴訟代理人として訴訟に関与する弁護士は、遅延によってどのような影響を受けているのであろうか。思うに、弁護士が民事訴訟について訴訟代理人として関与する場合、次の三つの側面を有する。

第一に、弁護士は民事訴訟において当事者の代理人として行動する。訴訟代理人の役割は単に勝訴すればよいというものではなく、迅速な処理を図ることも重要な職務の一環をなす。ことに原告代理人の場合は、訴訟を迅速に終了させることが、依頼者の満足に直結するのが通常である。この迅速処理の要請は、勝訴することに比べて優るとも劣らぬほどの重要件を有していることが多く、審理期間が極端に長いときは、たとえ勝訴しても依頼者の満足度は低いものになる。また訴訟の過程においても、訴訟の遅延は依頼者の弁護士に対する信頼感を徐々に崩壊させ職務遂行に様々な支障を与える。

なお、被告事件の場合、依頼者の迅速審理に対する要請はさほど大きいとはいえないが、すべての被告が迅速審理を歓迎しないということでもない。被告の場合であっても訴訟に巻き込まれていることの経済的・心理的負担は相当なものであり、主張すべきことは主張し立証すべきことは立証して、早期に裁判所の判断を求めたいと考える者も少なくない。ことに不当な言いがかりとも思われるような訴訟で被告とされたときは早急な決着への要請も強い。しかし、そのような事件に限って原告側の争点がはっきりせず訴訟が長期化することが多いのである。被告事件の場合、訴訟遅延が事実上、当事者の利益になる例も少なくない。その場合、弁護士としては「勝てないまでもできるだけ結論が出るのを先に延ばして、その間に原告の譲歩を引き出そう」という心情に傾きがちであり、ときには依頼者がそれとなく引き延ばしを求めることもある。しかし弁護士がそのような依頼者の要望に屈した場合、弁護士が最終的に依頼者の感謝と尊敬を得られるかどうかは疑問である。むしろ、弁護士の職務への侮蔑をもって報いられることのほうが多いのではなかろうか。

第二に、弁護士が民事訴訟に関与する場合司法の一翼を担い公共に奉仕するという側面がある。弁護士法第一条第二項において、弁護士が「法秩序の維持及び法律制度の改善に努力すべきこと」とされているのは、この側面の端的な表現であると解される。

民事訴訟制度は国の重要な法秩序を構成している。弁護士が遅延を漫然と放置することは法秩序の維持および法律制度改善という責務の放棄につながるといってよく、かかる責務の放棄が弁護士層全体の社会的地位の向上のために阻害要因となり、ひいては司法の信頼を損ねることも論をまたないであろう。

なお、弁護士は日常の業務を通じ被告代理人になると同時に、原告代理人にもなるのが通例である。その点では、一般国民が一生に一度か二度しか訴訟に関与しないのとは異なる。弁護士が被告代理人になったとき訴訟の促進に協力しないという行動をとるときは、原告代理人になったとき訴訟の促進を望むということと矛盾するのみならず、訴訟制度全体として、機能不全の結果を生ずることとなり、その弁護士が原告代理人になったときに遅延の被害を受けるという結果によって報復を受け、結果的に自らの首を絞めることにつながるのである。

第三に弁護士が民事訴訟に関与する場合、訴訟代理を業とすることによって収入を確保し、事務所を運営し、生計を立てるという側面を有する。

この観点からは、まず民事訴訟の遅延が、個々の事件処理を通じ、弁護士業務の能率化を著しく阻害していることを挙げなければならない。以下、私が被告訴訟代理人として経験した事件を一例にして、具体的に検討してみることにする。

この事件は、北関東の某地方裁判所支部（私の事務所から片道約一時間半）に係属した請負代金請求事件で、審理の経過は**表４**のとおりであり、訴訟提起から判決言渡しまで約三年間を要し、この間に口頭弁論期日四回、証拠調べ期日七回（うち空転一回）、判決言渡し期日一回、合計一二回の期日が開かれ、担当の弁護士が費消した時間は六五時間であった。このうち三三時間が往復の時間に、また約二時間が裁判所での待機時間にそれぞれ費やされ、弁論および証拠調べ（証人三人、原告一人、被告一人）に要した時間は、延べ九時間にすぎなかった。[18]

本件は、いわゆる五月雨式審理によったものであるが、[19]仮に集中審理を実施し、人証を一回で取り調べた場合には、夏期休暇、年末年始休暇等のロスタイムを計算に入れても九ヵ月程度で終結が可能な計算となり、仮に人証を二回に分けて調べたとしても、一年以内には終局に至ったと思われる。そして弁護士の時間は、裁判所へ往復する時間だけでも七回分二一時間を節約できた計算になる。さらに、証拠調べ期日の度に記録を読み直す時間であるとか、法廷での待機時間も短縮されるはずであるから、優に三分の一（二二時間）以上の時間が節減される計算となる。このように、審理期間で約二年間、弁護士の消費時間で二二時間の節減が可能であったにもかかわらず、これが実行されなかったとするならば、審理は遅延したと断言せざるを得ず、それだけ弁護士は不利益を受けたことになる。[20]

私は、右のような問題意識もあって、やはり北関東のある地裁支部で相手方代理人と相談して、裁判所に集中証拠調べによる審理を実施してもらったことがある。事件は、食品製造機械の瑕疵担保に基づく損害賠償請求と機械代金請求反訴事件であったが、弁論期日二日、証拠調べ期日一回（人証五人。五時間）、和解期日一回が開かれ、訴訟提起から和解成立まで約六ヵ月で終局となった。これに要した弁護士の時間は約二四時間であった（**表5**）。最初の例に比べると、裁判所が近かったこと、事件の内容もやや簡単で、相手方代理人も争点整理に熱心であったこと、裁判官の訴訟指揮が適切であったことなど、迅速な処理ができた諸要因があったこともあるが、やはり集中審理方式によったことが短期に処理できた最大の原因であったと思われる。

仮にこの事件を五月雨方式で審理した場合は、期日の回数も、審理期間も二倍程度になり、弁護士が費やす時間も相当程度多くなったことは確実である。

以上の経験を通じ、私は迅速な裁判がいかに弁護士にとって望ましいものであるかを実感するとともに、訴訟遅延がいかにわれわれ弁護士業務の経済的基盤を蝕んでいるかを垣間見ることができたと思っている。

表4　審理期間および弁護士の費消時間の例(1)—五月雨方式の例

年　月　日	期日の回数	手続の内容	費消時間	備　　考
昭和57年7月7日		訴え提起		
〃　7月28日	第 1回	弁論(訴状、答弁書)	約3.5	
〃　9月29日	第 2回	弁論(準備書面、人証申請)	約3.5	
〃　11月30日	第 3回	弁論(準備書面)	約3.5	この間に原告の都合により1回期日変更あり
58年3月	第 4回	証拠調べ(被告証人)	約4.5	
〃　7月1日	第 5回	証拠調べ(原告証人)	約4.5	
〃　11月2日	第 6回	証拠調べ(鑑定人宣誓、原告証人)	約4.5	
〃　12月23日	第 7回	弁論(鑑定結果顕出)	約3.5	
59年4月20日	第 8回	証拠調べ(原告本人)	約4.5	
〃　9月5日	第 9回	証拠調べ	約3.5	原告出頭できず空転
〃　12月21日	第10回	証拠調べ(原告本人,被告証人)	約4.5	
60年4月	第11回	証拠調べ(被告本人)	約4.0	
〃　7月	第12回	判決言渡し	約0	請求棄却
(小計)			(44)	
昭和57年5月～昭和60年7月	法廷外	訴訟準備など	21	
(合計)			(65)	

民事訴訟の遅延は、国民の訴訟制度への不満を媒介として訴訟事件数の停滞を生じさせ、結果として各弁護士の受任事件数も停滞し、弁護士の経済的地位向上にマイナスとなっていると思われる[21]。たとえば、過去一〇年間の地裁第一審通常訴訟既済事件につき、弁護士選任状況を見てみると、表6のとおりとなる。弁護士が受任する事件数は、僅かながら増加しているが、この間、弁護士数も着実に増加しており、一人あたりの事件数はほとんど増加していない。日本の経済成長と社会の複雑化を併せ考えると、このような受任事件数の停滞は弁護士の相対的な社会経済的地盤沈下を意味している、と解しても誤りとはいえまい。

(16) 前掲・日弁連意識調査一七二頁以下。
(17) 裁判官懇話会・民事裁判における適正と迅速のなかの裁判官の発言。
(18) 河合弘之弁護士は、第一回期日から判決までに二二回の期日を重ね、六年間を要した事件の詳細な記録を、同著・弁護士という職業六八頁以下で報告している。
(19) 五月雨式証拠調べに対する批判として、西理「民事裁判における訴訟運営の理論と実際（中）」判例時報一一〇四号五頁以下。
(20) 担当弁護士の時間あたりのコストを約三万円と見ると、二二時間のロスは六六万円の損失になる。このような場合、現地の弁護士に依頼するべきであるとの意見もあろうが、種々の都合で遠くから出掛けなければならないこともある。むしろ遠くから出掛けてもペイするように能率化を図ることこそ業務対策の本旨であろう。
(21) 最近の弁護士の事件数および収入に関し、日本弁護士連合会「自由と正義」一〇巻三二号（臨時増刊「弁護士業務の経済的基盤に関する実態調査基本報告」）。

五　捕捉困難な遅延の概念と適正審理期間

民事訴訟の審理期間が二〇ヵ月近くを要しているという現実が一方にあり、他方で、国民および弁護士が民事訴訟は時間がかかりすぎるという不満をもっているという事実があるとき、「民事訴訟は遅延している」と断定しても誤りではないであろう。しかし、さらにつき詰めて遅延とは何か、またどの程度遅延しているのかということまで論ずることになると、難しい問題がそこに横たわっている。

小島武司教授は、訴訟遅延を論ずる場合に、次の四つの方法ないし立場があることを指摘されている。(22)

① 長期未済事件を念頭において訴訟遅延を論ずる立場
② 未済事件数を数え上げて訴訟遅延を論ずる立場
③ 処理期間の平均値ないし中位数をもって訴訟遅延の程度を測定する方法
④ 期日の間隔によって遅延を論ずる立場

そして同教授は、以上のいずれの尺度をもって訴訟遅延を測定すべきかは、いかなる訴訟遅延を除こうとしているかという測定者の観念と関係があるとして、当事者の引き延ばしの防止や個人の事件の迅速処理のためには、①および③が重要であり、裁判所の審理能力や負担量を論じるためには、②および④を重視することになることを指摘している。

右小島教授の区分に従えば、本稿の遅延を論じる立場は③に近い。遅延による当事者の経済的負担と心理的苦痛および弁護士業務への影響を問題とすることの当然の帰結である。

遅延の捕捉を困難にしているもう一つの原因に、遅延が価値判断を含む相対的な概念であることが挙げられる。

「訴訟遅延」という概念は、ある事件について、基準とすべき審理期間を想定し、これと現実の審理期間との差に対して負《マイナス》の評価を下すときに使われるものと解されるが、その基準は人によって異なる。そこで個別具体的な事件について、ある人は遅延していると判断し、ある人は遅延していないと考えたり、あるいは遅延の程度について意見が異なったりすることになる。基準となる審理期間については過去の同種事件を基準とするとか[23]、成熟期間の概念を用いるとか[24]、種々の提案がなされているが、多かれ少なかれ主観的なものとなることは避けがたい。外国の訴訟を参考にする場合でも、

表5　審理期間および弁護士の費消時間の例(2)―集中審理方式の例

年月日	期日の回数	手続の内容	費消時間
昭和59年5月25日		訴え提起	
〃　6月6日		反訴提起	
〃　7月2日	第1回	弁論（訴状，答弁書，反訴状，反訴答弁書）	2
〃　8月27日	第2回	弁論（準備書面）	2
〃　10月29日	第3回	証拠調べ（証人三名、原告本人、被告本人）	8
〃　11月29日	第4回	和解（和解成立）	2.5
（小計）			（14.5）
昭和59年5月～11月	法廷外	訴訟準備など	9.5
（合計）			（24）

表6　弁護士選任状況の推移

（全地方裁判所第一審通常既済事件）

区分／年度	総数（A）	弁護士を付けたもの 双方（B）	一方 原告側(C)	一方 被告側(D)	当事者本人によるもの（E）	弁護士数（F）	弁護士一人あたりの事件数 $\left(\frac{2B+C+D}{F}\right)$	本人訴訟率 $\frac{E}{A}$
昭和50年	73,809	37,787	19,515	3,175	13,332	10,421	9.4	0.18
昭和51年	77,695	37,925	22,071	3,389	14,310	10,689	9.5	0.18
昭和52年	82,538	37,837	24,607	3,702	16,392	10,977	9.5	0.20
昭和53年	90,442	41,407	27,013	4,156	17,866	11,206	10.2	0.20
昭和54年	93,502	42,797	28,787	4,178	17,740	11,441	10.4	0.19
昭和55年	102,033	44,110	32,471	4,312	21,140	11,624	10.8	0.21
昭和56年	110,574	45,211	35,975	4,562	24,826	11,888	11.0	0.22
昭和57年	118,147	46,233	39,561	4,563	27,790	12,132	11.3	0.24
昭和58年	99,593	46,473	32,180	3,942	16,998	12,375	10.4	0.17
昭和59年	104,814	46,907	35,955	3,714	18,238	12,600	10.6	0.17

注）昭和58年における事件総数、弁護士1人あたり事件数、および本人訴訟率の落ち込みは、昭和57年に簡易裁判所の事物管轄が拡大されたことによる影響と見られる。

＊参考資料：最高裁事務総局・司法統計年報（I　民事・行政編　昭和50年版～昭和59年版）

どの国のどのような訴訟を基準にするかは、意見が分かれるところである。

個々の事件についてすら客観的な基準を定めることは困難なのであるから、全国の裁判所で取り扱われる一〇数万件の事件の審理について、個々の事件の個性を無視して適正審理期間を論ずることは不可能に近く、また、その意義も薄いと考える。

しかしながら、われわれが社会現象としての訴訟遅延を解消するためには、具体的目標が必要であって、これを欠くときは、「できるだけ遅延解消に努めよう」というような漠然とした話になってしまう恐れがある。訴訟遅延問題を実践的行動に結びつけようとするときの難しさの一つはここにある。

(22)　小島・前掲論文〈前注（３）〉四三頁。
(23)　渡辺綱吉「法・訴訟・裁判」八八頁。
(24)　木川統一郎「迅速な裁判の要請は誰のためか」自由と正義二四巻六号九頁。

六　目標審理期間「六ヵ月」「一年」の提言と審理計画の有益性

第二東京弁護士会弁護士業務委員会は、昭和六〇年一一月、「民事訴訟促進と弁護士業務の拡大」と題するミニシンポジウムを開催し、その中で、報告者から「普通の事件で六ヵ月、やや困難な事件で一年以内」という目標が提唱された。(25) 右「六ヵ月」「一年」という期間は、前述の適正審理期間とはやや異なる趣旨で提唱されたものであって、むしろ目標としての審理期間ともいうべきものであった。私自身も右シンポジウムに関与しこれが提唱されるに至った経緯もある程度わかっているので、やや詳しく整理して解説すると、次のとおりである。

(イ)　現在の民事訴訟の審理期間は、平均で二〇ヵ月近くを要し、国民および弁護士から不満が絶えない。弁護士業務の拡大にも支障があるので、担当期間短縮の必要がある。

(ロ)　現行民事訴訟の制度内で集中証拠調べ、およびその前提たるラウンドテーブル方式による争点整理等を採用して審理期間を短縮することは可能である。[26] 争点整理のための期日一回、集中証拠調べ期日一回、判決言渡し期日一回を最低限必要な期間と考えると、提訴から判決まで最低四〜五ヵ月を要する。夏季および年末年始休暇、裁判官の転勤等によるロスタイムを考慮すると、通常の訴訟で六ヵ月、やや複雑なもので一年間程度は必要である。

(ハ)　適正な審理期間について、西ドイツの例を参考にして「通常の事件で三ヵ月、複雑な事件でも六ヵ月」という提言もあるが、[27] 二〇ヵ月近くを要する日本の現状をいきなり四分の一に短縮することには心理面で無理があり、実務家の熱意をそぐ結果となりかねない。現状の期間を半減するあたりを当面の目標とするほうが実践的である。

(ニ)　従来の訴訟慣行に親しんできた実務家からは、「六ヵ月」「一年」という目標は理想に走りすぎるとの批判が予想されるが、一般国民、ことに企業関係者からは、逆に生温るいという批判が予想される。そういう意味では、右目標はある種のバランスがとれた数字であると思われる。

本来、民事訴訟の適正な審理期間は、事件の性格に応じ、個別具体的に定められるべきであろう。個々の事件について、裁判官と原告代理人、被告代理人間で見解が異なることもある。その場合、原告代理人や被告代理人が勝手に審理期間を定めるのではなく、裁判官が独断で決定するのでもなく、三者が協議し、その合意の上に立ってその事件の目標審理期間を定めることが検討されてもよいと思う[28]。協議に基づく目標審理期間の合意の形成は、「遅延」とか「適正審理期間」とかの概念が価値判断を含む相対的なものであることによる実践面での難点を克服することになるのではなかろうか。原告代理人と被告代理人間で意見が一致しないときは、結局は裁判所が最終的判断をすることになろうが、三者間での腹蔵のない協議を経た後での決定であれば、それなりに両当事者に説得力をもつはずである。三者間での協議を経ずに裁判官が独断で審理期間を定めるのとは、よほど異なった性格を帯びるはずである。

そのためには、三者間の協議（ラウンドテーブル方式）による審理計画の策定の慣行は有益であると考える。

（25）　第二東京弁護士会弁護士業務委員会「民事訴訟促進と弁護士業務の拡大」判例時報一一八五号四頁以下。

（26）　「〈シンポジウム〉民事訴訟の促進について」（民事訴訟雑誌三〇号）中の宮﨑公男判事および三宅弘人判事の報告、沢榮三「民事における集中審理の経験」法曹時報二三巻六号一頁。

（27）　小島・前掲論文（前注（３））五頁。

（28）　三者の協議により審理期間を定めるためには、争点の整理と双方の立証計画の開示が必要不可欠である。審理期間の協議は必然的に全体的審理計画の策定を必要とする。

七　弁護士および弁護士会の役割
——実践に向けて——

民事訴訟の遅延によって、直接に被害を受けるのは訴訟当事者であるが、彼らは一生に何回も訴訟を経験することは稀であって、自分の事件が終了した後も訴訟制度の改善に関心をもち続けることは期待できない。また、当事者層全体として見れば、訴訟促進によって利益を受ける当事者と、逆に不利益を受ける当事者が存在する結果、訴訟促進を求めるエネルギーは大幅に減殺されてしまう。

これに比べて、弁護士は当事者の代理人として訴訟の遅延に悩まされ、さらに遅延によって業務の能率化阻害、受任事件の停滞といった経済的不利益を受けている。

弁護士は、民事訴訟の現実を日々実感として感じとっているという点で遅延問題を議論するのに適した職業の集団であるが、それだけでなく日々の法廷業務を通じ、現実にその解決策を摸索し、実践しうる立場にある。それゆえ、弁護士こそ、民事訴訟の促進を推進するのに最も相応しい階層であるといえよう。訴訟促進の最大の担い手は（第一線の裁判官と並んで）弁護士であることを認識することが訴訟遅延問題の出発点であると思う。

弁護士が訴訟促進を実践するための具体的方策については、他の執筆者から詳しい報告が行われる予定である。そこで本章では、弁護士が果たすべき役割について、思いつくままに次の七点を指摘して結語にかえたい。

１　遅延の概念や適正審理期間の長さについて、突き詰めた議論を重ねても容易に結論が出るとは思われない。実務家としては、訴訟遅延について国民各層から改善の希望がある以上、審理期間を一ヵ月でも二ヵ月でも短縮する努力をすることがなによりの責務であろう。

２　訴訟促進の具体的方策については出尽くした感がある。(29) 問題はこれを推進する主体が（若干の裁判官のほかには）欠けていたことにある。今必要なのは議論ではなくて、実践である。

３　訴訟促進が弁護士のみの空騒ぎに終わらないようにするためには、「裁判官と弁護士の協働」という視点が必要であろう。そのためには、裁判官、原告代理人、被告代理人の三者の協議と合意を前提とした集中証拠調べ、ラウンドテーブル方式による争点整理、期日間・期日外における密接な連絡、三者の協議による審理計画の策定などが有益と考える。

４　訴訟の目的を適正迅速にのみ求めるときは、職権進行主導強化の方向に傾きやすいが、これには弁護士側からの反発が予想される。国民にとっての訴訟の「利用しやすさ」、訴訟の民主的運営の要請等にも配慮し、当事者主導を強化する方向（近時の「手続保障論」ないし「新当事者主義(30)」の中にはそのような志向が見られる）での促進も検討されてよいと思う。この場合には訴訟代理人としての弁護士の役割は極めて高いものになろう。

５　弁護士が訴訟促進を図る主戦場は法廷の現場である。従前の最高裁を中心とする訴訟促進策が成功しなかったのも、司法行政上の都合による上からの改革であった点にあると考える。我々が目指すべき訴訟促進は、訴訟運営面については、法廷の現場で裁判官および双方代理人が協同して一つ一つ積み上げていくものでなくてはならない。(31)

６　弁護士会は、これら下からの改善努力を温かく見守り、法廷現場での個々の弁護士および裁判官の創意工夫に支援を送るとともに、訴訟促進に向けての会内の合意を形成することにその役割を見い出すべきであろう。ある意味では弁護士会の合意形成こそ最大の訴訟促進策であるといっても過言ではない。

７　弁護士会が右の運営面での努力と並んで、裁判官増員、裁判施設拡充等に全力を尽くすべきことは当然である。ただし、その場合にはコスト問題についても厳密な議論が必要である。コスト問題を制度改正問題から分離させ、従属的なものとして取り扱うことは非現実的である。(32)

(29)　前掲・シンポジウム〈前注(25)〉における那須報告。
(30)　井上治典「手続保障の第三の波」法学教室二八号、二九号、小林秀之「当事者主義と弁護士の役割の変化」判例タイムズ五一六号、五一七号、吉野正三郎「民事訴訟における新当事者主義の台頭」判例タイムズ五二二号。
(31)　畠山保雄「民事法廷は生きているか――訴訟促進との関連で」第二東京弁護士会会報（創立六〇周年記念特集号）四三頁以下、近藤完爾「訴訟の促進と当事者主義」民事訴訟論考第二巻二一二頁以下。なお、裁判所と弁護士の協同一般につき、三ケ月章「民事裁判における訴訟指揮」民事訴訟法研究八巻七七頁。
(32)　棚瀬孝雄「司法運営のコスト」講座民事訴訟法Ｉ一九一頁。

第二章　集中審理再生のために

一　集中審理の重要性

集中審理とは訴訟審理のために十分な準備と協議を行い、いったん本案審理が始まったら一挙に証拠調べを済ませ、審理を速やかに終結させ判決を下す審理方法である。

民事訴訟規則二七条は、「争点及び証拠の整理が完了した事件の口頭弁論は、二日以上にわたる場合には、終結に至るまで、できる限り継続して行わなければならない。継続して行うことができないときは、期日と期日の間をできる限り短くしなければならない」と定めている。ここに『争点及び証拠の整理が完了した事件の口頭弁論」というのは、証拠調べ期日を想定していることは明らかである。それゆえ、現行規則も証拠調期日を一日で終わらせることを原則とする立場に立ち、例外的に二日以上にわたる場合には継続して行うことを、それも駄目なら期日と期日の間をできる限り短くすることを要求しているという点で広義の集中審理を予定していると言ってよい。

この規則は昭和三一年に最高裁判所が制定したものであり、右二七条の前身は、昭和二五年の最高裁の継続審理規則であるが、その直接の立法目的が訴訟の促進（審理期間の短縮）にあったことは広く知られている。[1] 時代を遡れば大正一五年の民事訴訟法の大改正も訴訟促進を最大の目標とし、集中審理を制度の中心に据えていた。[2]

外国の例を見ると、西ドイツにおける一九七七年の民事訴訟制度の改革も集中審理を中核としている。[3] アメリカにおいても徹底した集中審理が行われている。同国でも民事訴訟遅延は重要な問題であり種々の対策が提唱され、あるいは実施されているが、いずれも集中審理を当然の前提としている。[4] 内外の諸立法のすう勢を見れば、民事訴訟の促進の中で集中審理がいかに重要な位置を占めるのか誰の目にも明らかであろう。

ところが、日本の現行実務では、れっきとした規則があるにもかかわらず集中審理は全くといってよいほど実行されていない。

私自身民事訴訟を主たる業務とする弁護士であるが、この二〇年間、意識的に集中審理を希望して実験的に実施してもらった一つの例[5]を除いては一度もおめにかかったことはない。先輩、知人の弁護士に聞いてもその例は皆無に近い。

昭和六〇年一二月開催の民事事件担当裁判官協議会において民事訴訟の審理を充実させるために東京地方裁判所及び大阪地方裁判所からそれぞれ方策案が示された。[6] 我々は、この方策案を裁判所の積極的取組を示すものとして高く評価しているが、集中審理の問題の取扱いには物足りなさを感じている。東京地裁案では集中審理は「今後更に十分検討されるべきである」として全く取り上げられていないし、大阪地方裁判所の方策案では「所要時間が三時間以内であるときは、集中的証拠調べ期日を指定する」旨の記載があるが、その記述は簡単なものにとどめられている。

日本弁護士連合会の昭和六一年度司法シンポジウム「国民の裁判を受ける権利（二）――民事裁判の現状と課題」の報告によれば、地方裁判所第一審の判決による終局事件（審理期間六ヵ月を超える対席判決事件に限る）の審理には約二七・五カ月間を、また和解による終局事件（審理期間六ヵ月超のもの）には二二・五ヵ月をそれぞれ要するところ、証拠調べ（人証、鑑定等）に割かれる実際の時間は全体で約四時間に過ぎない。しかもその証拠調べの回数は一事件当たり平均四回で期日と期日の間隔は七五日である。(7) 裁判所は僅か四時間の証拠調べのために三〇〇日という長い期間を要しているのである。

このような現状が民事訴訟規則二七条の定める継続審理の理想からほど遠く、国民の裁判を受ける権利を害するものであることは論をまたない。この現状を直視すれば、事態改善のために証拠調べにかかる期間を短縮することが重要なポイントであることがはっきりし、集中審理の重要性が浮かび上がってくるのである。

第二東京弁護士会の弁護士業務委員会はミニシンポジウム「民事訴訟促進と弁護士業務の拡大」で「通常の事件で六ヵ月、やや複雑な事件で一年」という審理期間を目標とすべきことを提唱した。(8) 前記日弁連シンポジウムでも同様の意見が有力であった。(9)

六ヵ月ないし一年で審理を終わることは証拠調に三〇〇日を要する現状の下ではとうてい実現不可能なことである。審理期間を抜本的に短縮するためには、①証拠調を集中的に実施し一～二回の期日で終了させること、及び②その集中証拠調に入るまでの待機期間を短縮させること、の双方が必要不可欠であり、そのためにも集中審理の問題は避けて通れない、ということをまず認識すべきであろう。

(1) 関根小郷「継続審理を中心とする民事訴訟法の改正と最高裁判所規則の制定」法曹時報第三巻一号一〇頁、小山稔「わが国における民事訴訟促進方策の歩み」判例タイムズ六〇一号一九頁。
(2) 小山・前掲論文一九頁。
(3) 木川統一郎「訴訟促進対策の新展開」所収の各論文。
(4) 小島武司「迅速な裁判」所収の各論文。
(5) 那須「民事訴訟遅延と弁護士の立場」判例タイムズ六〇三号四二頁。
(6) 最高裁判所事務総局「民事訴訟の審理の充実を図るための方策に関する協議要録」民事裁判資料第一六九号一三三頁以下。
(7) 日本弁護士連合会「国民の裁判を受ける権利（二）——民事裁判の現状と課題」三〇頁以下。
(8) 第二東京弁護士会弁護士業務委員会「民事訴訟促進と弁護士業務の拡大」（上）判例時報一一八五号一二頁。なお同提言がなされた理由につき那須・前掲（５）論文四四頁。
(9) 日本弁護士連合会・前掲書三九頁、同五二八頁。

二　証拠調べの時間を短縮することの可否

証拠調べに要する「期間」と「時間」とは区別して考える必要がある。

証拠調べの期間を短縮するための手段として誰でもまず思いつくのは、証拠調べの時間を制限する方法であろう。現行の平均四時間という証拠調べの時間を三時間ないし二時間に制限すれば確かに訴訟は促進されるし裁判官の人数不足問題を手軽に解決できる。この方法はいわば省力型訴訟促進方策とでも呼ぶべきものである。無駄な証拠調べを省くと称して、間接事実、背景事実に関する証拠調べを排除するなどもこのタイプに入れてよい。しかし、現代の訴訟では、手続的公正さに対する当事者の信頼感を確保することが必要であり、そのためには裁判官が不必要と思う証拠であっても当事者が必要であると信じ取り調べを強く求める場合には、ある程度これを尊重するような運営が望ましい(10)。

弁護士及び当事者の多くは、このような親切で暖かみのある訴訟指揮を期待していると言ってよいであろう。裁判所が当事者、弁護士サイドの要請を軽視していたずらに証人の数や証拠調べの時間を制限して審理を急ぐと、思わぬ反発を受けることになる。

民事訴訟の促進は、現行実務の慣行を多かれ少なかれ変革する点で、関係各層が苦痛を分担するべきものであるが、省力型訴訟促進方策はとかく当事者及び代理人にしわよせがいきがちである点に特徴がある。当事者代理人にのみ犠牲を強いる訴訟促進方策は、国民各層の納得を得られないであろうし、弁護士からも支持をえられないであろう。

我々の研究会でも、証拠調べの時間を制限することによる促進策には批判的な意見が有力であった。現状の所要時間を維持し、その上で審理を充実させ、なおかつ審理期間も短縮できる方策（充実型訴訟促進）は何か、というのが我々の最大の関心事であった。

弁護士がごく簡単な事件について相談を受けて当事者から事情を聴取する場合にも、結論を出すのに二時間程度は必要であり、複数の関係者から事情聴取するとすれば四時間程度はすぐ経ってしまう。国民が裁判所を利用するのは一生に一度あるかなしかのできごとであり、裁判所に対する期待も大きい。しかも現実の審理は、書面中心に進行し国民には何をやっているのかわかりにくく、その中にあって唯一証拠調べが「裁判」の名に値する外観を持った手続きである。そのために四時間程度を使って、じっくりと事情を聞いてもらうことは裁判を利用する者の当然の要求であり、代理人たる弁護士もこれを望むであろう。(11)

無論このことは双方の代理人弁護士が各自尋問技術をみがいて尋問時間の短縮に努めるべきことまで否定するものではない。現状の尋問のあり方を見ると、私自身を含め、弁護士が無駄な尋問を省くために工夫と努力を重ねる必要性があることは確かである。

殊に、争点整理を徹底し、争点中心の証拠調べをすることは証拠調べの時間短縮に有効なだけではなく、審理の充実という観点からも望ましいことである。ただ何が争点で何が争点でないのか、を決するためには両当事者代理人及び裁判官の認識が一致する必要がある。現状は、三者間の認識がバラバラなままで証拠調べに入って行く例が多い。この現状は早急に改善されねばならないと思う。三者間の認識を共通にする方策としては、ラウンドテーブル方式の活用、裁判官による争点の整理、法律見解の摘示などなどがあげられているが、(12)これら多様な方策の中から有効なものが淘汰を受けて実務慣行にまで高まることは極めて望ましいことである。

問題は右のような配慮なしに時間の制限が一人歩きすることであって、この点については慎重な上にも慎重であって欲しいと考える。

(10)　全国裁判官懇話会「民事裁判における適正と迅速」三四頁。
(11)　日本弁護士連合会・前掲書三九頁。
(12)　畠山保雄「モデル訴状と審理の進め方」判例タイムズ六六四号四〇頁。

三　現在の裁判官数では集中審理は不可能か

集中審理を論じるとき常に取り上げられ、消極論の論拠となるものに、「裁判所の過重負担」がある。「現在の裁判官の手持ち件数を前提にして、集中証拠調べを実施しようとすれば、弁論段階から証拠調期日までかなりの間隔が開いてしまう」「証拠調期日までの期間を短くするためには現行裁判官数では無理がある。裁判官の増員が必要不可欠の条件である」という考え方である。(13)

確かに裁判官の負担は過重である。前記全国裁判官懇話会の報告中には「一開廷当り七〇件ないし一三〇件（週二回開廷として一人一四〇件ないし二六〇件）」「一九〇件から二五〇件」「単独事件は二二〇件余り、合議事件は一〇〇件程度」「単独一六〇件」「二二〇から二四〇位」という数字が見られる。(14)前記の日弁連の報告では裁判官一人あたりの平均手持ち事件数を単独事件二〇七件と推定している。(15)

東京の弁護士の場合訴訟事件三〇件程度が平均と言われており五〇件も抱えると仕事がキツくなるであろう。一つ一つの事件に目を配るのもこのあたりが限度である。弁護士と裁判官とでは、一事件に注がれる労力に差があるとはいうものの、裁判官の手持事件平均二〇七件は一見して過重であるとわかる数字である。

このような過大な数の事件を抱えていては、裁判官は量をこなすのに精一杯で社会の進歩に対応した斬新な判決はもとより、公正妥当な判決すらおぼつかない。私も大幅に裁判官を増員することには全く異論がない。

ところで、集中審理による訴訟促進のためには裁判官増員が望ましいことは間違いないとしても、「裁判官増員が実現されない限り集中審理は実施できない」とまで断言できるのであろうか。

この問題については、弁護士があれこれ詮索するよりも裁判官の意見に注目すべきであるが、いままでに公表された文献を見る限り集中審理について肯定的な見解が目立つ。

例えば沢榮三元判事は昭和二〇年代後半から三〇年代にかけて大阪簡易裁判所、同地方裁判所及び高等裁判所で自ら実施した集中審理の経験を踏まえて「現状でもある程度可能」とされ[16]、近藤完爾元判事は、昭和三〇年代前半の東京地裁新件部における実験を紹介し「あの（集中審理）方式が実践され徐々に拡がって行くことをひたすら期待するばかりである」とされている[17]。

また畔上英治元判事も、「すべての民刑事訴訟において集中審理が可能である」と考えている[18]。賀集唱判事も「中程度以下の事件の証拠調べはできるかぎり一回の期日に集中して終了する」ことを提唱している[19]。

比較的最近のものとしては、西理判事が四ヵ月以内に確実に証拠調べ期日が入っていくという状態であれば「ためらうことなく集中証拠調べ方式を採用してみるべき」ことを主張している。同判事によれば六ヵ月以上先になる場合には、「ひとまず見合わせることにするのが無難であり」、四ヵ月以上だが六ヵ月以内というボーダーライン上にある場合は「微妙であるが、私ならばやはり実施の可能性を探ってみたい」という意見であり、結論として「集中証拠調べ方式を採用することができないというだけの決定的な障害は何らないものと言ってよく、むしろその現実的な可能性は大いに開かれている」というのである[20]。

これだけ多くの、しかも有力な裁判官が可能と断定しているところを見ると、現状のままでも集中審理はある程度実行可能であると考えてよさそうである。

しかし、右のような肯定的見解は集中審理に熱心な一部の裁判官の意見にすぎず、平均的裁判官の意見を代表していないという批判があるかも知れない。

そこで前記日弁連シンポにおける諸報告に基づいて、現状で平均的裁判官が集中審理を実施した場合何日くらい先に証拠調べ期日を入れることが可能なのか、大雑把な計算をしてみることにした。(21)

まず、地裁第一審通常事件に限れば裁判官は平均二〇七件の手持事件を持っているという統計があることは前述したが、この中には証拠調べ（人証）を経ることなく終局に至る事件も多数あるので集中審理の期日の計算上これを除外する必要がある。

これらの証拠調べを必要としない事件は年間既済事件数の約六一パーセントを占めるが(22)、その審理期間は五ヵ月に満たず、証拠調べを要する事件の審理期間二五ヵ月程度と比べ格段に短くそれだけ年間回転率が高い。(23)それゆえ一定時点における手持事件で見ると証拠調べを要しない事件が全体の二四パーセント（五〇件）程度、証拠調べを必要とする事件数が残り七六％程度（一五七件）と推定される。(24)

この一五七件のうちには既に証拠調べを済ませたもの、和解手続中のもの、あるいは係属直後でしばらくは争点整理に時間がかかるためすぐには証拠調べに入れないものがあるのでこれらを除くと、既に証拠調べに入り又は直ちに証拠調べに入らなければならない事件数は、六四件（手持事件数全体の約三分の一弱）程度になるものと思われる。(25)

この六四件を週二回各四時間ずつ証拠調べに充てるとして計算すると、最も遅いものは三二週目即ち八ヵ月後となる。

その後に次から次へと証拠調べを必要とする事件が出てくるがこれらはその後へ順次まわされることになる。この間夏期休暇、年末年始休暇、転勤などの期間として一ヵ月程度が必要であることを考慮すると、平均的裁判官が集中審理を実施した場合、証拠調べ期日は九ヵ月程度先でないと入れることができないという計算になる。

この数字は、前期西判事の区分によれば、「ひとまず見合わせることにするのが無難」であるという範疇に入る。やはり、現状では集中審理は実施困難ということになるのであろうか。

結論から先に言えば私は、右のような試算結果にもかかわらずなお集中審理は実施可能であり、大胆にこれを試みる価値があると考える。その理由は次のとおり。

(1)　集中審理を一部について実施することも可能であること。

前期手持事件二〇七件という数字も、又証拠調べ期日までに九ヵ月程度必要という数字もあくまでも平均的数字に過ぎない。

裁判所により、あるいは部により、裁判官によっては、もっと少ない事件しか持っていない場合も多いはずである。そのような手持事件の少ない裁判所、部又は裁判官は今すぐでも集中審理をスタートさせることができる筈である。

また平均ないしそれ以上の事件数を抱える裁判官でも手持ち事件の中には集中審理になじまないものもあるし、当事者、代理人が集中審理を望まないものでこれを容認してもさしつかえないものも少なくないであろう。それらを除いた事件に限って部分的に集中審理を実施することも検討されてよいであろう。(26)

(2)　集中審理により重複尋問や無用な尋問が減少すること。

集中審理は、前の証人による証言の記憶が消えないうちに後続の証人尋問が行われるため重複尋問や無用な尋問が少なくなり尋問時間が短縮され、審理期間の短縮に役立ち結果として裁判官の手持ち事件数が減少すると思われる。(27)

(3)　弁護士が法廷に通う回数が半減する結果、代理人都合により期日が先に延びる現象が少なくなること。弁護士は例えば午後一時半に証拠調べ期日が入れば、同じ裁判所の別の部の事件であっても午後三時に他の証拠調べ期日を入れることにちゅうちょを感じる。前の事件の尋問が三時までに終わらない場合のことを危惧するからである。まして裁判所が異なるときは、移動の時間を考えれば物理的にも午後二件の証拠調べ期日を請けることは困難である。集中審理実施によりこのような無駄がなくなる結果、代理人のやりくりがつきやすく、期日が早く入るようになり担当の期間短縮が期待できる。[28]

(4)　集中審理は、始まるまでに時間がかかるが、いったん始まってしまえば集中的に証拠調べが行われ、結果として早期に判決可能な状態となること。また、証拠調べが終了した点で勝負が明確になり、和解の可能性も高まること。[29]

(5)　「証拠調べのために長期間待たせることは、国民感情や常識にそぐわない」との指摘もある。[30]我々の研究会でもこの点を危惧する意見がかなりあった。

しかし、国民にとって大事なのはいかに早く証拠調べに入るかではなく、いかに早く証拠調べが終了し判決が下されるかであるはずである。証拠調べに入る期間が長いことが当事者にとって苦痛であることは否定できないがこれを過大視することは問題の本質を誤ることになる。

争点整理完了後証拠調べまでに九ヵ月待つということになると、訴訟遅延の実状がはっきりした姿で国民に示され、国民の批判の目も厳しくなる。困る立場に置かれるのは国民というよりもむしろ、裁判所であり、弁護士であるというのが真相ではなかろうか。[31]

その場合、訴訟の実情が九ヵ月間の待機期間を必要とするのが事実であるとすれば、コマ切れ審理で当面をしのぐというのは真の解決とならない。むしろ国民の厳しい批判を甘受したうえで、裁判所と弁護士が協力して期間の短縮に努めるのが正しい道というものであろう。

(6)　なお、集中審理が訴訟促進に有益であることに対して、仮に現行裁判官数で集中審理を実行し一時的に訴訟が早くなったとしても、国民の裁判利用度が増し、その結果事件数がそれだけ増えると、裁判官の負担過重が改善されず、長期的には訴訟は依然遅延のまま推移するのではないかという意見を時々耳にする。

私は、このような意見は一面で的を射たものであると考える。他面、国民の裁判所利用という点からすれば、現状の如く訴訟に時間がかかるので敬遠されている状況と、訴訟が早くなって利用しやすくなった結果裁判所が忙しい状況とは彼此一緒に論じるべきものではないと思う。後者の場合の解決策としてはまさに裁判官の増員が重要であろう。それは人的物的施設の充実なくしては実現不可能なことであり、かつその充実が直ちに国民の裁判を受ける権利の保護に直結することにもなるのである。

以上検討したところによれば裁判官不足の問題は集中審理を実施する場合の絶対的障害ではないということになる。現行裁判官数でも少なくとも一部について順次集中審理を実行することは実現可能であり、審理期間短縮の効果も期待できると思われる。(32)(33)

誤解をさけるために付言すれば、我々は現行の裁判官数で充分であるとか、増員の必要性がないとか主張しているのではない。裁判官が増え一人あたり手持ち件数が減れば、集中審理の効果はさらに上がるはずである。「通常の事件で六ヵ月、やや複雑な事件でも一年」という目標を達成するためには裁判官増員は必要不可欠なことでもある。しかしながら、裁判官の増員さえ叫んでいればそれで足りるという考えや、裁判官増員が実現しない限り実務慣行の改善を説くことは有害無益であるという考え方とは一線を画さざるをえないのである。

(13)　例えば、東京弁護士会司法問題対策委員会「国民の裁判を受ける権利（その二）―民事裁判の現状と課題」に関する追加報告書（集中審理について）九頁以下。
(14)　全国裁判官懇話会・前掲書二四頁、三八頁、五六頁、五九頁、六三頁。
(15)　日弁連・前掲書六六頁。
(16)　沢栄三「民事における集中審理の経験」法曹時報一三巻六号二六頁。
(17)　近藤完爾「新件部の頃」(2)季刊実務民事法第三号所収八七頁。
(18)　畔上英治「訴訟に時間と費用がかかりすぎること」ジュリスト三八八号七一頁。
(19)　賀集唱「民事裁判における訴訟指揮」法曹時報二四巻四号一頁。
(20)　西理「民事裁判における訴訟運営の理論と実際」(中)判例時報一一〇四号六頁。
(21)　この計算は極めて大雑把な数字を基礎にして、推測に推測を重ねて算出したものである。将来現職の裁判官から体験に基づく数字が公表されることが望ましいところであろう。それゆえ、以下の数字はこのような算出方法も考えられるという程度の意味で御理解いただきたい。
(22)　最高裁判所事務総局編「司法統計年報――民事・行政編昭和五九年」一四二頁。
(23)　前記司法統計一二八頁によると六ヵ月以内に終局を迎えた事件だけで既済事件全体の五〇パーセント以上を占めるが、これらの事件はほとんど証拠調べを経ていないと推定される。その外、六ヵ月を超える欠席判決事件や取り下げ事件の中にも証拠調べを要しない事件が全体の一〇パーセント近く含まれるが、こららの影響を考慮しても証拠調べを経ない既済事件の平均審理期間は五ヵ月を超えない。したがって証拠調べを要しない事件は、年間約二・五回の割合で回転すると推定される。
　他方六ヵ月を超える対席判決事件の平均審理期間は約二七・五ヵ月、同和解事件の平均審理期間は約二二・五ヵ月で両者の平均は二五ヵ月であるところ、これらの事件の証拠調べを経た事件とはほぼ重なり合うと考えられる。

そこで後者の審理期間を約二五ヵ月、年回転率は〇・五回弱と推定した。

(24)　(0.61÷12／５)：(0.39÷12／25)≒0.24：0.76

(25)　全体審理期間の中に占める証拠調べの期間の割合は、日弁連・前掲書四五頁などにより概算すると約四一パーセントである。それゆえ、既に証拠調べに入り又は直ちに証拠調べに入る必要がある事件数の割合もその期間の割合に応じ約四一パーセントであると考えられる。

157×0.41＝64

なお、集中審理の場合、主張整理後証拠調べ期日まで当事者、裁判官が顔を合わせる機会がなくなり、和解が成立することが減る結果、証拠調べを要する事件が増えるのではないか、との指摘を友人の裁判官から受けた。もっともな指摘と思う。他面で、集中審理の前提として争点整理が徹底的に行われれば、証拠調べに入るまでもなく和解が成立することが増える可能性もある。このあたりのことは、実際の結果を見るのが最善の途であろう。

(26)　賀集判事及び西判事がそれぞれ集中審理を実行可能と説かれる場合にも、部分的な実行を念頭においていると思われる。(賀集・前掲論文二〇頁及び二二頁)。西・前掲論文六頁。

(27)　賀集・前掲論文二〇頁。西・前掲論文五頁。

なお、脱稿後友人の裁判官から、二つのやり方を混ぜることは疑問との指摘を受けた。同様に、木川統一郎弁護士からは、西ドイツでは、集中への移行時前に、旧件を他の部にまわし、集中部は新件のみを取り扱い、順次集中部を増やして行ったとの御教示をいただいた。集中審理実施の際さらに検討すべき課題である。

(28)　私が法廷で自分の事件を通じ体験し、あるいは傍聴席で他の事件を観察したところでは、代理人側事情による期日の伸延日数は少なくとも全体の三分の一(例えば七五日間なら二五日程度)にはなると思われる。

(29)　賀集・前掲論文二〇頁。

（30）　西・前掲論文（中）六頁。
（31）　五月雨方式の場合証拠調べに入るのは早い。そこで当事者は当初は訴訟遅延に気づかず時間がたつにつれだんだん遅延の事実に気づいてくる。しかし、コマ切れでも二〜三ヵ月に一回のペースで期日が入るので強い苦情も言えぬままズルズルと引きずられて終局に至る。結局不満を持ちながらも最後まで苦情を言えないで終わってしまうというのが実状ではなかろうか。
　非常にうがった見方をすれば五月雨審理は国民に遅延を気づかせず、気づいても苦情を言う機会を与えないための巧妙な方式であるということになろう。
（32）　前記九ヵ月という数字も集中審理が軌道に乗るまでのもので、しばらくすれば集中審理による種々の効果により相当短縮されるのではないかと思う。脱稿後木川統一郎弁護士から、西ドイツでは簡素化法施行時に六ヵ月位期日が入らなかったが、現在では訴から四ヵ月ないし五ヵ月で集中期日が入るようになった、との御教示を受けた。
（33）　集中証拠調べにやや批判的な意見として前記民事訴訟法学会シンポジウムにおける倉田卓次判事の意見がある。民事訴訟雑誌三〇号一六五頁。なお同判事の「東京地裁交通部の和解中心主義とその功罪」民事交通訴訟の課題二三三頁。

四　集中審理は職権強化につながるか

　現在の典型的な証拠調べのスタイルは、当事者代理人の希望にまかせて人証を次々に採用し、こま切れ的に証拠調期日を指定するやり方である。いきおい証人調べは四回、五回と間けつ的に続くことになる。主尋問の後に時間が空いていても反対尋問はせず、次回に調書を見て対策を練ってから尋問したいと申し出る代理人も時々見かけ、これに応じる裁判官もいる。書証も随時提出できるし、新しい主張もあまり制限を受けない。

このようなやり方に慣れた人々から見れば、争点整理と書証の提出を早期に行い、集中審理で一日数人の証人調べを完了するという方法は従来の慣行を破るものである。そこにある種の抵抗感を覚え、職権主義強化の危惧を感じるむきがあるのかも知れない。

西ドイツの簡素化法が集中審理を徹底するために職権主義的尋問を基本にし、失権効を強化している点から、集中審理即職権主義強化という発想を抱くむきもあろう。

しかし集中審理が常に職権主義や失権効強化を伴うというものではなく、双方代理人と裁判所の協同と合意の上に立った集中審理も可能なはずである。三者間の合意の上に立って争点を整理し審理計画を立て、その中に集中審理ないし継続審理を取り込むことにより、準備不足による重要な証拠の発見、提出の機会の喪失もある程度防止できると考える。そもそも右のようなやり方は現行法が予定していることであり、むしろ法の本則に戻ることでもある。

もっとも、集中証拠調べの前提として、争点整理を早期に徹底して行う関係上、新しい主張も書証の提出も争点整理終了前に行う必要がある。その意味では、随時提出主義（民訴一三七条）を原則としつつも、時機に遅れた攻撃防御方法の却下（同一三九条）の機会が増えることは認めざるを得ないであろう。[34]しかし、随時提出主義の下でも時間的制約があることは当然のことであり、争点整理を徹底的に行い、裁判所も積極的に釈明権を行使する（同一二七条）ことによりこの難点は相当程度克服できるはずである。

（34）　西ドイツの簡素化法の場合につき、木川・前掲書二一三頁。

五 弁護士は集中審理に対応できるか[35]

集中審理は、証拠調べを集中することが中心であって、争点の整理までも一挙にやってしまうということを通常意味にするものではない。争点整理も早いにこしたことはないが、集中審理の核心は集中証拠調べにある。ただ集中証拠調べのためには、立証の対象を明確にする必要があるため争点整理を入念にすることになる。

争点整理のための準備は五月雨式審理においても必要で効果も大きいことに変わりはない。その意味において、投入する労力の総量が従来の五月雨式審理以上に大きくなるとか、弁護士に負担がかかるとかいうことは考えられない。

争点整理の終了までに集中して労力を投入する必要があることは事実であるが、それは、一件毎に観察した場合であって、三〇件、四〇件の手持事件があれば全体としては平均化するはずである。

また時間をかけてゆっくり訴訟準備できないために、重要な証拠の発見、提出の機会を奪われないかという懸念がないわけではない。しかし、依頼者本人や、依頼者側証人については事前に事情聴取を徹底することにより、そのような危惧は払拭できる場合が多い。相手方当事者や敵性証人の証言から新たな証拠を発見できる蓋然性は比較的稀有である。万一そのような新証拠が発見できたときは、重要性によって再度の証拠調期日を指定してもらう途もないわけではない（同法一三三条）。

むしろ集中審理は次の点で弁護士の業務態勢の確立のために有利である[36]。

(1)　弁護士は法廷にひんぱんに出掛ける必要がないので、往復の時間及び法廷の待機時間が節約でき、かつ事務所にいる時間もコマ切れとならずにまとまって利用できる。
(2)　集中審理は計画審理に通ずるので、時間、費用、報酬等についても合理的管理が可能となる。
(3)　証拠調べの度に記録を読み返す時間が節約できる。
(4)　証拠調べにおける重複尋問、無用な尋問が自然に省かれるため時間が短縮され、結果的に業務の合理化が可能となる。

現行の弁護士業務の態勢は毎日いくつものコマギレの法廷をかけめぐって多忙と非能率に終始している点で国民の法的需要に応えていないと考えるものであるが、だからと言って現状が集中審理の障害となるとは思わない。むしろそのような不十分さを克服して、国民の需要に応えるためにも集中審理による弁護士業務の合理化が必要であると考える。

(35)　小山・前掲論文二五頁。なお、第二東京弁護士会弁護士業務委員会「民事訴訟促進と弁護士業務の拡大」(下)判例時報一一八七号一〇頁中の新堂発言。
(36)　木川・前掲書二九一頁。なお、第二東京弁護士会弁護士業務委員会・前掲一一頁中の那須発言。

六　集中審理についての批判(37)

集中審理を採用したからといってたちどころに訴訟遅延が解消することはありえない。しかし同様の意味で、他のいかなる方策も単独ではたいした効果を生じないであろう。民事訴訟の遅延は一種の複合汚染であって、数多くの原因を一つ一つ根気よく取り除く外に途はないのである(38)。

裁判官の増員は必要なことであるが、これとて遅延解消の切り札になる保障はない。裁判官が増えても、弁護士が増えなければ弁護士の対応困難が明らかであり、結果として遅延解消は達せられないであろう。

裁判官も弁護士もともに増えたとしたらどうだろうか。私はそれでも現状の二七・五ヵ月の審理期間が六ヵ月とか一年とかに短縮されることはないと予想する。

現状の遅延の根底には、物的人的施設の不足と並んで、あるいはそれ以上に裁判官及び弁護士の現行五月雨式審理への愛着という原因が横たわっている(39)。後述のとおり五月雨式期日指定は日本の法廷実務家の血肉と区別出来ないほどに慣行化しており、裁判官が増員されたからと言って、あるいは弁護士が増えたからと言って容易に改善されるような根の浅いものではないのである。

(37)　東京弁護士会司法問題対策委員会・前掲書一四頁。

(38)　小島・前掲書一五頁。

(39)　近藤完爾「新件部の頃」(1)季刊実務民事法第二号所収五六頁。畠山・前掲論文四三頁。なお、三ケ月「司法

改革を阻む思考の諸形態」判例タイムズ六四〇号四頁。

七　その他の問題点

集中審理に伴う問題点としては次のようなものが考えられる。

① 少なくとも一時的に書記官の負担が増大する可能性があるが司法労組の協力を得られるか。

② 当事者や弁護士の能力差により、裁判結果の不公平が拡大しないか。特に老齢の弁護士にとっては、一回四時間にわたる集中審理は肉体的苦痛を伴い耐えられないのではないか。

③ 時間をかけてゆっくり訴訟準備ができないために、重要な証拠の発見、提出の機会を奪われないか。証拠開示手続きなしに集中審理を実施しようとしても実が上がらないのではないか。[40]

しかし、右問題はそれなりに手当の仕様がないわけではない。

例えば、書記官の負担増大については増員ないしＯＡ化推進による能力向上が考えられる。もっと根本的には、訴訟促進は、裁判官、弁護士が苦痛を分担し合う必要があるが、同時に書記官も司法に係わるものとしてその一部を負担してもらうべきことを堂々と申しいれ理解を求めるべきである。[41]

弁護士の能力の差による裁判結果の不公平は代理人制度をとる以上やむを得ない部分があるが、代理人の年齢等によっては、その要望に応じ従前どおりのさみだれ方式を採用する柔軟性も必要であろう。[42]

証拠の発見、提出の時期については、時間的制約がある程度厳しくなるのはやむを得ないところであるが、これによる難点を補うものとして裁判所による釈明権の積極的行使の外、弁護士法上の照会（弁護士法二三条二）、証拠保全（民訴法三四三条）、文書提出命令（同法三一一条）、文書送付嘱託（同法三一九条）等現行法上認められた証拠収集制度の運用を工夫改善し、いわば日本的証拠開示制度とでも言うべきものを開発することによりある程度対応できるであろう(43)。

(40)　遠藤直哉「民事訴訟促進と証拠収集」判例タイムズ六六五号二六頁。
(41)　私は弁護士と某地方裁判所の書記官を中心とする労働組合の幹部たちとの意見を交換する場に同席する機会を得た。その際弁護士側から書記官も司法運営に携わる関係者として、民事訴訟促進に協力すべき責務があるのではないかという意見が出たところ、これに反発する意見もあったが、同調する書記官も少なくなかったことを見て、意を強くした。なお西・前掲論文（中）七頁。
(42)　西・前掲論文（中）六頁。
(43)　立法的措置を必要とする立場について、遠藤・前掲論文二八頁。

八　集中審理を阻む真の原因

以上検討してきたところを要約すれば、集中審理を阻む絶対的な障害は存在しないということになる。裁判官の人員不足とか弁護士の執務態勢の不備、職権主義への危惧とかの問題も皆無ということではなかろうが、むしろそれは五月雨式審理に執着するための口実として使われて来たきらいがある。

例えば、集中審理の実現が困難な理由として、弁護士側からは裁判官数の不足が指摘され[44]、裁判官側からは代理人の協力が得られるのか、反発を受けることがあるのではないかと言うような懸念の声を耳にする。もし、これらが原因を外部に求めることによって、自らが行動しないことへの弁解とする趣旨なら厳しく批判されなければならない。

むしろ、集中審理の実現を阻んできた真の原因は法廷実務家の保守的体質にあったのではなかろうか。

弁護士及び裁判官は、現在の訴訟実務の慣行にひたり切って、その慣行の中で呼吸している。そのような慣行を身につけること自体が法曹の証となっていると言っても過言ではない。弁護士は「弁論」と言う名の下に弁論とは似ても似つかぬ「書類」のやり取りに終始し、「期日」という名の手続きに出頭してもわずか数分で期日を終了して帰って行く。

同じようにして、民事訴訟規則が集中審理を原則としているにもかかわらず、そして又、心ある裁判官がこれを定着させようと血のにじむ努力をしたにもかかわらず、実務の大勢は五月雨式審理に安住してそこから踏み出そうとしなかった[45]。

訴訟外で弁護士同士が折衝とすることがある。「それではこの程度で。次回会うのはいつにしましょうか。」「一ヶ月後の同じころではどうでしょうか」というような風景がひんぱんに見られる。私自身も例外ではない。

この行動様式のルーツをたどって行くと、法廷、特に民事訴訟の審理に行きつく。弁論は月一回、一〇分ないし一五分。証拠調べは二ヵ月ないし三ヵ月に一回、一時間ないし二時間で打ち切りになる。

こうして、法廷業務に携わる弁護士、裁判官は、五月雨式審理を基本とする生活リズムを知らず知らずのうちに身につけてしまっている。このリズムにしたがうと法廷を中心として生活する限り極めて居心地がよい。その安住の地の慣行を改めようとすると、条件反射的に反発を受けることになる。

「おおよそ改革とは、慣れ親しんできたものへの愛着を何等かの形で絶ち切ることを不可避的に伴う……。日本の法廷実務家は、己の職業的実践を通じて慣熟してきた制度や手続きに盲目的に執着する度合が諸外国の法律家にくらべて強く、自分たちがそれに慣れたやり方は、無条件的に善であり、それをいじることはそれ自体悪であると考えてしまう傾向が、かなりはっきり目立つ」という厳しい指摘[46]は、五月雨式審理についてはまことに適切であって、法廷実務家は、私自身も含め、ほとんど反論の術を持たないといっても良いのではなかろうか。

（44）日弁連・前掲書四九頁。
（45）沢・前掲書八九頁。
（46）三ケ月・前掲書五頁。

九　集中審理再生のために

集中審理方式については、戦前戦後の司法当局による二度の改革の試みにもかかわらず、惨たんたる失敗に終わったことは厳然たる事実である[47]。

五月雨式審理の慣行と愛着心は法廷実務家の血肉とも見分けがつかない程にその体内に喰い込んでいるために、容易なことではこれを改革できないと思われる。

しかし、私は過去二回の失敗におじけづいて、集中審理の現実性を疑う悲観論にも与しない。

過去二回と現在では多くの点で状況が変化している。第一に法曹三者の構成を見てもそのほとんどが司法研修所出身者で、時に対立することはあってもある種の連帯感が生まれつつある。第二に司法修習制度が確立している。ここでの研修を通じ裁判官となる者や弁護士になる者に対し、悪習に染まる前に集中審理のあるべき姿を教え込むことができる。第三に訴訟促進を求める国民の声も、いまだ微弱とは言え、徐々に強まりつつある。第四に外国諸国の動向がある。西ドイツやアメリカ合衆国の例を見ても、集中審理は一つの望ましい方向として受け入れられている。(48)

日本の場合も、現行民事訴訟法、民事訴訟規則の当初の理念に立ち戻って、集中審理の再生復活に最大限の努力を傾注すべきであろう。

集中審理の実現は、裁判官の増員とか、法律制度の改正とかいうハード面の施策と異なり、法曹の行動様式を変革するというソフト面に係る問題であるから決め手となる施策を提示することにも困難がつきまとう。

比較的はっきりしていることは、第一に、集中審理実施のためには法廷現場において、裁判官と双方代理人の協同が必要だということである。(49)集中審理は弁護士、殊に一方代理人だけが力んで見たところで相手方代理人の協力と裁判官の理解がなければ如何とも仕様がない。他方、裁判官がいくら熱心でも弁護士代理人の共感と協力がなくては集中審理の成功はおぼつかない。

畠山保雄弁護士はモデル訴状・答弁書の履践について、「代理人弁護士にかかる試みを行う者があるときは、裁判所はその試みを尊重し、その方式を育成する方向で協同」することを、また裁判官の中で、同種の試みを実践しようとするときは、「徒らに職権主義的であるなどとしてレッテル評価をせず、その真意を正して協力すべきときは大いに協同する」ことを求めている。[50] 集中審理の場合にも全く同様のことがあてはまる。具体的には、次のようなことが実行されるべきである。

（一）代理人につき

① 集中審理を希望する代理人は相手方代理人にその旨申し入れ、できれば双方代理人の名で集中審理にするべきことの上申を裁判所にする。

② 相手方代理人が集中審理に消極的な場合にも、これを拒む合理的な理由が乏しいと思われるときは、裁判所に上申して相手方代理人を説得してもらう。

③ 集中審理の申し入れを受けた代理人は、特別な支障がある場合を除き、これに応じるよう努力する。

④ 争点整理を実効あらしめるため、要件事実のみならず間接事実、事情、紛争経過などについても、積極的に訴状、答弁書に記載し、かつ証拠も具体的に記載する（新型訴状、答弁書の採用[51]）。

⑤ 期日を無駄にしないため、代理人の確実な出頭、証人の出頭確保。

（二）裁判官につき

① 双方代理人から上申書があったときは、速やかに集中審理方式を採用する。

② 一方代理人からの上申で相手方代理人が消極的な場合にも、これを拒む合理的理由が乏しいときはできるだけ集中審理でやるよう説得する。

③ 審理の初期の段階で双方代理人を呼んで三者間の口頭による意見交換をし争点を整理するとともに、書証を提出させて整理し、人証の申請もさせる。

④ 証拠調べに入る前に三者の協議による集中審理のスケジュールを策定し、できればこれを書面化して三者

が各自保有し、これに基づいて計画審理を進める。

⑤　人証の調べは全体で四時間程度のものは午後一時から五時までを使って一回で終了させる。四時以降の証人調べについては書記官が反対するむきもあるようであるが、できるだけ協力してもらう。

裁判官、双方代理人が協同して集中審理を試験的に実行し、これを実務慣行にまで高めていくためには、第二に裁判所及び弁護士会の暖かな支援が必要である。弁護士会はこのような試みを支援するため、民事訴訟促進ないし改善委員会を設置し会内合意の形成に努める必要がある。

裁判所は、そのような試みを異端視せず、殊に集中審理の初期に予想される一時的事件の滞留に理解を示すことが望まれる。なお、集中審理を採用するかどうかはできるだけ裁判官、代理人の自主性にまかせるようにし、性急に上から指導したり、統制したりすることは慎重であってほしい。今、何よりも必要なのは、多様な訴訟方式を認める柔軟さである。

第三に必要なことは、司法研修所の教育である。集中審理を阻む最大の原因が法曹の行動様式にあるとすれば、これを是正する最も有効な方法は、司法修習生時代の教育であろう。鉄は熱いうちに鍛えるべきである。研修所においては民事訴訟促進のための特別な訓練に時間を割くべきである。特に集中審理には力を入れてもらいたい。

実務修習においても担当弁護士、担当裁判官は意識的に集中審理を実践して修習生を教育すべきである。

このようにして若い弁護士や裁判官が集中審理を当然のことと考えるようになれば、訴訟の促進も今より現実的なものとなるにちがいない。

以上の方法は、裁判の現場、法曹教育の現場からの努力の積み上げを基本方針とすること、及び弁護士及び弁護士会を不可欠の協力者と位置づける点で過去二度の試みと若干異なるかも知れない。しかし、このような方法は一見迂遠に見えながら実は、司法当局の上からの改革や裁判所だけが孤軍奮闘するやり方に比べ格段に現実的でかつ、その成功率も高いと考える。(52)

(47)　小山・前掲論文一九頁以下。
(48)　木川・前掲書、小島・前掲書。
(49)　那須・前掲論文四五頁。
(50)　畠山・前掲論文三九頁。
(51)　小山「モデル訴状、答弁書の試み」判例タイムズ六六四号一九頁。畠山・前掲論文三二頁。
(52)　脱稿後に得た友人の裁判官の指摘及び木川弁護士の助言に啓発されるところが多かった。この種の問題について、裁判官、弁護士、学者間の意見の交換が重要であることを、あらためて認識したことを付言しておきたい。

第三章　民事訴訟促進をめぐる実務家の動向と問題点
——弁護士の立場から——

一　弁護士会内外の動き

〔1〕　昭和五八年六月、第二東京弁護士会弁護士業務委員会は民事訴訟遅延問題を活動テーマの一つに取り上げ、以来五年間継続してこの問題に取り組み、昭和六三年四月には民事訴訟改善研究委員会を発足させて、さらに前向きに研究を開始した。以下は、この問題に当初から委員として関与し、会の内外の動きを見守ってきた一弁護士の簡単な報告と感想である。

弁護士業務委員会の活動は民事訴訟遅延問題資料の収集から始まった。集めた資料約六〇点を検討した結果、民事訴訟遅延問題に対する議論の高まりは、戦後だけでも四つの波があることを知った。第一期は昭和二五年一〇月のGHQ審理促進措置の指令に端を発し、同年一二月の最高裁判所継続審理規則の制定を経て昭和三一年の第一審強化方策協議会設置に至る過程での論議、第二期は昭和三七年九月の臨時司法制度調査会設置を契機とし三九年八月の臨司意見書発表を中心とする論議、第三期は昭和四〇年代後半、西ドイツのシュトゥットガルト方式の成功に刺激を受けての議論の高まり、第四期は昭和五二年以降リーガル・サービス、弁護士論などの一環としての議論である。

これらの文献の収集検討を通じ、このような幾多の議論にもかかわらず、遅延解消の効果は依然上っていないことと、この問題に対する弁護士および弁護士会の関心は極めて薄く、消極的な姿勢に終始して来たことを深く認識した。

殊に、昭和四〇年以降は臨時司法制度調査会意見書に対する日本弁護士連合会の反対運動の影響を受けて、訴訟促進自体に否定的な見解すら見られるに至った。

委員会は、検討を重ねた結果、次のような基本認識に到達した。

① 訴訟の遅延は、国民（直接的には依頼者）の「裁判を受ける権利」を侵害し、同時に裁判所に対する国民の信頼を揺るがせ、司法制度の凋落を招く。

② 訴訟遅延は弁護士業務の非能率と、訴訟回避による受任事件停滞をもたらす等、弁護士の社会的経済的基盤を弱化させ、職業的利益を損ねている。

③ 訴訟遅延は多数の原因が複合して生じている。これらの原因の中には、裁判官不足のように解消のために予算増加や制度改正を必要とするものもあるが、期日指定の方法などのように裁判官や弁護士の意識および行動によって改善可能なものも含まれている。

④ 従来の裁判所中心の訴訟促進には限界がある。弁護士の主体的行動が必要である。弁護士および弁護士会は、自らの役割の重要性を認識して、訴訟遅延の解消、特に現行制度内での実務慣行改善の問題に真正面から取り組むべきである。

〔2〕 このような認識に立って、二弁弁護士業務委員会は、昭和五九年度の日本弁護士連合会定期総会に決議

案を上程すべく、会内に働きかけた。その結果「民事裁判の遅延は国民の権利実現の障害となり、司法に対する国民の信頼を揺るがすとともに、弁護士総体の社会的・経済的地盤の弱化を招く。官民は一体となって民事裁判遅延の現状を打破するため、現行法の枠内での努力および立法的努力に全力を挙げる必要がある。弁護士および弁護士会は民事裁判促進のため旧来の実務慣行を再点検し、自ら反省するとともに、その改善を裁判所その他関係方面に働きかける等最大限の努力を尽くすべきである」という趣旨の決議案を提出することとなった。

しかし、結局この決議案は陽の目を見るに至らなかった。日弁連理事会における検討の過程で、遅延解消のためには、「裁判官の増員、適正配置等予算および立法上の措置に力を注ぐことがより重要でありこれを主文中に入れるべきだ」との意見が浮上し、さらには、「臨時司法制度調査会意見書以降各地の裁判所において手続の公正さと適正を犠牲にした促進等が迅速処理の名の下に強行され」ている旨を提案理由中に明記すべきであるという修正意見まで出てきて、我々の意見と折り合いがつかなくなったためである。我々の基本認識は、民事訴訟遅延解消のためには裁判官と弁護士、裁判所と弁護士会が協働し合うべきであり、そのためには両者が対立して批判し合うという構造から早急に脱却すべきであるという点にあった。そのような立場からすると、わざわざ臨司意見書を引っ張りだして、裁判所の「公正さと適正を犠牲にした促進」を批難するというような「修正」意見はとうてい受け入れ難いものであった。

こうして、日弁連定期総会の決議案による弁護士会のコンセンサス作りの計画は失敗に終わった。我々は、民事訴訟促進問題が一筋縄では行かないこと、もっと地道な方法を採る必要があることを痛感した。

〔３〕　我々が次の手続を模索しているおりから、西理判事の、「民事裁判における訴訟運営の理論と実際」に接した。（1）裁判所内部で、同年配の現職判事がこのような努力を重ねており、目指す方向も我々が漠然と考えてい

たものと同じで、しかもより詳細かつ実務に即して整理されたものであるのを知りおおいに啓発された。また同じころ公表された民事訴訟法学会昭和五八年度のシンポジウム「民事訴訟の促進について」[2]は学会の最新の動向を知る上で貴重な参考になった。

日弁連総会決議案が立ち消えになってから一年間以上、業務委員会としては目立った動きをしていないが、この間、昭和五九年七月、会内の有志会員が、「民事訴訟促進を考える研究会」（通称・民事訴訟促進研究会。座長・畠山保雄弁護士）を結成し、毎月一回のペースで研究を始めた。この研究会は以後昭和六三年七月まで四〇回にわたり裁判官、学者などを招いて研究を重ね、その研究成果の一端を論文八編にまとめて専門誌に連載した。[3]

〔4〕第二東京弁護士会は昭和六〇年一一月弁護士業務委員会主催による会内ミニ・シンポジウム「民事訴訟促進と弁護士業務の拡大」を開催した。

ここでは、「通常の事件で六ヶ月、やや困難な事件で一年以内」という目標審理期間が提案された。[4]ミニ・シンポジウムではもう一つ具体的方策が提案された。それは集中審理（集中証拠調べ）の実践である。その具体的内容を要約すると次の四つに帰する。[5]

① 期日外、期日間における三者間の連絡、書類交換を密にして、争点の整理、集約を徹底する。
② 争点の整理・集約は、三者間の自由な討議による。
③ 集中的証拠調べを実施して審理期間を短縮させる。
④ 以上の作業を計画的に運営するために審理計画を三者間で策定し、これに添って手続を進行させる。

なお、右シンポジウムにおける提言の中では、随所に、三者（裁判所、原告および被告）間の協議、協働といった言葉が出てくる。それは、ともすれば裁判所が一方的に訴訟指揮権を行使し、これに代理人弁護士が従うだけで、主体性を持って訴訟運営に参画しようとしないという図式から脱却すべきである、という認識にもとづくものであった。

従来の図式では、裁判官がしっかりしていればいる程権威主義的な訴訟運営になりがちとなる。逆に裁判官がしっかりしていなければだらだらした審理に堕する。そのいずれも充実した審理とは言い難い。そこで我々は、裁判官も弁護士も同じ法曹、司法研修所で机を並べて学んだ仲間同志であり、対等な立場で訴訟運営を協力し合ってこそ審理の充実、弁論の活性化も実現できる、という考えに立って、これを基調に据えたのである。

〔５〕　昭和六一年九月、日本弁護士連合会は、司法シンポジウム「国民の裁判を受ける権利（二）――民事裁判の現状と課題」を開催した。ここでは三つの分科会方式をとったが、第一分科会は「民事裁判は紛争を迅速かつ適正な費用で解決しているか」をテーマに真正面から訴訟促進の問題に取り組んだ。(6)

議論はもっぱら訴訟遅延の問題に集中し、争訟性のある事件では判決までに平均二七・五ヵ月の審理期間を要すること、和解による解決の場合でも平均二二・五ヵ月を要すること、そのうち証拠調べに平均四回の期日を要し、これに費やす時間は合計約四時間程度であること、証拠調べ期日の間隔は平均七五日を要していることなどが明らかにされた。

この現状を打開する方策としてほぼ異論がなかったのは、裁判官の増員である。今後一〇年間に三〇〇人を増員すべきであるとの構想も発表された。ただ、裁判官の増員だけで問題が解消するのかどうかについては議論があり、他に弁護士の増員も必要であるとの意見も有力であった。

このシンポジウムで特筆すべきことは、各地の弁護士会から、裁判官の増員等の人的物的施設の拡充の外に、弁論形骸化、五月雨（さみだれ）式審理、当事者の準備不足、引延し等慣行化している現在の訴訟実務のやり方を改善すべきであるとの意見が数多く提出されたことである。

これら訴訟実務慣行改善論の中には、弁護士が自らの姿勢を改め、あるいは裁判所と協力して改善して行く必要があるとするものが数多く見られた。弁護士が訴訟遅延の現況を自ら反省し、その改善のために主体性を持って取り組もうとする動きが見えたという点で一つの収穫であったと言って良い。

ただこの慣行改善論に対しては、裁判官増員が先決だという批判も強く、他方増員論に対しては増員だけで訴訟が促進されるのかという再批判もあり、この点は次回第一二回司法シンポジウムに持ち越されることになった。

〔6〕　さて、この弁護士会の動きとは別に昭和六〇年一二月最高裁判所民事局主催による民事事件担当裁判官協議会が開かれ、民事訴訟の審理の充実を図るための方策が討議された(7)。

この協議会では、東京、大阪の両地方裁判所が審理の充実に関する具体的方策をまとめて発表している。この両地裁の方策案は、昭和六一年三月に各裁判所に配布され同年一二月に民事裁判資料としてまとめられ、さらに六三年八月にはジュリストに解説入りで公表された。その解説によると、両地裁の方策案作りは、昭和六〇年夏ころから始められたとのことである(8)。これは二弁がミニシンポの準備を始めたのとほぼ同じころであり、法廷実務家のこの問題への関心の高まりを示す時代の流れといったようなものを感じさせる。

こうして、昭和六一年後半の日弁連のシンポジウムの開催と、東京、大阪両地裁の方策案の公表をきっかけに、昭和六二年以降民事訴訟促進への関心は一段と高まりを見せた。

〔7〕　名古屋弁護士会は、昭和六二年三月総会シンポジウム「弁護士業務の現状と展望（その二）――名古屋における民事裁判の改善を中心に」を開催し、その中で、「民事訴訟を一年間で終了するモデル」を発表している(9)。

同弁護士会はさらに六二年六月に民事裁判改善のための合同部会を発足させ、改善方策の検討および裁判所との懇談会を中心に活動を展開している。(10)

第一東京弁護士会は、昭和六二年四月に民事訴訟促進等研究委員会を発足させ、法務省、裁判所、学者等との意見交換、合同シンポジウムを踏まえて、昭和六三年三月「新民事訴訟手続試案（迅速訴訟手続要領）」を公表した。(11)

第二東京弁護士会では、昭和六二年三月および一〇月に東京地方裁判所の裁判官（一〇月には書記官も参加）を招いて、東京地裁の方策案を中心に意見の交換を行った。六三年五月には、民事訴訟改善研究委員会を設置して、五年間にわたる弁護士業務委員会の活動を引き継ぎ、この問題に本格的に取り組むこととした。同委員会の活動方針としては、①第一二回司法シンポジウムへの協力、②訴訟慣行改善方策の具体化、③仲裁制度の活用についての研究、④外国（オーストリア、西ドイツ、米国等）の訴訟促進策の研究が挙げられている。同年一〇月には、東京地方裁判所の裁判官を招いて、同裁判所が実験的に実施した諸施策の実施状況について検討会を開き、他方で二弁会員でこれらの実験に係わる事件に関与したものから意見を聴取する作業を開始した。これらの調査結果は、第一二回司法シンポジウムで発表されることになっている。

東京弁護士会も、司法問題対策委員会を中心として司法シンポジウムの準備作業の一環として、「民事訴訟の改善」について検討を開始している。大阪弁護士会については全く情報を得ていないが、従来から業務対策面では積極的な活動を行っているので、いずれ詳細かつ具体的な方策が提出されるものと思われる。

〔8〕　弁護士会および裁判所により現在までに提案された方策は三つに大別できる。第一は、裁判官（および弁護士）の増員であり、第二は、一弁新民事訴訟手続試案に見られるような現行法の枠にとらわれない改革案で

あり、第三は、二弁の慣行改善論や、東京・大阪両地裁の方策案のような現行法の枠内での実務改善論である。

この三者は相対立する関係にあるのではなく、共存関係にある。

ただいずれについても詳細に検討すれば多くの問題を抱えている。例えば、第一の裁判官（および弁護士）増員論については、増員をどうやって実現するのか、現在喫緊の問題となっている司法試験改革の議論とどう整合させるのか、増員をしただけで法廷実務家が長年なじんできた五月雨式審理方式と訣別できるのか、などの問題が残る。

第二の現行法枠を超える改革案については、憲法、殊に裁判を受ける権利（三二条）との関係で、どの程度まで弁論主義、処分権主義、直接主義、口頭主義、公開主義、証拠主義、弁護士代理主義等、近代的民事訴訟法が到達した諸原則を緩和できるかという大問題がある。

第三の実務慣行改善論については、現在の裁判官数でどの程度改善の効果が上がるか、殊に集中審理の実現のためには裁判官（および弁護士）の増員が不可欠ではないか、という批判がある。また、誰が改善のにない手になるのか、という問題もある。

以上いずれの案も困難な問題を抱えているのであるが、遅延の現状は法曹に議論の段階で終わることを許さないところにきている。模索しながらも行動し、行動しながら問題を解決する、というような実践的な対応が必要とされている。

以下弁護士会内外のこれまでの議論を踏まえて、これらの問題を若干詳しく検討してみることにする。

（1）　判例時報一一〇二号、一一〇四号および一一〇六号。

(2)　民事訴訟雑誌三〇号。
(3)　判例タイムズ六〇一号（小山稔「わが国における民事訴訟促進方策の歩み」）、六〇三号（那須弘平「民事訴訟遅延と弁護士の立場」）、六〇五号（畠山保雄「民事法廷は生きているか――訴訟促進との関係で――」）、六〇六号（若林信夫「当事者・代理人に起因する訴訟遅延」）、六六四号（小山稔「モデル訴状、答弁書の試み」）、同（畠山保雄「モデル訴状と審理の進め方」）、六六五号（那須弘平「集中審理再生のために」）、同（遠藤直哉「民事訴訟促進と証拠収集」）。
(4)　判例時報一一八五号一二頁。
(5)　同右一五頁。
(6)　日本弁護士連合会「国民の裁判を受ける権利（二）――民事裁判の現状と課題」。
(7)　最高裁判所事務総局「民事訴訟の審理の充実を図るための方策に関する協議要録」。
(8)　福田剛久「東京地裁の審理充実方策案」ジュリスト九一四号五八頁以下。
(9)　名古屋弁護士会会報三一二号、三二一号。
(10)　同右三二三号。
(11)　第一東京弁護士会民事訴訟促進等研究委員会「新民事訴訟手続試案（迅速訴訟手続要領）」。なお、ジュリスト九一四号。

二　裁判官増員論と司法試験改革問題

〔1〕　前記日弁連の司法シンポジウムにおいて、裁判官を今後一〇年間で三〇〇人増員することによって、民事訴訟の遅延を解消するという構想が発表された。

「全国で民事・行政の高裁、地裁と家裁に合計三〇〇人の裁判官を増員すると、全国の地裁の民事、行政の単独審の事件処理能力が現在より約三六パーセント増強され、第一段階で現在の単独事件の手持ち件数二〇七件が一五二件に減少し、二ヵ月ごとに二時間の証拠調べが完全に保証され、大半の時間が一年以内に終結し、第二段階ではさらに改善され一二〇件程度となり一ヵ月半ごとに二時間の証拠調べが保証され、大半の事件が一〇ヵ月以内に終結する。」というものである。

日弁連および単位弁護士会は、これまでも裁判官増員の必要性を繰り返し主張してきた(12)。

前記三〇〇人増員構想も、従前の日弁連の主張の延長線上にあるものであるが、具体的な増員数と、これによって予測される遅延解消の効果を明示したところに新味がある。

〔2〕　問題は、第一に、どのようにして裁判官数を増やすかということである。単純に定員数を増加させただけで裁判官の実人員が直ちに増加するということになるわけではない。裁判官を志望する者の数が漸減の傾向にあることは、既に昭和三〇年代後半の臨時司法制度調査会の意見書においても指摘されているが、現在でも漸減ないし横ばい程度にとどまっている。最近では、弁護士のうち、いわゆる渉外弁護士への人気が高く、従来裁判官を志望した優秀な人材の相当部分が渉外事務所の方へ流れている。

現行法曹養成制度の下では、裁判官のほとんど唯一最大の供給源は司法修習生であるから、その増加を図ることによって裁判官任官者を増すのが一番自然な途である。毎年司法修習生から裁判官に任官する者の数は、五～六〇名、多くても八〇名台どまりである。その裁判官任官者数を毎年三〇名宛増やすためには、単純計算でも司法修習生を現在の四五〇名から五割程度即ち七〇〇名程度に増やす必要がある。司法試験改革問題に関し、法務省から提案されている合格者数も七〇〇人であり[13]、日弁連内部での議論でも七〇〇人増員論がかなり有力に主張されている[14]。

弁護士の中には、裁判官不足は顕著な事実であるから直ちに増員すべきであるが、弁護士が不足しているかどうかは明らかではないから慎重に調査をして対応を考えればよい、というような意見を表明する者も少なくない[15]。

しかし国民や企業が、弁護士の数は不足していると考えていることは各種の調査において明らかになっている。弁護士会の内部からもしばしば指摘されている[16]。

弁護士の職域としては、訴訟外法律事務の分野がほとんど未開拓の状態で残っており、この分野においては、弁護士の関与が極めて少ないため自由な競争が行われているとは言い難く、むしろ隣接職種からの進出が著しい。ある程度弁護士の数が増え、創意工夫と自由な競争が現実のものとなってこそ、弁護士業務も自ずと革新され、それがさらに潜在的需要を喚起し、真の意味での弁護士の職域が形成されるのではなかろうか。

問題を民事訴訟業務に絞っても、弁護士数の不足の弊害が生じている。例えば、弁護士の多忙のために証拠調べ期日がなかなか定まらないという問題がある。証拠調べ期日が二ヵ月半先でないと入らないという現状があり、これが遅延の原因の一つを成していることは前に述べたが、この期日が入らない原因の一端は弁護士側の多忙にある。

弁護士が期日をすぐに受けることができないのは、同じ時刻に別の事件の期日が入っているためであることが多い。このような実状を改善するためには、弁護士の抱える期日数を減らす（即ち、期日における審理を充実・濃厚なものにして、一事件に要する期日数を減らす。集中審理方式はその例）か、あるいは弁護士の数を増やすしかない。

私は、集中審理方式の採用が正攻法であると信じているが[17]、消極論も多い。もし法律実務家が現行の五月雨式審理方式に固執して、集中審理に消極的態度をとるならば、弁護士数の増加の受け入れは好むと否とにかかわらず、必然的なものとなるのではなかろうか。

弁護士会内部の議論で特に問題なのは、一方で訴訟促進方策として裁判官増員論を持ち出しながら、他方で司法試験合格者増に反対するという矛盾が散見されることである。訴訟促進のために裁判官増員論を強調する会ほど司法試験合格者増にも熱心でなくてはならないのであるが、現状は必ずしもそうなっていないところに問題の深刻さがある。

〔３〕　裁判官増員論の第二の問題点は、増員をすればそれで訴訟の促進が間違いなく実現されるのか、という点である。

思うに、現在の訴訟遅延の根底には、裁判官、弁護士が現状の五月雨式審理方式に安住して、ここから一歩も踏み出さないという保守的、守旧的体質が横たわっている。旧来の慣行に依りかかって、現状維持を善、改革を悪とする抜きがたい習癖がある。この実務慣行は法廷実務家の体質となっているので、裁判官や弁護士の数が多少増えただけでは変わることはなさそうである[18]。

国民、企業は、判決までに二七ヵ月余を要する訴訟の現状に愛想をつかしているといってよく、審理期間を二ヵ月や三ヵ月短縮した程度ではとうてい満足しない。また、訴訟遅延の現状は、弁護士の社会的経済的基盤を深く蝕んでいる。

少なくとも弁護士会は、通常の事件で六ヵ月、やや複雑な事件でも一年程度で審理が終結し判決が出るよう、具体的目標を定めて行動に立ち上がる必要がある。そのためには、裁判官の増員を叫ぶだけで全てが解決するものでないことを認識し、日常の実務慣行の改善、殊に五月雨式審理方式の是正に努力することが必要不可欠であると考える。(19)

〔4〕　昭和六三年一二月三日名古屋において開催される日弁連の司法シンポジウムにおいては、第一分科会で民事訴訟の改善が、第三分科会で司法試験の改革問題が議論される。第一分科会では、裁判官増員論が、より具体的な形で提唱されると思われる。他方第三分科会では、司法試験合格者増員の可否をめぐって激論が闘わされるのは必至の情勢である。第一分科会の裁判官増員論と、第三分科会の司法試験合格者増員問題が有機的、統一的に検討され整合性を持った結論が出ることを期待したい。

(12)　例えば、日本弁護士連合会第二回司法シンポジウム（昭和四九年）のテーマは、「裁判官不足の現状とその対策」であった。

(13)　法務省法曹基本問題懇談会意見書（昭和六三年三月八日）。

(14)　日弁連法曹養成問題委員会「法務大臣官房人事課長『司法試験改革試案』についての意見書」。

(15)　日弁連からの司法試験改革問題に対する照会に対する各会の意見の中にもこのようなものが多く見られた。

(16) 例えば、昭和六二年度の弁護士業務委員会主催のシンポジウム「親しまれる弁護士へ」(岡山)においても、弁護士増員論が会員から主張された。もっとも、地方会を中心にして、これに反対する意見もかなり有力であった。
(17) 那須弘平「集中審理再生のために」判例タイムズ六六五号一五頁。
(18) 那須・前掲論文。
(19) 第二東京弁護士会弁護士業務委員会「民事訴訟促進と弁護士業務の拡大(上)」判例時報一一八五号一五頁。

三　現行法の改革と憲法上の制約

〔1〕 第一東京弁護士会民事訴訟促進等研究委員会(表久雄委員長)は、昭和六三年三月「新民事訴訟手続試案(迅速訴訟手続要領)」を発表した(前注(11)参照)。

同委員会は、第一班(現行の訴訟手続内での慣行改善による促進方策の検討)、第二班(若干の法改正を伴う訴訟促進方策の検討)、第三班(現行法にとらわれない訴訟促進方策の検討)、第四班(訴訟以外の手続による早期解決方策の検討)の四班構成で活動を行い、前記試案は第三班の成果をベースとしたものである。

試案は次の五点を要点としている[20]。

① 訴え提起から判決まで第一審の全ての手続を一年以内に終了させることを目標とすること。

② 第一回審理期日までに、訴訟資料等を提出させ、争点を明確にし、「審理予定表」を確定させ、以後はこれに則って審理を進めること。第一回審理期日までに提出されない攻撃防御方法について失権効を認めるこ

と。

③　裁判所は、争点の確定、証拠調べ、和解などにおいて積極的に心証を開示し、当事者間に共通の認識を持たせること。

④　人証の証拠調べについては、交互尋問以外の方法も適宜工夫すること。

⑤　裁判所は、判決だけでなく、紛争の解決に最も適切な解決案を提案して、和解による解決を図ること。

〔２〕　五つの要点のうち、①の審理期間を一年以内とすることについては、あまり異論のないところであり、二弁が昭和五九年一一月に提案した「六ヵ月」「一年」案や、日弁連の六一年シンポにおける各会の意見とも一致している。

②の第一回審理期日での争点確定および審理予定表の確定については、同様の提案が、東京地裁、大阪地裁の審理充実方策案でも、また二弁のミニ・シンポでも提唱されている。試案の特徴は、第一回審理期日までに主張、立証をしない場合には、原則として時機に遅れた攻撃防御方法として失効権を認めるという点にある。現行法にも時機に遅れた攻撃防御方法却下の規定があるが、これは随時提出主義を前提とするものであるから、この点では法改正が必要となってくるであろう。

③の心証開示についても、近時その有用性が指摘されており、東京・大阪両地裁の方策案でも提唱されているところである。ただ心証開示を何の目的で、どの程度行うかについては若干議論の必要がある。心証開示の目的として一般に争点整理の効率化と和解的解決の促進があげられている。(21) 争点整理については、裁判官および原被告当事者または代理人がバラバラの認識を持っていたのでは、以後の審理は円滑に進まない。それゆえ、試案は第一回審理期日に「主張を整理し、訴訟の争点を指示」することを裁判所に義務づけているが、そのためには一

定の範囲での心証開示をすることが必要不可欠となろう。

次に和解を効率的に進めるための心証開示についてであるが、裁判所の心証が当事者に的確に伝達され把握されれば、和解が不成立になったときに予測される判決と比較しながら早期に和解的解決が行われやすくなるから、この点についても心証の開示は肯定されるべきであろう。

心証開示の機能として第三に、裁判官の心証を当事者（主として双方代理人）に開示することによって法律専門家としての双方代理人の批判にさらしより適正な裁判官の心証を形成する目的が考えられる。心証開示をこのような目的のために利用することについては後出の訴訟慣行改善論における心証開示の問題とも共通しているので後に詳しく検討してみることにする。

④の交互尋問以外の尋問方法の工夫についても、若干の議論が必要であろう。交互尋問は、人証の取調べにあたって、当事者代理人の積極的参加を予定しているという点で、民主的な性格を具えている。また、事実の認識は、原告、被告、裁判官それぞれの立場によって異なるものであり、原告から見た事実は、原告が尋問することによってより適切に法廷に顕出され、被告から見た事実は被告からの尋問によってより適切に顕出されるという点で、自由主義的な要請にも合致している。

戦後わが国の法制が職権尋問を捨て交互尋問を採用したことについてはそれなりの必然性があったはずである。試案も、交互尋問を捨てるということではなく、それ以外の方法も適宜検討するということのようであるが、交互尋問以外の方法の採用については相当慎重な検討が必要であろう。

⑤の和解的解決の重視についてであるが、現在の訴訟でも和解による終結が三分の一以上を占めることを考えればむしろ当然の提言と言ってもよい。但し、和解的解決を判決と同等の重みを持ったものとして位置づけて良

いか、若干の疑問がないわけではない。

現状では、和解的解決が全体の三分の一近くを占め、数字上は判決による解決とほぼ同じ比率を占めていることはまぎれもない事実である。しかしこの和解を全ての当事者が歓迎し満足しているわけでもない。むしろ和解が多いのは、訴訟が遅延していて判決を待ち切れないために中途で和解を受け入れるという面がある。

試案のように和解案を積極的に提示する場合には、その解決案は、予想される判決と同旨のものである必要がある。そうでないと、憲法三二条が裁判を受ける権利を保障し、法の支配を貫徹することを目指したことを没却する結果になりかねない。和解の位置づけについては、訴訟慣行改善論とも共通する問題であるので、詳細は後に譲りたい。

〔3〕 第一東京弁護士会の試案の中には、法改正によることなく、現行法の内で運用によってまかなうことも可能な提言が多く含まれている。前記五つの要点も、ほぼ現行法の枠内で運用改善によって実現可能なことである。

このような問題について、法改正によるか、運用によるか、の選択は、双方の長所短所を見据えて慎重に判断する必要がある。法改正によるとき、統一的にかつ急速に目標を実現できる可能性があるが、他面、改正の内容が現実にそぐわないものであったり、裁判官、弁護士等制度をになう者の合意形成が不十分であったりすると、条文どおりにことが運ばないこととなる恐れがある。戦後のGHQ主導による継続審理規則の導入はその適例であった。

他方、運用改善によるときは、現実の上に立って現場の現状を踏まえて徐々に目標を達成するという点では堅実な方策であるが、統一的かつ急速な改革の実現という面で劣り、場合によっては年月の経過とともにいつのまにか元に戻ってしまうことにもなりかねない。

法改正によるべきか、運用改善によるべきか、あるいは双方をとりまぜるべきか、実務家、学者、行政当局等が慎重に検討すべきである。

〔4〕　現行民事訴訟法の改正を考えるとき、憲法上の制約があることは当然である。第一東京弁護士会の試案に関しては、第一回審理期日について、「審理は法廷外の場所で行うことが出来る」とされている点で公開原則とのかねあいが問題になるほかは、あまり憲法上の問題はなさそうである。

しかし、試案を離れて、一般論として民事訴訟法の改正を議論するときは、憲法上、どのような改正まで許され、どのような改正は許されないのか、見極めをつけておく必要があろう。

現行憲法は、八二条で裁判の公開を定めているほか、民事裁判がどのようなものでなければならないかについては特に明文を設けていない。しかし、裁判所の裁判であれば、その内容がどのようなものでも良いということにはならない。憲法三二条が保障する「裁判」は一定の手続を備えたもの、「裁判」と呼ぶにふさわしいものでなければならない。

昭和三一年、非公開による強制調停の合憲性が問題とされたとき、多数意見が、非公開による強制調停に代えてなした裁判につき、「これも一つの裁判たるを失わない」として違憲の主張を排斥したのに対し、真野毅裁判官はこれに反対し、次のとおり少数説を展開された(22)。

「憲法三二条において『何人も裁判所において裁判を受ける権利を奪われない』といっているのは、法律上の争訟に当たり、何人も法治国民として、裁判所において実体法の適用による裁判を受ける権利を有し、この権利は法律をもってしても奪うことができないことを憲法が保障した重要な意義を有するものである。そして、法律上の争訟に関する訴訟手続きにおいては、数世紀に亘る長い年月の経験を通して、人類の英知が獲得した公開主義、口頭主義、直接主義、証拠主義の大原則は、裁判所が裁判をする場合に、憲法上保障されているものと言わなければならない」と。

右真野裁判官の意見は少数意見ではあったが、極めて説得力に富んだものであったように思う。その後昭和三五年に最高裁判所が判例変更をした後も、多数意見は、必ずしも真野意見のように、憲法三二条の中に当然に公開主義、口頭主義、直接主義、証拠主義等を読み取るところまでは行かず、単に純然たる訴訟事件については憲法八二条との関係で「公開」が必要とされるのでこれを欠くときは憲法三二条が予定する「裁判」の要件を欠くというにすぎなかった。(23)

しかし、一九七六年（昭和五一年）発効の国際人権規約（B規約）第一四条第一項は、「公平な裁判所による公正な審理を受ける権利」を保障しており、わが国も同規約を批准しているところから、「裁判を受ける権利」の中に適法手続の理念を読み取ることは、国際法上の要請するところとなったと解される。

公開主義は当然のこととして、口頭主義、直接主義、証拠裁判主義についても、単に真実発見のために優っているというだけの理由にとどまらず、自由主義、民主主義、適正手続主義等と密接な関係を持っていると思われる。

処分権主義、弁論主義についても、西ドイツで若干の議論があるようであるが、当事者の自主性を尊重し手続に積極的に参加させる点で自由主義、民主主義と深い関連があると考える。(24)

弁護士代理制度についても、当事者が実質的な意味で訴訟主体として訴訟に参加し、裁判官と同じ法廷で議論し、訴訟運営の責任を分担して行くことを可能にするという面で自由主義、民主主義的価値と無関係ではあるまい。

そうして見ると、現行民事訴訟法が擁する基本原理の多くは、現行法の基本的価値である自由主義、民主主義と密接な関係を有する。それゆえこれらの諸価値を損ねるような制度改正は、恐らく憲法三二条の裁判を受ける権利の保障との関係で何らかの問題を生じると考えるべきではなかろうか。(25)

公開主義、口頭主義、直接主義、証拠裁判主義、処分権主義、弁論主義、弁護士代理制度いずれについても、侵すべからざる大原則とまでは言わないにしても、これに変更を加えるについては、裁判を受ける権利に配慮し慎重の上にも慎重でなければならないと考える。

(20)　表久雄「弁護士業務の改善と民事訴訟の促進」ジュリスト九一四号七〇頁。
(21)　佐々木茂美「大阪地裁の審理の充実方策案」ジュリスト九一四号六四頁。
(22)　最高裁判所昭和三一年一〇月三一日決定・民事裁判例集一〇巻一〇号一三五五頁。
(23)　最高裁判所昭和三五年七月六日決定・民事裁判例集一四巻九号一六五七頁。
(24)　ロルフ・シュテルナー「民事訴訟の手続諸原則と憲法」『西独民事訴訟法の現在』所収。なお、吉野正三郎「西ドイツにおける弁論主義論争」判例タイムズ五〇七号一八二頁。
(25)　那須弘平「裁判を受ける権利の現代的展開」群馬法専紀要創刊号一一頁以下。

四　訴訟慣行の改善と裁判所・代理人の役割分担

――裁判所の審理充実方策案を中心にして――

〔1〕第一回日弁連司法シンポジウムにおいて各弁護士会から提唱された訴訟促進方策のうち、現行法制度内で主として運営上の工夫により迅速な裁判を実現しようという意見は一般に訴訟慣行改善論といわれている。訴訟慣行改善論の中味は、論者にとって種々様々であるが、弁論の形骸化、五月雨式平行審理、当事者の準備不足、引延し等々現在の裁判実務の悪しき慣行に対し厳しい批判の目を向けている点と、弁護士および弁護士会が主体性を持って裁判所に協力し合ってこれら慣行を改善しようという点に共通の特徴がある。具体的には、訴状、答弁書等の記載方法を工夫することによる争点整理の効率化、期日外の弁論準備、ラウンドテーブル方式による三者間の協議による早期の争点整理、集中証拠調べによる審理期間の短縮などが含まれる。(26)

〔2〕このシンポジウム以外においても、訴訟慣行改善論に属するいくつかの提言が行われている。東京地方裁判所および大阪地方裁判所の審理充実方策案も、現行民事訴訟制度の枠内での改善をめざすという点で、訴訟慣行改善論の範疇に属する。

東京地裁の方策案は、以下の七点を骨子としている。(27)

①　訴状審査表等の活用による期日前準備の徹底
②　第一回口頭弁論期日における和解勧告型、弁論進行型等タイプ別事件の振り分け
③　弁論進行型事件における第二回以降期日の事前準備の徹底
④　弁論兼和解の活用
⑤　和解的解決の積極的活用
⑥　主張および証拠の整理の際の法律上の見解および心証の積極的開示
⑦　本人尋問の早期実施および証拠調べの効率化

大阪地裁の方策案もほぼ同様の内容であるが、「所要時間が三時間以内であるときは、集中的証拠調期日を指定すること」として、若干集中証拠調べに積極的な姿勢を示している。

東京地裁の方策案は、同地裁の三つの部（一三部、三七部および三八部）において昭和六三年四月以降一部実験的に実施されている。また、その他の部においても、これらの方策案を念頭において、従前のやり方に若干変化の兆しが見られる。

昭和六三年一二月に行われる日弁連の司法シンポジウムでは、この方策案に対する評価をめぐって、詳細な議論が行われる見込みである。

両地裁の方策案は、現行法の枠内での改善工夫であり、実務経験の中から生み出されたものであるだけに、極めて実際的かつ具体的なものである。それゆえ、すぐにでも実行可能であり、かつそれが確実に実行され定着すればそれなりの効果も期待えきる。ただ詳細に検討すると、いくつか留意すべき点があることに気づく。以下これらの点について弁護士の立場から意見を述べておきたい。

〔3〕　第一の問題は、弁論兼和解の活用についてである。弁論兼和解のメリットとして、次の三点があげられている。[28]

①　非開廷日にも開くことができるため、主張および証拠の整理のためにより多くの時間をあてることができる。

②　弁護士のほか、当事者本人も交えて、ラウンドテーブル方式で口頭の討論をすることができるため、間接事実や背景事情等を即座に聴取することができるし、書証や図面の説明も容易に理解することができる。

③　実質的弁論により、裁判官は事件に対する見通しをつけることができ、弁護士も相手の主張および証拠を

考慮に入れた上での対応が可能となり、和解の機運も高まる。

現行民事訴訟法を前提として考えると、本来①の点は法廷その他人的・物的設備の充実強化でまかなうべきであり、②および③は法廷において弁論（準備的口頭弁論）期日の充実活性化によって同じ目的を達することができる、というのが筋論としては正しいであろう。(29) 弁論兼和解方式は、実質的討議の確保という目的のために、裁判の公開原則や手続の適正確保（書記官の立合い、調書の作成等）の要請を一歩後退させていることも否定し難い。しかし、法廷その他物的人的施設の拡充といっても予算の問題が常につきまとうし、法廷の固苦しい雰囲気の中で実質的な討議をすることが困難であることも事実であるから、当面法廷外でラウンドテーブル方式により実質的な検討を活発に行う風習を養いこれを慣行として定着させ、その間に法廷等物的人的設備の拡充を図り、いずれは公開の法廷でも同様な活発な討議が可能となるのを待つ、というのも一つの方便として許されて良いと考える。

弁論兼和解には、争点整理を目的とするものと、和解を目的とするものがある。いずれの目的に重点を置いて弁論兼和解を行うかによって、代理人の行動も異なってこようから、この点を双方代理人に明示し、できれば調書上明確にすることが望ましい。

弁論兼和解の良いところは、融通無碍のところにあるから、どちらを目的とするか明確にしない方がよいという意見もある。しかし、私の経験では、この点を明確にしないと、けじめがなくなって、和解の方へ傾きがちで、争点整理がおろそかになる。争点整理が必要なときは、争点整理を目的とすることを明確にすることによって、けじめをつけるべきである。

また、東京地裁の方策案が「原則として本人及び直接の関係者の同行を求め、当事者双方を対席させた上で裁判所の適宜の発問により形式的な争点と実質的な争点とを振るい分け」るとしているが、この当否については疑問がある。裁判所が、より豊富な情報を求めて本人や直接の関係者に発問をしたい気持ちは良く理解できるのであるが、弁護士代理制度を採用している現行法の下で、弁護士の頭ごしに直接発問するのはいかがなものであろうか。弁論の活性化、討議の充実はあくまでも弁護士との共同により、いわば弁護士代理制度を尊重しこれを充実強化させる方向で実施されるべきものではなかろうか。さらに弁護士の頭ごしの発問は、弁論兼和解が単に争点整理のためだけではなく、事実上の心証形成の場となるとの誤解を与えかねない。当事者および関係者への直接の発問については慎重であってほしい(30)。

思うに、弁論兼和解の最大の長所は、裁判官が法廷における裁判官席の高みから降りてきて、当事者代理人と同じ目の高さで議論することにある。当然双方代理人の間だけではなくて、代理人と裁判官の間での議論もあり得る。裁判官による争点整理に対し代理人側から意見が出され、結果として裁判官の争点整理の内容が誤っていたことが判明し、その見解を訂正する必要も時には生じよう。その意味では、弁論兼和解を真に実践しようとすれば、裁判官にもそれなりの覚悟が必要となる。当然のことながら弁護士も議論の過程で相手方代理人や裁判官から見解の訂正を求められることがあり得る。時には、依頼者の前で恥をかく覚悟も必要となる。従来、準備書面の中でのみ議論が行われ、依頼者の面前で論争し結論を出すというやり方になれていなかったことを思うと、裁判官、弁護士ともに意識の一大変革を必要とするのではなかろうか。

〔4〕　第二の問題は、和解的解決の積極的活用に関することである。

和解的解決は、一般的に判決によるよりも早期に実施され、内容も判決によるよりも妥当な場合があり、履行も確保しやすい等判決にはない長所がある。

他方運用しだいでは、見通しがたたないままダラダラと和解期日を重ねて和解に至らず結果的に判決が遅くなるケースも少なくない。また、裁判官による押しつけとも感じられるような和解、判決を書く手間を省くためではないかと疑われるような和解、あるいは、当事者が裁判の遅さにウンザリして受け入れる和解などの例もないわけではない。

言うまでもなく、憲法三二条が定める「裁判を受ける権利」は単に裁判所が介在して紛争を解決すれば足りるというものではなく、法に従って適正に解決してくれることを要する。押しつけの和解や、裁判遅延の結果としての諦めによる和解などは、裁判を受ける権利の保障、実体法にそった解決（法の支配の貫徹）と言う理想からは一歩も二歩も後退したものとなっている。

この点証拠調べ終了後に、予測される判決内容を見据えて行われる和解は弊害が少ないが、証拠調べ前の和解は、迅速な解決では優っていても、裁判を受ける権利の保障、法の支配の貫徹という面では判決に劣る。和解的解決は両当事者の合意を絶対の要件とし、したがって納得のいかない和解案は拒否すれば足りるから、双方代理人がしっかりしている限り、大きな弊害が生じることは考えられない。そうは言っても、裁判官の強い意向に逆らうことはなかなか難しく、渋々和解を受け入れることはないではない。

そんなことを考えると、和解は、解決内容の適正さを主目的とすべきであり、迅速処理に重点を置いた和解制度の運用には危険がつきまとうことを忘れてはならないと思う。(31)

〔５〕　第三の問題は心証開示に関する。

広義の心証開示には、法的見解の開示と、事実認定に関する心証の開示が考えられるが、この双方にわたって、従来裁判官がポーカーフェースを通してきたのを改めて、当事者代理人に自らの心証を示すということは大変結構なことである。心証開示目的としては、①争点整理のため、②和解的解決を早めるための二つが考えられる。いずれの目的のためにも、裁判官の心証が当事者に示され、これによって、三者間に共通の認識が形成されることは有益である。心証の開示の方法については、事実上の争点について断定的な結論を示すことを避けるなど若干の配慮は必要であるが、開示自体については異論は少ないであろう。

問題は、その先にある。即ち、心証開示は、争点整理目的および和解解決目的のほかに、③裁判官が心証を開示し、当事者代理人側からの批判にさらされることによって、裁判官が心証（法的見解を含む）の誤りを自ら改める機会が得られ、これによって、より適正な判決が期待できるのではないか（適正判決形成）と言う考え方の当否である。この点については、第一東京弁護士会の試案についての解説にあたり、表久雄弁護士が同様の見解を示されている。(32)

従来の裁判では、裁判官が当事者代理人の言い分を一方的に聞き自らの判断は判決書の中で示し、その間自らはポーカーフェースを保ち、したがって当事者代理人側からの心証や法的見解に対する批判の余地もなかったことを思うと、訴訟の進行途中で、自らの心証を当事者の批判にさらすという方法は新しい発想である。

既に西ドイツでは簡素化法に法的観点指摘義務を定めたことから、裁判官の役割が変化したかどうかをめぐって大きな論争が持ち上がっているとのことであるが、(33)日本においても心証開示の積極的の運用如何では同様の論争が生じるのではなかろうか。

〔6〕　第四の問題は、集中審理の位置づけに関するものである。同方策案では、集中審理の問題は、「今後更に十分検討されるべきである」とされている。大阪地裁案では、所要時間が三時間以内であるときは集中証拠期日を指定するとしてやや積極的な姿勢を示しているが、地裁第一審における通常事件の証人調べの時間が平均四

時間程度であること、[34] 午後一時から五時までをとれば四時間の証拠調べは可能であることを考慮すれば、三時間というのはやや中途半端な数字である。また、所要時間三時間を超える場合に、継続して期日を指定するかどうかについても言及していない。

私は、集中審理の採用なくして抜本的な審理期間の短縮はあり得ないと考えている。東京地裁の方策案の言うとおり、「今後更に十分検討される」ことが近い将来実現することを強く期待したい。

ついでながら、訴訟慣行改善論の中で、集中審理（継続審理）の問題は、他の問題と区別して扱われるべきである。何故ならば、他の方策はいずれも現行法に明文がなくその採否は文字どおり運用の問題であるのに対し、集中審理は民事訴訟規則に明文の規定があるからである（同規則二七条）。

それゆえ集中審理の採用は慣行改善以前の問題（規則遵守の問題）である。少なくとも訴訟慣行の改善を論ずる場合には、集中審理は第一回期日の指定および判決言渡期日の指定における法定期間遵守（同規則一五条、民訴法一九〇条）とともにまっ先に取り上げられて然るべき性質のことがらである。

〔7〕　第五の問題は、審理計画に関する。

訴訟は、投入される労力の点からも、費用の点からも、また時間の点からも、相当大がかりな作業（プロジェクト）である。そのようなプロジェクトを能率的に運営するためにはスケジュールの策定が必要不可欠である。スケジュールなしに手続を開始するのは設計図なし、日程表なしの建築工事に似て、非能率的で無駄が多い。弁論進行型事件についてはは訴訟係属後できるだけ早期（恐らく第一回期日、またはその前後に）に、個々の事件の審理計画を作成し、これに従って審理殊に証拠調べを行う慣行を確立すべきである。[35]

なお、第二東京弁護士会が六ヵ月ないし一年という目標審理期間を提言したことは前述のとおりであるが、審理計画作成の慣行が確立すれば自ら個々の事件について目標審理期間を設けることになる。このようなスケジュールを作成することにより、審理も計画的となり、迅速化に対する意識も高まり、結果として効率的で迅速な審理を実施しうることになろう。

審理計画の策定については、戦後継続審理が導入されたとき同時に導入されたが、結果的には失敗に帰したという。失敗に帰した理由について詳しく調べたわけではないが、恐らく、双方代理人との協議に基づき、その合意の下で策定するというような視点が欠けていたのではなかろうか。審理計画は裁判所が一方的に作るのではなく、双方代理人の参加を得てその合意の下に策定すべきである。そうしてこそ、双方代理人も誠実にこれを遵守する気持ちになる。

〔8〕　最後に、裁判所と代理人弁護士との「協働」（協同）について述べてみたい。裁判所の方策案では、両者の「協働」による審理の充実が強調されている[36]。

しかし、両者がいかに協働するのかという具体的内容となるともう一つはっきりしない。「協働」が、弁護士の裁判所への一方的協力に終わるのではなく、文字どおり双方が協同し合うことは、しかく簡単なことではない。裁判所は、当事者代理人の自主性を尊重しその活力をエネルギー源として審理の充実を図るために、かみしもを脱いで代理人と同じ眼の高さで議論し、裁判運営の責任を代理人と分ち合う必要がある。議論の過程で自ら誤った見解を持っていたことを発見したときは潔くこれを訂正する覚悟も必要となろう。裁判官と弁護士が同じ土俵で相互に議論し批判し合うことなしに真の協力関係も協働関係も生じない。

裁判所の方策案が熱心に提唱する「弁論兼和解」の活用も、当事者代理人が裁判官の面前で議論するだけで裁判官が黙って聞いているのでは足りない。裁判官が議論に参加してはじめて真の協働関係が成り立つ。「法律的見解の提示」「心証の開示」についても同様のことが言える。裁判官の「法律的見解の提示」や「心証の開示」を弁護士がただ黙って恐れ入って聞いているだけでは、理想的な争点整理や和解ができるはずがない。裁判官の意見に弁護士が同じ法律専門家として意見を述べて批判し、より高いレベルの共通の認識を形成してこそ、両者間に真の意味での協働があったと言いうる。

審理計画の策定に双方代理人を参加させその合意の上に立って審理を進めることは、スケジュール管理面での協働関係の確立につながる。

以上のとおり、「協働」の意味を突き詰めて行くと、裁判官と弁護士間の役割の見直しに発展し、従来の訴訟のあり方に根本的な変革を迫ることにもなると思われる。

(26)　日本弁護士連合会・前掲書五頁。
(27)　東京地方裁判所「民事訴訟の審理を充実させるための東京地方裁判所の方策案」ジュリスト九一四号三二頁。
(28)　佐々木・前掲論文六七頁。
(29)　例えば、座談会「訴訟促進・審理の充実問題の展開方向」ジュリスト九一四号中の小島意見（同誌二二頁）。
(30)・(31)　これらの点については、二弁における裁判官との意見交換会でも同様の指摘があった。
(32)　表・前掲論文七三頁。
(33)　吉野・前掲論文一八二頁。
(34)　日弁連・前掲書三〇頁。
(35)　第二東京弁護士会弁護士業務委員会・前掲シンポジウム報告。
(36)　福田・前掲論文六一頁。

五　おわりに
――訴訟促進実行のにない手は誰か――

〔1〕かつて、私は病院の改革について次のような記事を読んだことがある。病院の現状を改革して真に患者のためになるようなものにするためには、患者が立ちあがる必要があるが、そのようなことは期待できない。というのは、患者は、入院するまで患者ではなく多くの人は自分が患者になるとは思っても見ない。そして、入院中は、早く良くなって退院することで頭がいっぱいで、しかも医者と患者の力関係から、医者に対し不満があってもこれを批判しない。そして退院した後は、入院中のことを早く忘れようとするので、やはり病院改革の源泉とはなり得ないと。

同様の議論が、訴訟についてもあてはまりそうである。即ち、国民は、自らが訴訟に巻き込まれることなどは夢にも考えない。不幸にして、訴訟に巻き込まれれば裁判に勝って訴訟を終わらせることで頭がいっぱいで、訴訟のあり方に不満を感じてもその不満を裁判所や弁護士にぶつけることはしない。そして訴訟が終われば勝っても負けても早く忘れようとして、訴訟改革に立ち上がるなどとは夢にも考えない。

日本では、一般市民が訴訟に関与するというのは極めて稀なことであり、一生に一度あるかどうかという程度であろう。しかも、訴訟が遅延した場合一方が不利益を受ければ、他方は利益を得ることも少なくない。その場合には、訴訟の利用者として訴訟の促進を求める声は遅延を歓迎する声により相殺されてしまう。こう考えて来ると、訴訟の促進について世論が形成され国民が立ち上がるというようなことは将来ともあまり期待できないように思われる。

〔2〕 実務家の中で、国民ないし裁判の利用者に最も身近なのは弁護士である。弁護士が裁判を受ける者の不満を一番良く知っている。ただ弁護士は、一方で原告側の代理人に立ちながら、他の事件では被告の側に立つこともある。そこで、訴訟の引き延ばしを求める被告の立場を考慮して、「裁判が遅いのは悪いとは一概には言えない」などという意見になりがちである。しかし、冷静に考えて見れば、国民の裁判を受ける権利の保障こそ、法廷弁護士の任務であって、そのためには迅速な裁判手続は必要不可欠である。これに比べれば、被告の引き延ばしの要請などというものは、無視すべき性質のものである。

弁護士が業務を行う動機としては、一つに依頼者の権利の保護という正義感が、二つには、事務所の経営、家族の扶養等のための収入の確保という目的がある。このいずれの面からも、訴訟の促進は弁護士が取り組むべき重大問題である。迅速な審理なしには、依頼者の権利保障もあり得ず、心底からの感謝もあり得ない。弁護士業務の能率化と需要の拡大もあり得ない。それゆえ、訴訟の促進は、弁護士の任務の達成という点からも、業務の充実拡大という点からも重要な関心とならざるを得ない。従来、この点について、弁護士の認識は必ずしも十分とは言えなかったが、第一〇回および第一一回の司法シンポジウムを契機として若干の変化が生じた。第一二回シンポジウムではさらにその傾向に拍車がかかるはずである。

広く弁護士が、訴訟運営について、自らの重要な役割を自覚し裁判官と連携して行動に踏み切ったとき、真に民事訴訟の改革が始動するのではなかろうか。

第四章　実務慣行の改善と民事訴訟法の改正

一　はじめに

法務大臣の諮問機関である法制審議会の民事訴訟法部会（部会長三ケ月章東大名誉教授）は平成元年七月一三日に訴訟審理の充実と迅速化を図るため民事訴訟法の全面改正作業に着手することを決定した。

民事訴訟法は明治二三年（一八九〇年）に制定されたもので、今年で満一〇〇周年を迎える。すでに民事訴訟法の中から、民事執行法及び民事保全法が分離独立されており、残るは仲裁法の分離独立と民事訴訟訴法本体の改正と言う段階に来ている。仲裁法の方を先にという意見もあったらしいが、民事訴訟の実状を放置できない、実務界の要望が強い、裁判所・弁護士会等を中心とする運用改善の動きが活発化している、等の理由から民事訴訟手続き本体の見直作業着手に踏み切ったようである。

この問題を考えるには民事訴訟の現状を正しく把握する必要がある。日本弁護士連合会主催の司法シンポジウム（国民の裁判を受ける権利（二）民事裁判の現状と課題。昭和六一年九月開催）における調査報告により、次の事実が明らかにされた。

1　争訟性のある事件では判決までに平均二七・五ヵ月の審理期間を要し、和解による解決の場合でも平均して二二・五ヵ月を要する。

2　右審理期間のうち、証拠調べに平均四回の期日を要するがこれに費やす時間は合計四時間余に過ぎない。

3　証拠調べの期日の間隔は平均七五日を要している。

しばらく前に日弁連が実施した国民の意見調査の結果によればこのような現状について、八六・四パーセントの人が「裁判所は時間がかかりすぎる」と考えている。

第二東京弁護士会の会員意識調査でも、訴訟に対する不満として、実に七二・九パーセントの者が、訴訟の遅さをあげている。これに対し、訴訟の不適切さを不満の内容として挙げている者はその三分の一にも足りない。

二　審理期間一年以内を目標とすべき

いったい国民ないし訴訟の利用者はどのくらいの期間で訴訟が終結に至れば満足するのであろうか。弁護士会における議論としては、少なくとも一年以内に解決する必要がある、という意見が有力である。

第二東京弁護士会民事訴訟改善研究委員会は、昨年「民事訴訟充実促進実践マニュアル試案」で次の四つの方策を提言したが、これは普通の事件について、一年以内に審理を終結させて判決を言い渡すことを目標としたものであった。

イ　期日外、期日間の裁判所と代理人間の連絡の緊密化

ロ　弁護兼和解方式による争点整理

ハ　三者間の協議による審理計画の策定とこれに従った手続進行
ニ　集中証拠調べ・継続的証拠調べを含む効率的な証拠調べの実施
ホ　和解の積極的活用

第一東京弁護士会が発表した「迅速訴訟手続き要項」でも、名古屋弁護士会で発表した「モデル案」にしても、一年間で終了することを目標にしている。

この目標審理期間と各弁護士会が発表した具体的方策とは目的と手段の関係にある。いずれの弁護士会も、一年以内に審理を終了するために何が必要かという観点からいくつかの方策を提言している。もし二年も三年もかかって良いというのであれば、あえて右のような厳しい方策を提言しなかったはずである。逆に審理を六ヵ月以内に終了させることを目標とすれば右三つの弁護士会の案はいずれもまだ生温くてもの足りないということになろう。

いずれにしても、私は今回の民事訴訟手続き見直しの出発点に「一年以内の審理終結」という目標を置き、この目標の達成のために何が必要であるかを真剣に検討することからスタートすべきであると考える。この目標がボヤケてしまうと些末な法技術論争の落とし穴に陥り、迅速な裁判を求める国民からソッポを向かれる恐れが強い。

三　法改正と裁判官増員及び実務慣行改善は矛盾しない

民事訴訟の充実促進について従来提案されてきたことは大きく分けて三つある。

第一は、裁判官の増員及びその他の人的物的施設の拡充、第二は、民事訴訟法及び規則の改正、第三は、実務慣行の改善、である。

思うに、この三つの方策は相互に矛盾排斥しあうものではない。むしろこの三つがいずれも並行的に実施されるのが理想的である。

民事訴訟法改正の動きに対する消極論の一つに、「裁判官の増員なくして法律をいじっても、小手先の条文いじりに終わる」と言う意見がある。

この意見は正しい面をもっている。裁判官は常時二〇〇ないし三〇〇件の手持ち事件を有し、週末深夜にわたって事件記録の検討、判決起案に追われているという。この実状が訴訟遅延の基本問題であることは否定しがたい。

幸い、今回の司法試験改革問題が一応の決着を見て、七〇〇人に増員されることになりそうである。裁判官の定員増、書記官の増員、法廷の増加、司法予算の増額などなお未解決の障害があるにしても一応の方向は定まった。訴訟の促進の為に必要不可欠な弁護士の数も除々に増えて行くであろう。

問題は、裁判官の増員を始めとして物的人的施設の増強をまず先行させ、その増強がならない限り他の対策に着手しないと言うことで良いかどうかである。

司法試験合格者を二〇〇人増やしても、裁判官任官者は年間で三〇人増えれば良いところであるから、現在の裁判官数約二〇〇〇人を五割増しの三〇〇〇人にするためには少なくとも二〇年はかかる。そのほかに、書記官や法廷などの増加、さらには弁護士数の増加も必要ということを考えると、人的物的施設の増加という物量作戦を中心にして問題解決を図るという方策はかなり気の長い話である。その二〇年の間、遅延した審理に泣く当事者の数はおびただしい数になる。その人たちの立場も考えてやらなくてはならない。こう考えてくると、結論は自ずから明らかである。裁判官や書記官の増員、法廷の数の増加だけでは訴訟の促進・充実は実現困難である。民事訴訟法の改正を含めていわばソフト面での対策が緊急に必要となっているのである。

民事訴訟法を全面改正すれば、実務慣行が自ずから改まり、審理の迅速、充実が成るというものではない。訴訟促進を目標にした大正一五年の大改正や、戦後の継続審理規則が現場の裁判官や弁護士の自覚と努力を得ること少なく成果を上げられなかったことは、その一例である。それゆえ、民事訴訟法の全面改正が当分見込めない場合は勿論のこと、将来改正が見込める場合であっても、実務慣行の改善努力は依然必要である。

四　弁論兼和解制度の認知

民事訴訟法の改正という点でまず問題になるのは弁論兼和解方式（第二回弁論以降、争点整理のために裁判官室等で争点を詰める方式）であろう。この方式は東京及び大阪の地方裁判所の実務の中から工夫され出てきたと言われており、争点の整理に有効であるとされている。

１　非開廷日にも開くことが出来るため、主張及び証拠の整理のためにより多くの時間をあてることが出来る。

２　弁護士の外、当事者本人も交えて、ラウンドテーブル方式で口頭の討論をすることが出来るため、間接事実や背景事情等を即座に聴取することが出来るし、書証や図面の説明も容易に理解できる。

３　実質的弁論により、裁判官は事件に対する見通しをつけることができ、弁護士も相手の主張及び証拠を考慮に入れた上での対応が可能となり、和解の機運も高まる。

要するに、争点の整理に便利で、しかも三者が共通の認識を形成しやすいと言うことである。

なお、最近公表された新しい様式による判決書の書き方では当事者との協議を通じて争点を明確にすべきことが要求されている。そのような協議の場としては弁論兼和解期日が最も適当である。この意味でも、弁論兼和解期日の認知が期待されているのである。

他方、この方式の問題点としては、争点整理を目的とすると称しながら、とかく和解に流れがちであること、等が指摘されている。

しかしなんといっても、最大の問題は公開原則との関係であろう。すなわち、憲法八二条は対審における公開を要求しているが、弁論兼和解も口頭弁論の一種に他ならないとすれば、やはり公開の場で開かれるべきではないか、現在のように裁判官室で非公開の下に行うのは憲法違反ではないか、と言う疑問である。

もっとも、現行民事訴訟法でも、すべての手続きが公開の下で行わなければならないものでは無く、例えば準備手続きは非公開でよいとされていることは、周知の通りである。

それゆえ、弁論兼和解については、現状では憲法上問題が残るから、立法によってはっきり準備手続きの一種と位置づけ、公開の必要がないことを明記すると言うことになろう。併せて、弁論兼和解方式が野放図に和解に流れないようにし、調書作成の要否についても立法上の解決を図る必要がある。

五　日本的証拠開示制度の必要性

審理、ことに交互尋問を充実させ、迅速に審理を終了させる為には、争点の整理が必要不可欠である。争点を整理するためには、単に双方の主張を突き合わせるだけでは不十分であって、証拠関係も検討して初めて真の争点が浮かび上がってくる。ところが、日本の民事訴訟制度の下では、いわゆる証拠開示制度が無いので、十分な争点整理が出来ない。

また、集中的証拠調べをするにしても、事前にすべての証拠が提出されていてはじめて行き届いた、効果的な尋問が期待できる。証拠調べを集中的に実施した後で、重要な証拠が提出されると、再度尋問をやり直す必要すら生じることが有り得る。これでは集中的証拠調べの理想が達成できない。それ故、アメリカ合衆国のような徹底した開示制度は無用にしても、少なくとも審理に提出予定の手持ち証拠くらいは早期に開示すべきものとする制度があって良い。証拠開示制度を真正面から認めることがむずかしければ、少なくとも、現行民事訴訟法上の証拠保全制度、求釈明制度、文書提出命令制度、等の適用要件を緩和して、日本的証拠開示制度をつくることを検討すべきである。

六　弁護士代理制度の尊重

現行民事訴訟制度は、弁護士代理制度の上に成り立っている。近代諸国において、弁護士代理制度が広く認められ、かつ実際にも機能しているのは、それが単に訴訟審理を効率的に進行させるのに便利であるとか、弁護士の方が法律に詳しいとか言うような単純な理由によるものとは思われない。むしろ、それは事実判断においても法的価値判断においても、裁判所には裁判所の見方があり、原告には原告の、被告には被告の見方があり、そして原告からみた真実や正義、被告からみた真実や正義は、弁護士が代理人として専門的知識を駆使して議論に参画して初めて法廷に顕出され、裁判官に認識されるものだという信念に基づいているように思われる。

それは、複数の真実、正義の可能性を前提にしているという意味において本質的に自由主義的であり、当事者双方が裁判官による判決形成に実質的に参画することを可能にするという意味において本質的に民主的である。このような弁護士代理制度は将来とも維持発展されるべきである。

裁判官が、弁論兼和解期日等において、弁護士の頭越しに当事者に発問をして争点を整理したり、心証をとったりすることは、この弁護士代理制度の基礎を掘り崩す危険をはらんでいるので慎重な対応が必要である。

なお、交互尋問が時間を要ししばしば遅延の原因となることから職権尋問制度の復活に関心を寄せる動きもあるようであるが、賛成しがたい。交互尋問制度は弁護士代理制度と密接不可分で、かつ訴訟の民主的運営とも深い関連がある。むしろ交互尋問制度を強化させその長所を発揮させる為に、前述の日本的証拠開示制度の採用をこそ検討すべきであろう。

七　審理計画の策定と期日一括指定方式の採用

第二東京弁護士会の「マニュアル試案」では、証拠整理期日において、当事者代理人も参加して、審理計画を策定することを提案している。この提案は、証拠調べから判決まですべての期日を一括指定して、訴訟の運営進行を管理しようとするものである。残念なことに、この提案はいまだ学界からも実務界からも然るべき評価をうけていないが、もしキチンとした審理計画が策定され、これに沿った運営がされれば相当な威力を発揮するはずである。

このような計画は、当事者代理人のみならず裁判官も拘束するものであるから、現場の弁護士・裁判官から歓迎されないことは計算に折込済みである。迅速な裁判を実現するためには、この程度の痛みは裁判官も弁護士も我慢すべきであろう。

なお、審理計画に双方代理人が参画することにより、事件毎に最も適切な審理期間を決めることができ、訴訟の迅速化に伴い発生しがちな画一化の弊害を回避することも可能となる。

八　和解の位置づけ

和解が民事訴訟制度において判決と並ぶ重要な紛争解決制度であることは周知の通りである。そして、それが訴訟の迅速な解決にも資するところから、和解を判決と同等の紛争解決制度として重視して行こうと言う意見も有力である。和解をこのように重視すること自体は間違いではないが、和解にはそれなりの限界があることも認識しておく必要がある。

実際にも和解は裁判所が考える程には当事者に歓迎されてはいないと言ってよい。

勝訴が見込める場合でも、遅滞した審理にしびれを切らして、やむを得ず和解を受け入れることは良く経験することである。また、敗訴の可能性が強い場合に、判決まで粘るという姿勢を示すことによって、相手方（すなわち勝訴を期待できる当事者）になお相当の日時と労力を必要とすることの無言の圧力をかけて和解に応じさせることも無いでは無い。このような場合、和解は、判決に比べ、正義の量をそれだけ目減りさせて紛争を解決していることになる。

紛争の早期解決と言う観点から和解を重要視することについては問題がある。訴訟が、二年もかかり、裁判官の負担が耐え難い程度に達している現状では、和解を早期解決の手段と考えたがるのも理解できないでは無い。しかしそれは、国民の裁判を受ける権利を犠牲にしてのものであって、所詮緊急避難の範囲を出ない性質のものである。

それゆえ、和解の位置づけについては、現行法に手を加える必要はないと考える。

九　仲裁制度との有機的連携

第二東京弁護士会民事訴訟改善研究委員会の活動の成果の一つに少額事件仲裁制度の導入がある。この制度は予想以上の実績を上げ、内外の注目を浴びた。

ところで、この制度が実験の段階を抜けて、広く全国の弁護士会に採用され定着するためにはなお解決されなければならないいくつかの問題が残っている。その一つは裁判所との有機的連携の問題である。例えば、裁判所に提訴された少額事件のうち当事者が仲裁の合意をしたものについて弁護士会その他の仲裁に服することが可能になれば、仲裁制度は一気に広がり、国民の間に定着する可能性がある。

そのような有機的連携は従前裁判所の手の届かなかった分野に司法的解決の光をあてることとなる。仲裁制度を国民のものとするためには、単に仲裁制度の規定を詳しくするだけでは足りない。訴訟と仲裁とを橋渡しする何かが必要である。

一〇　全面的改正か部分改正か

以上述べてきたことは、必ずしも民事訴訟法の全面的改正を必要とすることがらではない。法律の改正でなく運用の改善によっても実現可能なものが少なくない。率直にいって、私の関心は訴訟の充実促進の為に実務慣行の改善がどの程度可能かと言うことに集中している。それを越えた法の全面改正にはあまり関心がない。

私は民事訴訟法の全面的改正に必ずしも反対するものではないが、その具体的イメージが頭に浮かばないというのが実状である。弁護士強制制度とか、訴訟費用敗訴者負担制度とか、クラス・アクション制度とか、個別に論ずべき問題はそれなりに考えられるにしてもそれらが一つの体系をなして浮かび上がってこないのである。

おそらく、同様な感じを抱いている実務家は少なくあるまい。日常の業務の中に埋没していると、そこから大きくかけ離れた制度等というものを想像しにくい体質になってしまうのかも知れない。

聞くところによれば、日弁連は、特別委員会を設けて、訴訟現場の実状を調査し、そこから意見を汲み上げて、改正の参考にする計画を持っているという。しかし、現場の意見と言うことになると、積極論、消極論入り乱れて、収拾がつかなくなり、結局は無難な現状維持路線に落ち着く公算が大きい。果たして、現状を打破する程の積極的な結論を引き出せるかどうか、引き出せたとしても、現状維持論者の抵抗を押し切って、これを日弁連の正式意見となしうるかどうか、疑問なしとしない。

右のような理由もあって、私は民事訴訟法の全面改正（及び裁判官の増員問題）と実務慣行の改善とは区別して議論することを主張したい。

民事訴訟法の全面改正は、実務家のみならず国民、マスコミ、学者の意見を広く取り入れて、かつ外国の法制も参考にして、最新かつ理想的なものを作り上げることをもって目標とすべきである。そのためには、相当長期にわたる立法作業が必要である。

他方、実務慣行の改善は、民事訴訟法の改正をまつまでもなく、実行可能なものから順次実践に移して行くことが望ましい。そのために現行民事訴訟法ないし規則が障害となるならばその部分に限って改正すれば足りる。そのような実務慣行の改善及び部分的改正の成果が将来の全面改正にあたって参考とされることは望ましいことであるが、これを直接の目的とする必要はない。私が最も危惧するのは、民事訴訟法の全面改正の問題と実務慣行の改善の問題が混同されて議論され、共倒れになってしまうことである。

民事訴訟法の全面改正案が、目先の実務慣行の改善問題にとらわれて、中途半端なものとなることは国民にとって不幸なことである。逆に実務慣行の改善の努力が、民事訴訟法の全面改正の議論にエネルギーを吸収されてしまって、なおざりになることも望ましくない。民訴法の大改正は、法務省、最高裁、日弁連、そして最後は国会でじっくりと議論されるべき問題である。それは当然ながら、全国レベルの問題である。

これに対し、実務慣行の改善は、法務省、最高裁、日弁連が関与しなければならないものではない。それは、訴訟の現場で実務家が日々の工夫を積み重ねて模索してはじめて実現可能なことがらであり、裁判所、弁護士が関与するにしてもせいぜい地方裁判所と単位弁護士会が協議して調整すれば足りることである。

第五章　謙抑的和解論

――和解の判決手続きに与える影響を中心にして――

一　はじめに

他の国でも同じだと思うが、日本の民事訴訟法は判決手続きに関する規定を中心としている。和解に関するものは一三六条（和解の試み）、一四四条（調書への記載）および二〇三条（和解の効力）など、ほんの数条に過ぎない。和解は、民事訴訟法の条文の上では、全くの付随的なものとされている。しかし、現実の訴訟では和解が訴訟終了原因の三分の一以上を占め、判決に劣らず重要な紛争解決機能を担っている。(1) 法のたてまえと現実との間には明らかに乖離がある。

この乖離現象の反映として、法廷の現場では、和解について実に多くのことが裁判官の裁量に任されている。しかもそれは、判決形成手続きと未分離なかたちで運用されてきた。このような現象の下で、和解手続きが判決手続きに影響を与えたり、あるべき姿に歪みを与えたりすることは避けがたいことである。

訴訟上の和解についてこれまで、和解的解決自体の是非、判決との内容的比較などに関する議論がかなりされてきた。(2) しかし、両者が同一手続き内に混在することによる相互の影響如何という手続き的観点からの検討はあ

まりされてこなかったように思われる。(3)

そこで、主として訴訟上の和解の盛行が判決手続きにどのような影響を与えるかを概観し、あわせてそこから実務家が和解についてどのような姿勢をとったらよいか、を検討してみたい。(4)

二　和解手続きの現状

日本の民事訴訟手続きでは訴状が提出されると、一ヵ月程度たって第一回の口頭弁論期日が開かれ、訴状、答弁書が陳述される。その後数回の口頭弁論期日（いわゆる準備的口頭弁論期日）が開かれ、準備書面、書証等が提出されて主張が整理される。期日の指定は四〇日に一回程度の間隔で、一期日にあてられる時間は数分ないし一〇数分程度で、「五月雨型期日指定」などとも呼ばれている。(5)

主張の整理がある程度されると、代理人の申し出または裁判官自身の提案で、和解の可能性について打診が行なわれ、可能性がある場合には正式に和解を試みることについての勧告がされる。

和解のための期日は「和解期日」と呼ばれ、判決手続きを担当する裁判官（合議体の場合はその構成裁判官の一人）が主催し、通常は裁判官室ないし準備手続き室などの法廷外施設で開かれる。和解期日ではまず原告代理人および当事者が裁判官に呼ばれて和解の可能性および条件などについて事情を説明し、次に入れ替わりで被告代理人および当事者が呼ばれて同様の事情を説明する。

最初は双方の主張に隔たりがあるのが通例であるから、裁判官はさらに交互に双方を呼び入れて意見が一致するまで調整をする。その過程で、双方代理人は自己の依頼者にどこが有利でどこが不利か、もし和解が不調に終わって判決になればどのような結果が予想されるか、などを説明し譲歩が必要と思われるときには依頼者を説得する。裁判官が双方代理人に説得をして、一方または双方の譲歩を求める場合もある。

和解は双方の主張に大きな落差があるところから出発するので、一回で和解が成立することは稀である。通常は二回、三回と期日を重ね、稀にはそれが一〇回、二〇回に達することもある。和解期日は、一ヵ月程度の間隔で指定され、一回に三〇分ないし一時間程度があてられる。この間、判決手続は中断され、事実上棚上げ状態となる。

双方が譲歩を重ねた結果、意見が一致すると、裁判官は双方代理人、当事者を呼び入れる。書記官は和解手続きの間は立ち会わないのが常であるが、この段階では裁判官に呼ばれて立ち会う。

裁判官は、双方の面前で和解条項を口授し、書記官がこれを調書にまとめて、和解が成立する（民訴法二〇三条）。

期日を重ねても、和解成立の可能性がないことがわかると、裁判官は和解手続きを打ち切って、裁判手続きのための弁論期日を指定する。弁論期日を二〜三回重ねて争点を整理した後、証人および当事者本人尋問をするための証拠調べ期日が指定される。証拠調べ期日の間隔は概ね七五日程度で、一回の期日に一時間半ないし二時間程度があてられる。ごく一般的な事件でも人証の数は四名程度になるので、証拠調べ期日も三回、四回と重ねることが多い。この間、和解の気運が生じればいつでも和解手続きが再開される。民事訴訟規則は集中的な証拠調べ（いわゆる継続審理。同規則二七条）を原則と定めているが、実際にはこれが守られることは少なく、多くの場合は細切れ的に実施されている。

証拠調べが終わると、再度和解が勧告されることもある。この和解手続きが行なわれる間も、判決手続きは事実上棚上げとなる。したがって、和解が打切りとなるまでは判決の言い渡し期日は指定されない。

以上の結果、ごく一般的な事件でも、訴えの提起から判決まで平均二年程度を要する。和解で終了する場合の所要期間はこれより短いがそれでも平均では一年を超え二年に近いものとなる。(6)

右は、「和解期日」を中心とした説明であるが、最近は「和解期日」ではなく「弁論兼和解期日」で事実上和解手続きが進められることが多い。この場合には、準備書面の陳述や書証の取り調べが行われることがあるが、和解の進め方は「和解期日」で行なわれるのと変わらない。裁判所の資料などによると、「弁論兼和解期日」では「争点整理」が行なわれるものとされているが、弁護士からの報告では判決形成のための「争点整理」が当事者代理人にもそれとわかる形で行なわれている例は稀で、むしろ和解に必要な主張整理と渾然一体をなした形で運用されている場合が多い。(7)

和解の内容は必ずしも判決のように実定法にしたがって決められるものではない。したがって、証拠調べが終わり裁判所がいつでも判決をだせる段階で行なわれる和解でも、予測される判決内容と多かれ少なかれ異なるものとなる。まして、証拠調べを経る前の段階では、当事者双方の裁判官を仲介とした交渉により双方が合意出来たところが和解の内容となるので、実定法に基づく判決とは一致しない場合が多い。

訴訟上の和解の制度は元来、判決を求めて争う当事者間にたまたま互譲の気運が兆し、交渉の結果、話がまとまって和解に結実する、というような事態を想定したものであろう。しかし現実に行なわれる和解は、そのような古典的なものにとどまらない。最初から和解交渉を目的として訴えを起こすこともあるし、判決になれば敗訴は確実だがとりあえず和解狙いで応訴をしておこう、というような場合がある。これは裁判所が判決をする場であるだけでなく、和解交渉の場でもある（しかもその傾向が徐々に強くなっている）と言う現実の忠実な反映であ

る。(8)

三　和解が判決手続きに与える影響

1　和解の効能とコスト

訴訟上の和解は判決手続きの色々な面で影響を与えている。

訴訟上の和解が成立すると訴訟手続きは終了し、それ以後の判決形成に向けた諸作業（争点整理、証拠調べ、判決書作成、上訴等）は不要となる。それにより、判決までに必要とされる時間、裁判官・書記官および弁護士の労力、法廷などの物的設備、のいずれをも節約できる。ときには和解が履行の確保を容易にすることから、執行面での節約にもつながる。

実体的には、和解は当事者の互譲によって成立するから、判決で示されるはずの結果と多かれ少なかれ異なり、それに変更を加えることになる。ときには、判決によっては取り込むことのできない紛争の全体的な解決のための諸条項を盛り込むこともできる。

以上は、和解の影響の内、プラス面に注目したものである。しかし、和解手続きが併存することによる判決手続きへの影響は、右のようなプラス面に尽きるものではない。

和解のために行われた作業、またはそこから得られた成果としての情報は、和解が打ち切られたとき、ただちに判決形成のために転用できる性質のものではない。例えば、和解手続きに使用された時間は、判決形成のためにはほとんど有効性を持たずまるまる無駄になる。その間に投入された裁判官や弁護士の労力についても同様である。

和解手続き（弁論兼和解）中に取り交わした準備書面や、争点整理の結果など、部分的には判決手続きに転用出来るものもないではないが、転用できないものに比べ、量的にごく限られている。

こうして、和解手続きが不成立に終わったときは、その間に投入された時間や労力が無駄となるという意味で、訴訟手続き中で和解を行なうことは一種のリスクがともなう。しかし、このようなリスクは、和解の試みが成功するかどうかやってみなければわからず、成功すればそれなりの成果があるのだから、和解という制度に伴う一種のコストであると割り切るべきであろう。

2　影響のマイナス面

和解の将来を考える際最も重要なのは、和解が判決手続きと併存することにより判決手続きに質的な意味でマイナスの影響を与えて、本来あるべき姿を変質させたり、歪みを与えてはいないか、ということである。

以下、①五月雨式期日指定、②和解手続き開始にともなう判決手続きの中断、③和解目的の「争点整理」、④和解手続き中での「心証形成」、の四項目に絞って検討してみよう。

㈠　五月雨式期日指定

訴訟の迅速な進行という点から考えれば、弁論期日は判決形成に向けて最短の日程で指定され、回数も必要最少限で済ませるのが合理的である。しかし、現状は準備的口頭弁論（争点整理段階）で四〇日程度、証拠調べ段階では七五日程度の間隔の、いわゆる五月雨的な期日指定が一般的に行なわれている。一回の期日に使われる時間は準備的口頭弁論で数分ないし十数分程度、証人尋問でも二時間程度が普通である。(9)

なぜ、そのような細切れの期日指定がされるのか。一見するとそれは裁判官が多忙で時間的余裕をもたないことに起因するように思われる。しかし、和解手続きのためには裁判官も三十分ないし一時間の時間を割いていることを考えると原因はそれだけではないことがあきらかである。書記官や法廷などの人的物的施設の不足、当事者・代理人弁護士の準備の都合等という理由もあろう。が、それだけでなく、裁判官、弁護士の双方に、「いずれは和解の機会もあるから」と言うような和解頼みの心理が働いて、時間と労力を格段に要する証拠調べに突入することをためらわせている面がある。(10)

あくまでも仮定の問題であるが、もし訴訟手続きから和解手続きが分離され、訴訟が起きたら必ず判決という形で終わるということになれば、関係者はより真剣に判決形成を目指し、期日指定ももう少し集中的なものになると予想される。

㈡　和解手続き開始による判決手続きの中断

和解のための手続きは、判決形成のための口頭弁論期日と切り離して、別の日に別の場所（多くは判事室ないし準備手続室）で行なうのを通例としてきた。この手続を行なう日は「和解期日」と呼ばれているが、民事訴訟法上はこのような特別の期日が定められているわけではない。和解期日は、口頭弁論期日の合間を縫って指定される（したがって判決手続きと和解手続きが同時進行する形となる。以下並列方式と呼ぶ）場合もあるが、多くは次回の口頭弁論期日を指定せずに和解期日だけを指定して（したがって判決手続きの進行は事実上止まった形となる。以下直列方式と呼ぶ）、和解手続きに専念する方法が採られている。

訴訟手続きが元来判決形成を目的とするものであり、和解がこれに付随する手続きであることを考えると、並列方式で足りる筈である。おそらく沿革的にはこのような方式がまず行なわれ、徐々に現在のような直列方式が優勢になってきたものと推測される。直列方式は和解手続きが始まれば、判決手続きを一時棚上げにして和解成立に賭けるものであるから、それだけ和解を重視する立場につながる。和解が成立すれば、その後に予定されていた判決形成のための諸手続きを省略出来る点で、資源の節約にも通じる。他面でこの方式は、和解手続きが進行する間、判定手続きを進めないのであるから、和解が不調に終わった時の判決手続きはそれだけ遅くなるという欠点を持つ。実務の大勢が直列方式になっているのは、和解の比重が高まり、判決手続きに与える影響がそれだけ増大していることを示すものである。

「弁論兼和解」についても右のことがそのまま当てはまる。「弁論兼和解」は近年、法廷の現場の中から自然発生的に工夫されて全国に広がってきたもののようであるが、当初は「和解兼弁論」と呼ばれていることからもわかるとおり、和解が中心で弁論もあわせて行なえるようにするためのものであった。弁論もできる点に着目すると、一見「判決手続き」を重視する姿勢につながるようにも見えるが、実態は、従来法廷における口頭弁論でしか行なわれなかった準備書面の陳述、書証の取り調べをも、簡便に法廷外の「弁論兼和解期日」で行なえる取り扱いにしようというものであるから、和解重視の姿勢をさらに強めた結果であると見るべきであろう。

その後、東京地裁、大阪地裁を中心とするいわゆる審理充実方策案の提言、弁護士会側からの訴訟促進充実案の影響もあって「弁論兼和解」は、和解勧試重点型（および本人訴訟対策型）に加えて争点整理重点型が強調されるようになった(11)。しかし、後に述べるとおり、その運用の実態はなお和解に重点が置かれていて、真に「争点整理」がされているとは言いがたい(12)。

将来、真の意味で「争点整理」がおこなわれるようになればともかく、現状を見るかぎり「弁論兼和解」は和解手続きの一環という性格を色濃く持っていると言わざるを得ない。換言すれば、「弁論兼和解」の実態は和解の盛行に寄与するものではあっても、判決手続きの効率化ないし充実に寄与するものに未だなっていないのである。

㈢　和解のための「争点整理」について

民事訴訟手続きの充実・促進が裁判所、弁護士および民事訴訟法学者によって盛んに論じられるようになると、「争点整理」という言葉が一つの流行語のようになった。もう一つの流行語になった「弁論兼和解」においても、それが和解を主たる目的にして裁判官の中に自然発生的に工夫されて行なわれはじめたものであるにも拘らず、最近は弁護士会からの提言の影響もあって「争点整理」重点型が強調されている。[13]「争点整理」をめぐるこのような情勢から考えると、外部の人は、実務で盛んに「争点整理」がされているかのような印象を抱くのではなかろうか。しかし、少なくとも東京では弁護士会が提言しているような意味での争点整理（裁判所と双方代理人が膝突き合せて腹蔵なく議論し、真の争点を浮き上がらせるというような形の争点整理）はあまり実行されていない、というのが筆者の偽らざる実感である。周辺の弁護士も同様な感想を洩らしている。[14]

ところが、裁判官の発表する印刷物では右のような弁護士側の実感とは、やや傾向を異にし、かなり積極的に「争点整理」が行なわれているかの如く記されている。[15]一体弁護士と裁判所との間のこの認識の食違いは何に由来するのであろうか。

考えられる原因の一つとして、裁判官が和解を成立させるための主張の整理をも「争点整理」の概念に含ませているのではないか、ということを挙げることができる。和解も訴訟手続き上、重要な紛争解決手段であるから、その解決に必要な整理は当然「争点整理」に含ませるべきである、という考えは一つの考え方ではある。実際のところ、判決形成に向けた「争点整理」と言い、和解成立に向けた主張の「整理」と言い、双方当事者間の主張を法的観点から整理することが必要不可決であると言う意味で、共通性をもつ。

しかし、両者は同じ「整理」といっても本質的な点で異なる面をもつ。判決形成に向けた「争点整理」は、なによりも証拠調べを効率的に行なうためのものであり、双方の主張のうちで何が食い違っているのか、不一致点を浮き彫りにする作業である。それはその不一致点に集中的に証拠を投入するための準備作業という性格をもつ。

他方、和解に向けた「整理」は両当事者の主張のうち一致点を確認しあう作業である。それはその一致点を起点にして、「互譲」により一致できる部分を拡大しついには紛争を解消させるための準備作業という性質をもつ。したがって和解手続きでは、不一致点にはあまり触れないことが普通で、これに触れて徒に自己の主張を繰り返してはまとまる和解もまとまらない。

和解目的の主張整理は、判決形成に向けて双方の主張の不一致点を問いつめ証拠調べの対象範囲を確定するという「争点整理」の目的には馴染まない。それは判決手続きに弛緩をもたらし、効率性を損なうという点では有害ですらある。換言すれば、和解のための「争点整理」は真の争点整理から見ると夾雑物に過ぎず、これが混入することにより、判決手続きの混乱を大きくする可能性がある。

(四)　和解手続きにおける「心証形成」について

和解手続き中の裁判官の心証は、和解手続きで事実上示された文書、和解に同席した当事者ないしその周辺の関係者の説明などはもちろんのこと、和解に対する当事者の姿勢などからも形成される、と弁護士たちは信じている。裁判官や元裁判官の中にも和解から事実上の心証が形成され、これが和解不成立の場合の判決形成に影響を与えることがあることを率直に認める者もいる。(16)

本来和解手続きにおけるやりとりは和解手続きかぎりのこととすべきもので、判決手続きに影響を与えることは望ましいことではない。しかし、判決手続きを主催する裁判官が同時に和解を行なう現在のやり方では、実際上ある程度の影響を受けることは否定しがたいことであろう。

和解手続きにおける心証の影響を完全に断ち切るためには、和解を主催する裁判官と判決手続きを行なう裁判官を別にしなければならない。しかし、和解手続きをおこなう裁判官が判決を書かないとすると、和解をまとめるために必要な影響力ないし説得力を失うという別の問題が生じる。是非は別として、訴訟上の和解の最大の特徴は、判決の結果を見据えて裁判官が強力な影響力を発揮して、和解に漕ぎ付ける点にある。それは判決を担当する裁判官が和解をも担当するからこそできることである。その影響力がなくなると、調停と区別出来なくなってしまう。それ故、和解手続きと判決手続きとで担当する裁判官を別にするという案の妥当性については、やや疑問がある。

しかし、同一の裁判官が両手続きを主催する現行制度のもとでは和解手続きで獲得した心証が事実上判決形成に影響を与える可能性があることは率直に認めて、意識的にこれを排除するような努力が必要であろう。

3　和解手続きと判決手続きの分離の必要性

以上述べた和解の影響は、判決の適正を確保するという点から見ると、殆ど問題とするに足りないことばかりである。例えば、五月雨型口頭弁論期日の指定は、期日が細切れに指定されるため審理期間が長くなるだけで、判決の適正、不適正とは直接的関連性をもたない。

和解手続きの開始により、判決手続きが中断されたり、「争点整理」という名目で和解のための主張整理が行なわれていることについても同様のことが言える。和解手続きの中で得られた心証を判決形成に利用することも、手続き的正義という点で問題があるにしても、判決の結論自体を誤った方向に導くことには直接繋がるものではない。場合によっては、和解交渉の中で当事者の率直な意見をきくことによって、むしろより実体的真実に近付けることすらありうる。

しかし、判決手続きを充実させ、迅速に解決すると言う点から見ると、五月雨型期日指定も、直列方式による和解期日の指定も、和解目的での「争点整理」も、大いに問題がある。判決形成の作業の中に和解目的の作業が混入することにより、判決手続きが弛緩し、判決迄の期間の遷延の原因となるのである。

和解手続き中で得られた心証の判決形成手続きへの流用の問題はこれとはやや趣を異にするが、当事者および証人からの心証は口頭弁論期日の枠のなかで形成するという原則を風化させ、結局は判決手続きの弛緩をもたらす点で共通する。

このような弊害は、判決手続きと和解手続きが未分離で、ない交ぜになっていることによって生じる。両者を区別し、判決手続きの純粋性と効率性を確保することが必要である。

四　和解の位置付け

1　和解に対する評価について

和解が判決手続きに影響を与えている事実は、実務家が日々の法廷業務のなかで体験的に感じとっているはずである。とすれば、このような影響についてどう考え、どう対処するかも検討されて当然であるが、今までこの問題はあまり大きく取り上げられてこなかったようである。あるいは、裁判官が多数の事件を効率的に処理する必要に駆られて止むを得ず和解的処理を多用し始めたところ、意外に好評でそれが和解の盛行に拍車をかけたという経緯から、[17]和解の積極面が強調され過ぎ、消極面にまで目が行き届かなかったということかもしれない。

ところで和解が判決手続きに与える影響をどう評価するかという問題は、和解と判決との相互関係の理解如何によって結論も異なってくる。判決を重視する立場に立てば、和解の影響は出来るだけ排除するべきであるということになろうし、和解に判決と同等ないしそれ以上の評価を与えることが出来るならば現に生じている和解の影響に目くじらを立てる必要はないということにもなろう。そのためにも和解の評価をどうするかはきわめて重要な問題である。

和解の実態を厳しく見据えて過不足のない適正な評価をすることは私の能力を超える。しかし、和解が前述のような実際的な理由から必要に迫られて利用されるに至ったという経緯も絡んでか、実務家による和解の評価はやや甘きに失しているようにも思われる。

そこで、和解の「長所」とされるいくつかの点について若干の紙数を割き、私が訴訟の現場で見てきたことを率直に報告しよう。

2　「妥当な解決」

訴訟上の和解のすぐれている点としてしばしば挙げられるのが、「実情に即した公正・妥当な解決」ということである。[18]実定法を前提として判決によって解決しようとすると「公正・妥当」を欠く結果になることがあることを前提にして、これを条理とか常識等を基準にして処理することによって、修正していこうというものである。

しかし、現実の和解の多くはごくありふれた事件に関するものである。実定法によっては公正妥当な解決を期待できない程に困難な事件がそう多くあるものではない。実定法に基づき判決で解決しても十分に妥当性を確保できる場合にも広く和解は行なわれている。

また、和解的解決が「妥当性」で勝れているといわれる場合、証拠上は容易に原告勝訴とも被告勝訴とも断定しがたい事件についてオール・オア・ナッシング的な解決を避けて、訴訟上の利益を適当に分け合うのが正義に適う、ということを意味する場合もあるようである。しかし、オール・オア・ナッシング的な解決が適当かどうかは証拠調べを尽くしてはじめて判断できることである。実際の和解の多くは証人および本人尋問を実施する前の段階で勧告されている。また、証拠調べを経てもなお真偽不明な場合には立証責任の分配原則によって処理することもできる。それゆえ、このような観点からの和解は言われるほどには多くないと言ってよいであろう。

和解を積極的に評価する意見の中には、実定法に基づく判決の結論如何に必ずしもとらわれず、「当事者間の紛争の実態に着目し、実情に即した妥当な解決をするための手段として和解が存在している」と主張するものがある。(19) この考え方は、「正義ということよりも当事者にとって妥当な解決ということを重視」する立場であり、和解が「当事者の合意」に基づくものである点に着目し、そこに正当性の根拠を求める立場でもある。しかし、このような考え方は、一般的な和解や調停には当てはまっても、訴訟上の和解にまで妥当するものかどうか、疑問である。後述のとおり、訴訟上の和解は、訴訟手続きという限られた空間の枠の中での解決であるだけでなく、裁判官および弁護士の説得の結果得られるものである。そこには常に強制的要素が絡んでいるのであって、これを欠いては和解的解決の成立の可能性も低くなり、その効用も限られたものになるであろう。この意味で、訴訟上の和解は単なる自主交渉による解決とは異なる面を持つ。

和解的解決の「妥当性」を強調する立場は、同一の訴訟手続き内に判決の基準になるべき第一規範（判決規範）と、それからやや離れた第二の規範（和解規範）が共存することを容認する途に通じる。[20]このようなダブルスタンダード（二重基準）をそのまま認めたり、あるいはこれを強化したりしてよいかどうかは、司法の将来を決する大問題である。国際化が進む中で、欧米を中心にした外国の人々にはこのような二重の規範の存在は理解してもらえず、司法摩擦の原因ともなりかねない。

私は、二重の規範を一元化する努力が必要であると思う。

成文法国である日本では、一元化のために、法律を国民の規範意識にそったものに改める努力はもちろん必要であろうが、議会を通じた立法活動だけでは、日本人の心の襞の奥深くまで分け入っての規範の制定が可能であるとは考えがたい。むしろ、個々の紛争を解決する中で、法廷の現場での具体的な議論を通じて形成される、判例法にこそより多くの期待を寄せることが出来るのではなかろうか。

我々はともすれば、和解規範の方に身を寄せて、「実情に即した適正妥当な解決」を追求しがちである。しかし、それが和解にとどまるかぎりそこで適用された規範は個別的なもので終わる。それは、判例法という形で普遍的な正義を形成する機会を永遠に失ってしまうのである。訴訟手続きにおける当事者代理人の弁論や裁判官の判断は、正義のシステム構築のためにまたとない貴重な公共的資源を構成している。それは可能なかぎり正義の総量を増幅するために活用されるべきであろう。[21]

3　「自治的（または自主的）解決」

訴訟上の和解は、裁判官が介在するとはいえ、両当事者の合意に基づくものであって、その限りでは文字どおり自治的（自主的）解決である。[22]しかし、それは、法廷外の任意の交渉とは本質的に異なる面をもっている。被告から見ると、和解交渉の前提として訴訟が存在する。和解による解決か、それとも和解を打ち切って判決によって判断してもらうのか、二者選択を迫られた状況下での意思決定である。被告は訴訟の枠の外に出て自由に判断するという途を塞がれている。その意味で、被告の自由は、訴訟と言う檻の中での自由に過ぎない。原告もいったん訴訟を起こした後は、自由と言う点では被告とさほど異ならない。被告が本案について答弁書や準備書面を提出したり、口頭弁論をした後ではその合意を得なければ訴えを取り下げることは許されない（民訴法二三六条二項）。

何よりも、原告、被告を通じ、弁護士によって代理されている場合は、訴訟の進行を弁護士が主導する結果、訴訟手続きを終了させるには事実上弁護士の同意が必要である。弁護士はいったん訴訟手続きに乗せた以上、判決または和解による外はそう簡単に取り下げなどをしない。いずれの当事者も、いったん訴訟になったからには、その手続きの枠の中で解決せざるを得ないというのが実情といってよい。

和解はそのような限られた空間の中での解決であるだけでなく、裁判官と弁護士の説得の結果得られるものであって、単なる自主交渉による解決ではない。しかも、裁判官による説得は裁判官の権威をバックにしているという点で、また各代理人による依頼者の説得は弁護士の権威ないし信頼感をバックにしている点で、いずれも当事者の意思決定に大きな影響を与える(23)。

そして、当事者は、訴訟手続という檻の中では全くの無能力者にも似たか弱い存在である。当事者は和解を自分の意思で拒否できることを一応は理解しているが、裁判官や自分の弁護士の説得をはね除けて和解を拒否しても結局は、判決手続きの中で代理人に依存せざるをえず、最後には裁判官の判断を仰ぐことになることを知っている。そのようなことを考慮して、心ならずも不満足な和解に応じてしまうことも少なくない。そこでは当事者の選択の自由はあるようでいて、無いに等しい。

こうして、和解に至る過程では、二重三重の、強力な、かつ相当長期間にわたる説得活動がされるのが普通である。これらの説得は通常、裁判官や弁護士の専門的知識を動員して行なうものであるから、客観的には合理性を具えたものが多いであろう。

しかし、右のような説得の結果成立する現実の和解は、弁護士代理人と区別した意味での当事者から見るかぎり、「自主的」とか「自治的」とか言う名で美化するにはやや問題が残るのである。

4　「迅速な解決」

和解は迅速な解決に役立つ、といわれている。弁護士なら誰でも、判決まで行ったら相当時間がかかりそうな事件について、裁判官の適切な仲介で和解が成立して比較的短期間に解決出来た経験を一度ならずもっているはずである。
しかし、和解手続きに入ったためにかえって無駄な期日を使って、その挙句に和解せずに判決にもつれ込み、結果として和解手続きが訴訟遅延の原因になることも少なくない。和解で終了した場合でも、むしろ和解などせずにすぐに証拠調べに入り判決してくれたほうが早かったのではないかと思うこともときどきある。統計でみても、訴え提起から事件終了まで六ヵ月以上の期間を要した事件（これは一応訴訟事件らしい事件といって良いであろう）については、判決終了事件で二七・五ヵ月、和解終了事件で二一・五ヵ月とその差は僅かである。[24]
ところで、裁判所から見て、和解には手続きの早い段階で成立すれば、証拠調べが不要となり、浮いた時間や労力を他の事件の処理のために使えると言うメリットがある。裁判官が和解の「迅速」性を強調する場合には、このような意味での効率性、省力性を重視するものが含まれている[25]。これは、和解の多くが証人および本人尋問という判決手続きの中で最も時間と労力を要する作業をする前の段階で行なわれるという事実を見ても容易に推測出来ることである。

それゆえ、和解的解決における迅速性は、当事者にとってのメリット（これも勿論ある）と並んで、裁判所のメリットという意味を含んでいる。このような点も訴訟制度全体の効率的運営という観点から大いに重視されてよいことである。しかし、それが当事者の利益とは別個の裁判所ないし裁判官の職業的利害に関わるものであるという事実だけはきちんと押さえておく必要がある。

職業的利害ということから言えば、裁判官のことだけを取り上げるのは不公平であろう。弁護士も、裁判官に負けず劣らず、和解を好む。その原因を突き詰めていくと、和解の方が手間暇をかけずに早く紛争を解決出来るという事実に行き着く。ややこしい事件について、弁護士が依頼者の和解による解決を勧めるとき、判決になったときの敗訴の危険性を未然に回避する等、依頼者の利益を第一に考えることは勿論である。しかし、副次的に判決までの長い道程を思い、出来ればその煩わしさを回避したいという誘惑に駆られることが全くないと誰が言い切れるであろうか。

裁判所および弁護士が和解の長所として、「迅速性」を挙げるとき、そこに実務家固有の職業的利害が微妙に反映していることを率直に認めなければならない[26]。

5　「円満な解決」

和解は、双方が譲歩し互いに相手の「顔を立てる」という点で、「和」の精神を尊ぶ日本人にとっては馴染みやすい解決方法である。それは「和解」という語が示すとおり、「円満な解決」でもある。少なくとも、訴訟手続きとは無関係に行なわれる和解（いわゆる示談）についてはこのことが当てはまる。

しかし、訴訟手続きの中で行なわれる「訴訟上の和解」については、やや事情が異なる。

訴訟は原告、被告の激しい利害対立が頂点に達して、交渉や仲介では解決出来ないほどになって、止むを得ず起こされる。その両当事者が和解によって「円満」な状態に復帰するということは普通にはありえない。和解は、当事者にとっては常に、譲歩を余儀なくされた分だけ、欠けた部分がある。和解に応じるのは心から自分の非を悟ってのことではない。訴訟手続きという檻の中で、生殺与奪の権をもった裁判官と唯一の頼みとする弁護士の双方に強力に説得されて、渋々和解に応じるのである。

和解によって「円満な解決」が出来たとして満足感に浸れるのは、むしろ裁判官と弁護士かもしれない。弁護士にとって、和解は第一に敗訴の危険性を回避し、敗訴にともなう当事者の恨み言や悲しみの姿を見ないですむ。第二に敗訴の危険性とも関連するが、せっかく長い間手塩に掛けてきた事件が敗訴して報酬をもらえなくなる危険性を回避出来るという点でも「円満」の名に値する。ただ弁護士の場合、厳しい和解条件を受け入れざるをえなかった依頼者の苦悩を思うと、その満足感にもやや陰りが残るのであるが。

裁判官にとっては、和解で事件を終局的に処理でき、しかも将来控訴されて自分の判断の是非が上級審で審査される危険性を断ち切るという点で満足すべきことである。しかも、判決書による黒か、白かを自らが判断するという気の重い作業（それはどう転んでも角のたつ仕事である）から解放される。いずれの点でも和解は「円満」の名に値する。

こうして見ると、和解の評価は、当事者と、弁護士、裁判官とでは微妙な差があると言わなければならない。(27)

「和」を尊ぶ日本的伝統の中にいる裁判官や弁護士は、和解で紛争が「円満」に終了したと満足しても、当事者はかならずしもそのような心境にないのである。

6　和解の位置付け

以上、述べたところから分かるとおり、和解の「長所」とされる諸点は、それなりに問題を含んでいるのが実情であって、これをもって和解を判決と同等ないしそれ以上の地位に高める論拠とはなしえないものばかりである。

それゆえ、訴訟上の和解は、民事訴訟法の立法趣旨に添って、判決手続きの副次的かつ補完的地位に留まるのが穏当であり、和解の判決手続きへの影響は可能なかぎり排除されるべきである、と考える。

五　和解に関する謙抑的姿勢

訴訟手続きは国民、依頼者のための制度であるから、和解についての実務家の都合によってあるべき姿が歪められてはならず、殊に訴訟制度の根幹である判決手続きの効率性、純粋性を損ねないようにしなくてはならない。そのような観点から、和解の運用についてかくあってほしいと思うことを列挙すれば、次のようなことになろうか（理由は、既述したことと重複するので省略する）。

①　和解期待で五月雨式の弁論期日指定に走ることを避ける。証拠調べは集中的にする。

②　弁論兼和解における争点整理は判決形成を目的にし、和解目的の主張整理とは区別して運営する。

③　和解手続き中でも、実施可能な判決手続きは弁論期日を入れて同時進行させ、遅延を防ぐ。
④　和解の可能性があるからといって、証拠調べを先行させることをためらわない。
⑤　和解手続き中で得た心証を、できるだけ判決形成に使用しないように心がける。
⑥　和解で解決するのと同じ内容のことを判決でも実現出来るときは、当事者双方が自発的、かつ真摯に和解を望む場合を除き、判決による。

以上、大きく見るといずれも判決手続を主、和解手続を従とする姿勢を明確にし、両手続の混淆を避け、ことに和解手続が判決手続に悪影響を及ぼさないようにするための提言である。これは、民事訴訟法が予定する本来の位置に和解を引き戻すことにも通じる。

ところで、近時裁判所および弁護士会を中心にして、民事訴訟の遅延に対処するための実務慣行改善の努力が盛んになされている。そこでは、和解を積極的に利用して行こうという考え方が有力である。

私の前記提言も、和解の有用性を否定するものではなく、まして民事訴訟の遅延を放置してよいと主張するものでもない。また最近の裁判所と弁護士会の協働による民事訴訟改善の動きに異議を差し挟むものでもない。裁判所と弁護士会、裁判官と弁護士は、各々の役割は異なっても、訴訟機能の充実強化に向けて共同戦線を張ることを今後とも堅持すべきである。

しかし、その動きの中に、和解を訴訟促進の主役に据えようとする意見があって、訴訟運営に影響を与えているとすれば一考を要する。私は訴訟の充実・促進は判決手続を研ぎ澄ませることによって実現することを主とするべきで、和解は判決手続に悪影響を与えぬ範囲内で動員されるべきであると考える(28)。

裁判所が全ての事件を判決で処理するほどの人的・物的施設を待たず、弁護士もこれに対応できる体制にないことは周知の事実である。和解を積極的に利用することによって、どうにかやり繰りしているのが現状である。そのような危機的状況のもとで、和解手続について右のような厳しい運用を要求することは、理想に走りすぎると批判されるかもしれない。かく言う私自身、和解を好む傾向を色濃く持っていて、日常的に和解的解決のお世話になっているのが現実であるから、どの程度右のような主張に責任を持てるのかと問われれば、はなはだ自信がない。

しかし、民事訴訟の将来を考えると、和解手続をあるべき位置に引き戻し、判決手続の効率性と純粋性を擁護していくことは司法に携わるもの全体の責務であることも確かである。

あれを思いこれを考えると、実務家に今出来ることは極めて限られたものに止まりそうな気もする。私の前記提言も、裁判所と弁護士会、裁判官と弁護士の協働による実務慣行改善に向けた努力の中で、漸進的に実現されて行くべきものであろう。

それにしても、実務家は和解を必要以上にもてはやすことを慎み、判決手続が訴訟制度の原点であることを日々心の中で反芻する謙抑的な姿勢を持ち続けることは可能なはずである。そうして、実務家がそのような謙抑的な姿勢を保つことこそが、結局は実務慣行の改善・工夫を通じて判決手続を切れ味良く、かつ利用しやすいものに仕立て上げていく途に繋がるのであろう。

（1）　最高裁判所事務総局編『平成二年司法統計年報1民事・行政編』一三八頁（一九九〇年）。

（2）　遠藤誠「憂うべき和解調停の盛況」法時三三巻四号八〇頁（一九六二）、太田知行＝穂積忠夫「紛争解決方法としての訴訟上の和解」『法社会学の現代的課題』二八九頁（岩波書店、一九七一年）、田中豊「民事第一審訴訟における和解について——裁判官の役割を中心に——」民訴三二号一三三頁（一九八六年）、後藤勇「民事訴訟における和解の機能」『訴訟上の和解の理論と実務』一頁（西神田編集室、一九八九年）、大石忠生＝加藤新太郎「訴訟上の位置づけ」同二二頁、草野芳郎「訴訟上の和解についての裁判官の和解観の変遷とあるべき和解運営の模索」判タ七〇四号二八頁（一九八九年）、小島武司＝加藤新太郎ほか『民事実務読本II』一九二頁（東京布井出版、一九九〇年）など。なお交通事故に関するものとして、倉田卓次「東京地裁交通部の和解中心主義とその功罪」判タ二一二号一頁（一九六七年）。

（3）目についたものとして、石川明「和解裁判官と訴訟裁判官の役割衝突」判タ五二五号七四頁（一九八四年）、西野喜一「判決と和解の相互関係」（上）判時一三七一号三頁、同（下）一三七二号三頁（一九九一年）。

（4）本章タイトルの「謙抑的」という語は、萩原金美「調停理論の再検討」『講座民事訴訟①』（弘文堂、一九八〇年）二五三頁以下で説かれている、調停の法解釈及び運用を通ずる基本原理としての「謙抑主義」という用法に触発されたものである。ただし、本章における「謙抑」の意味内容は、右萩原論文におけるそれと必ずしも同一ではない。

（5）以下の訴訟および和解手続の実情についての詳細は、日本弁護士連合会第一一回司法シンポジウム記録「国民の裁判を受ける権利（二）——民事裁判の現状と課題——」一九頁以下参照（一九八七年）。なお、東京地方裁判所においては、右シンポジウムが開催された一九八六年当時に比べ、口頭弁論期日および証拠調べ期日の間隔がやや短くなり、判決および和解による解決までの期間も若干短縮の傾向にある、というのが私の実感である。

（6）判決および和解による解決までの期間については、最高裁事務局の司法統計年報があるが、同統計は欠席裁判によるものおよび事実上認諾に近い判決や和解を含めた数字であるので、弁護士の実感とややかけ離れている。これらの影響を排除した実質的期間の試算例として、那須弘平「民事訴訟遅延と弁護士の立場」判タ六〇三号三五頁以下（一九八六年）。

（7）小山稔「争点整理管見——民事弁護実務からの体験的考察——」判タ八一五号四三頁（一九九三年）。なお、裁判所ないし裁判官側からの資料として、最高裁判所事務総局編「民事訴訟の審理を充実させるための東京・大阪地方裁判所の方策案」（一九七八年）、司法研修所編『民事訴訟のプラクティスに関する研究』（法曹会、一九八九年）九三頁以下、松山恒昭「民事訴訟の審理について――審理の充実・促進をめぐる近時の動向を中心として――」山口県弁護士会会報（一九九〇年）、田村洋三「民事集中審理について（上）」判時一三八三号（一九九二年）六頁、石垣君雄「民事訴訟の現状と運用改善の動向」民訴三八号五九頁以下（一九九二年）。

(8)　このような観点からの最近の文献として、新堂幸司ほか『裁判内交渉の倫理・和解兼弁論を考える』（商事法務研究会、一九九三年）。

(9)　日本弁護士連合会・前掲注(5)二〇頁。

(10)　矢口洪一「私の履歴書」日本経済新聞一九九二年二月二九日朝刊は、日本の裁判で、欧米の集中審理方式が根づかないこと、和解が成果をあげていることを指摘している。この二つの現象は深いところでつながっているように思う。

(11)　後注（13）参照。

(12)　後注（14）参照。

(13)　司法研修所編・前掲注（7）九五頁。

(14)　小山稔・前掲注（7）四三頁。

(15)　司法研修所編・前掲注（7）七三頁以下。中田耕三「民事訴訟の適正かつ効率的な運営について」民商一〇〇巻六号九二一頁（一九八九年）。なお、いわゆる新様式の判決書においても、裁判所と双方当事者代理人との間で争点整理を徹底することが前提とされている。東京高・地裁民事判決書改善委員会＝大阪高・地裁民事判決書改善委員会「民事判決書の新しい様式について」判タ七一五号四頁（一九九〇年）。

(16)　西野喜一・前掲注（3）（上）四頁、山木戸克己外「座談会・民事訴訟における審理の充実と促進」民商一〇〇巻六号九九三頁（一九八九年）における中田発言。
(17)　草野芳郎・前掲注（2）二九頁によると、当初事件処理の必要性から和解を活用しはじめたところ、当事者に好意的に受け入れられたという現実に直面して、和解に対する評価も積極的に変化していったという。その反面で、当然問題とされて然るべきであった判決手続きへの影響の検討がやや等閑に付されたのであろう。
(18)　田中豊・前掲注（2）一三四頁以下、後藤勇・前掲注（2）一七頁以下、草野芳郎・前掲注（2）三四頁。
(19)　草野芳郎・前掲注（2）二九頁。
(20)　太田知行＝穂積忠夫・前掲注（2）三〇頁以下、草野芳郎「和解手続において裁判官と当事者が果たすべき役割」竜嵜喜助還暦記念論文集『紛争処理と正義』（有斐閣、一九八七年）四五八頁。なお調停における同様な問題につき、民事訴訟法学会のミニ・シンポジウム「調停について」における竜嵜喜助氏の報告（民訴三二号一八七頁（一九八六年））。
(21)　水俣病訴訟における和解手続きへの国の参加をめぐる加藤一郎氏の発言（「司法と行政――水俣病をめぐって」判タ七八二号二頁（一九九二年））とこれに対する同弁護団の松野信夫弁護士による反論（「和解勧告に関する一考察――水俣病訴訟をめぐって」判タ七九二号五二頁（一九九二年））の論争などは、このような観点から考えると大変興味のある問題である。
(22)　田中豊・前掲注（2）一三四頁、後藤勇・前掲注（2）一七頁、草野芳郎・前掲注（2）三四頁。
(23)　太田知行＝穂積忠夫・前掲注（2）三〇頁以下。
(24)　日本弁護士連合会・前掲注（2）二〇頁。
(25)　田中豊・前掲注（2）一二五頁など。
(26)　太田知行＝穂積忠夫・前掲注（2）二九七頁以下、三〇八頁以下。
(27)　太田知行＝穂積忠夫・前掲注（2）三〇二頁、中川徹也「民事訴訟と弁護士の役割」『変革の中の弁護士（下）』

一三五頁（有斐閣、一九九二年）。

(28)　弁護士の中にも、和解は解決内容の適正さを主目的とすべきであり、迅速処理に重点を置いた和解制度の運用を警戒すべきであるとの意見が少なくない。第二東京弁護士会民事訴訟改善研究委員会「民事訴訟促進実践マニュアル試案」一九頁（一九八九年）、那須弘平「民事訴訟促進をめぐる実務家の動向と問題点――弁護士の立場から――」民訴三五号七九頁（一九八九年）および同注(31)。ちなみに、第二東京弁護士会の前記マニュアル試案では、和解に関する説明は最末尾に回され、かつ「和解もまた法の実現であることを考慮し、単に早期処理のみを目的とするような和解は慎む」とされている。

なお、訴訟手続きの充実・促進のための具体的方策としては、証拠調べの集中化が最も重要である。この点につき、那須弘平「集中審理再生のために」判タ六六五号一五頁（一九八八年）参照。

第六章　争点整理における陳述書の機能

一　個人的体験から

訴状、答弁書、準備書面の陳述を済ませ、書証もほぼ出し終わり、主要事実の主張も整理が進み、証人、当事者本人等の人証に関する証拠申し立て書が提出された段階で、裁判官から取り調べ予定の人証、ことに当事者本人に関して、「陳述書を出してもらえますか」などと、やんわり持ちかけられることが多くなってきた。

現実に裁判所に係属している事件について、担当裁判官からそのように持ちかけられると、弁護士はむげにこれを断る心境にはなれない。大抵、素直にこれを受け入れる。ときには、裁判官からの要請がある前に、代理人が進んで、「尋問に先立ち、陳述書を提出します」などと申し出ることもある。そんなときは、相手方代理人も「じゃあ、私の方も」などと対抗して提出することになる。

陳述書は、陳述者が自ら経験したことを自らの文体で書き記す体裁となっている(1)。実際、人事訴訟（離婚、遺産範囲確認）などで、背景事情等争点と直接関係ないが、当事者としてはどうしても裁判官に伝えておきたい事柄などを陳述書にする場合には、本人が自ら筆を執って自分の語り口で陳述書を作成することもある。しかし、これは陳述書の現状からすれば例外的と言ってよい。(2) 一般的には、まず弁護士が当事者等から相当な時間をかけて事情を聞いて起案し、次に陳述者がこれを補充修正したうえで署名捺印する。

私は、つい一年ほど前までは、このような型の陳述書を全くと言ってよいほど重視していなかった。「所詮、陳述書は二流かつ安手の証拠方法でしかない。いずれは、本人や証人が法廷で直接陳述するのであり、そこでの陳述の方が真実に近いことは明らかだ。陳述書は、事件処理の重圧に苛まれる裁判官が省力化のために編み出した苦肉の策に過ぎず、まともに取り上げる価値はない。弁護士としては、交互尋問の技術を磨き、充実した法廷を実現することが本筋だ」と言うのが、その当時の私の実感であった。

平成五年三月、東京地方裁判所と東京三弁護士会との間で、それまで足かけ三年にわたって断続的に持たれてきた懇談会の締めくくりの座談会で、裁判官から、「集中審理を行なうためには裁判官や書記官が事前に原告のストーリー、被告のストーリーを認識していた方が尋問をやりやすい。そのためには陳述書を提出してもらうのが有益である」と言う趣旨の発言があった。(3) 訴訟手続きの関係で「ストーリー」と言う言葉を聞いたのはこのときが最初であった。それが何を意味するのか、民事訴訟法上のどの概念と結びつけて考えればよいのか、私は全く理解できずに、ただこれを聞き流した。(4) 他の出席弁護士も同様であったろう。

「ストーリー」論を再び耳にしたのは、昨年の判例タイムズの座談会だった。やはり裁判官から、前記懇談会で聞いたのと同趣旨の話が、それもかなり熱心に語られた。(5)

一体、裁判官が人証調べに臨むにあたり持つと言う「ストーリー」とは何か、それは尋問の前提とされる「争点整理」とどのような関係に立つのか、そしてそのために必要とされる陳述書の性質をどのように理解すべきなのか。

私は、かねてから集中審理ないし集中証拠調べの重要性を強調してきたものであるが、[6] その前提となる争点整理については「双方の主張を突きあわせて、争いのない部分（自白された部分）をあたかもジグソーパズルのように埋めていき、最後に残った空白部分のみが争点として証拠調べの対象になる。その対象を確定する作業が争点整理だ」という程度の理解をしていた。争点整理としてはそれで必要かつ十分な筈だ、というのがその当時の確固たる信念だった。

しかし、右の裁判官の「ストーリー」論はこの私の信念に揺らぎを生じさせた。「これほど裁判官が『ストーリー』にこだわり、陳述書を重視する裏には、我々弁護士が今までの争点整理を巡る議論で見落していた何かがあるのではないか」と。

本章は、判例タイムズの勉強会で陳述書について簡単な報告をする機会を与えられたのを契機にしてまとめたものであるが、その基礎には以上のような私の個人的体験が存在することを最初に明らかにしておきたい。

（1）　東京地方裁判所第一プラクティス委員会「集中証拠調べについての提言」九三頁以下（平成七年）に具体的様式の例が示されている。

（2）　陳述書は、当初、細かい計算、技術的説明、人事訴訟における背景事情説明などのために利用されてきた。しかし、章、これに限らず、むしろ人証調べに先だって、予定されている人証の陳述内容をあらかじめ陳述者名義で書き記したもので、人証調べの充実ないし効率化を目的とするもの一般を対象として検討をする。

（3）　東京地方裁判所ほか「民事訴訟の運営改善に関する懇談会」判時一四六五号（平成五年）一九頁のＦ裁判官の発言、二四頁のＥ裁判官の発言。

（4）Ｅ裁判官が、「陳述書が証拠開示の役割を果たしているのではないか」という伊藤眞教授の説を紹介している（二四頁）が、当時私はその指摘の重要性に気づかなかった。
（5）伊藤眞ほか座談会「民事集中審理の実際」判タ八八六号一九頁の園尾隆司裁判官の発言等。
（6）那須弘平「集中審理再生のために」判タ六六五号一五頁（昭和六三年）。

二　陳述書のメリットとデメリット

陳述書のメリットとして、次のような点が挙げられている。(7)
①　計算書類、技術的事項、複雑な人間関係を要領よく説明できる。
②　本来の争点を明確にし、真に尋問すべき内容を明らかにできる。
③　尋問の時間を短縮でき、効率的な尋問が可能になる。
④　反対尋問の準備に便利である。
このうち、①は従来型の陳述書に関するものであり、殆ど異論を見ないところである。最近多用されるようになった形の陳述書の効能としては、②ないし④が中心ということになる。

陳述書の利用が盛んになるにつれ、これに対する批判の声も多くなった。例えば次のような点がデメリットとして指摘されている。(8)
①　直接主義、口頭主義に反する。

② 心証形成が困難になる。
③ 反対尋問がしにくい。
④ 作為の入る危険性がある。
⑤ 代理人の負担が大きくなる。

このような批判にも拘わらず、陳述書は裁判所から高い評価を与えられ、実務上、定着の方向にあると言ってよいであろう。陳述書の利用を体験した弁護士の意見も必ずしも否定的ではない[9]。なぜ、陳述書はこのように実務に定着をしつつあるのであろうか。

改めて、前記陳述書のメリットとされている点を検討してみると、①は従前からの用法に関するものであるから別にして、②ないし④のいずれも争点整理とか証拠開示に関するものであることに気づく。③も、一見、証拠としての側面に関するように見えながら、実は陳述書を利用して人証調べの範囲を限定することを眼目としているという点で争点整理の一場面であると言うことができる。

これに対し、デメリットと言われる諸点を見てみると、陳述書を証拠の面から、本人尋問、証人尋問と比較しつつ評価していることに気づく。⑤も、一見、証拠と無関係のようであるが実は「いずれ尋問を行う者について、その前触れのような書類をなぜ作らなければならないのか。二重手間ではないか」と言う代理人の不満を表明したものである。それは陳述書の証拠の面に着目したものに他ならない。

結局、利点を強調する意見は、争点整理及びその前提としての証拠開示機能（以下一括して争点整理機能という）に着目しているのに対し、陳述書の弊害を説く意見は、証拠方法としての側面に着目しているのである。両者の視点には顕著なズレがある。それだけ、陳述書は複雑で多様な側面を持っていることの証でもあるが、陳述書の評価にあたってはどちらの面を重視するのが適切か、方法論をまずきちんと議論しておく必要がある。本稿では、従来あまり議論されなかった陳述書の争点整理機能についてまず考察し、それとの対比で証拠方法としての機能面についても若干の検討を加えることとする。(10)

（7）前掲東京地方裁判所ほか懇談会七頁。
（8）前掲東京地方裁判所ほか懇談会七頁。
（9）大阪弁護士会のアンケート結果によると、陳述書を利用した弁護士のうち主尋問につき「やりやすかった」一〇二人に対し「やりにくかった」一四人、反対尋問につき「やりやすかった」六四人に対し「やりにくかった」三六人、今後の陳述書の利用につき「もっと利用すべし」一一名、「事件による四二名」、「証人（人証）により利用すべし」一八名で全面否定説はごく少数であったようである。
（10）陳述書の証拠方法の側面については、高橋宏志教授の別稿（判例タイムズ九一一九号）参照。

三　争点整理に証拠を使用することの可否

訴訟の実務では、陳述書は書証として扱われている。そこで、「そもそも、証拠である陳述書を争点整理に使用することが可能か」という疑問について簡単に検討をしておく必要がありそうである。

争点整理を前述のように「主張と主張を突き合わせて、争いのある部分（争点）を他から区別・確定する作業」と理解すると、争点の確定は当事者の主張（訴訟資料）の交換のみで可能だということになり、証拠の使用は不必要であるようにも思われる。さらに、証拠は何よりも事実を認定するためのものであり、訴状、答弁書、準備書面に書かれた当事者の主張とは厳密に区分される。その証拠を使って争点を整理することは理論的に見てどうだろうかという疑問が生じないでもない。「争点整理は、準備書面で行うべきもので、陳述書によるべきではない」という弁護士に多く見られる主張の根底にはこのような発想がある。(11)

しかし、訴訟の現実をありのままに観察すると、争点整理に証拠（書証及び人証）を利用することはごく普通に行われていることであり、しかもその傾向は強まっている。すなわち、

① 訴状、答弁書、準備書面に現れた主張はまず相手方の主張と突き合わされて一致したところは証拠調べの対象から除外される（民訴法二五七条）。しかし、自白された主張事実と雖も、提出済みの客観的な証拠（例えば登記簿謄本、戸籍謄本などの書証。あるいは、疑問を入れる余地のないほどに確かな証言など）と明らかに食い違っているときは、裁判官はこれをそのまま放置せず、当事者代理人に主張を訂正するかどうかを問い質す場合が多い。相手方代理人もそのような訂正に異論を述べることは殆どない。

② 自白の対象とされなかった主張事実についても、裁判官及び相手方代理人は提出された証拠と矛盾がないかどうか常に目を光らせ、矛盾があればこれを指摘するのが一般的であり、結果として主張の訂正がされることも頻繁に見られる現象である（むろん、文書が偽造である場合などのように、主張の方が維持されて、これと矛盾する証拠の証明力が争われることもある）。

③ 曖昧な主張については、証拠と照らし合わせて、明確な内容に整理される。

以上のとおり、争点整理ないし主張の整備のために、証拠が動員されることは日常茶飯のことである。

このような現象と弁論主義の原則がどのように両立するのかをここで詳しく検討する余裕はない。結論的には、主張と証拠の区別といっても法廷における論争を充実するためのものであるから、この目的に反しない限り、基本的な主張は訴状、答弁書及び準備書面によるものとの原則を維持しつつも、争点整理を適正かつ効率的に実現するための補助的手段として証拠ないしその写しを利用することは差し支えないという点では殆ど異論を見ないのではなかろうか。(12)

(11)　私自身もつい最近まで同様な意見だった（前掲伊藤眞ほか座談会一八頁における那須発言）。その他、同座談会一七頁の塩谷國昭弁護士の発言、塩谷國昭ほか「民事訴訟の運用改善に関する東京地方裁判所民事裁判官との懇談会について」自正四六巻八号（平成七年）三七頁の同弁護士による「主張と証拠などの区別の曖昧化」を問題とする意見等。なお、学者の立場から、同様な点を問題とするものとして山本克己「人証の取り調べの書面化――『陳述書』の利用を中心に――」自正四六巻八号（平成七年）九頁。

(12)　前掲東京地方裁判所ほか懇談会二五頁の裁判官A及びEの発言。大阪地方裁判所パネル・デスカッション「争点整理をめぐる諸問題」判タ八四八号（平成六年）二七頁の西口元裁判官の報告。なお、伊藤眞「民事訴訟における争点整理手続」曹時四三巻九号（平成三年）二一頁、同「開示手続の理念と意義」（上）判タ七八六号（平成四年）七頁、加藤新太郎「争点整理手続の構想」判タ八三二号（平成五年）一〇頁以下等でも、争点整理に証拠を利用することとは当然のこととされている。

四　陳述書と尋問との重複性について

陳述書が一般の書証と異なるのは、後に法廷において人証の尋問が行われ、ほぼ同趣旨の供述が為されるのが通例である点である。陳述書の提出と本番の供述との間に重複が生じるのがむしろ常態である。この点で他の証拠方法と異なるようにも思われ、陳述書が何となく特別視される原因の一つにもなっている。

しかし、実はこのような重複は他の証拠についても程度の差はあれ、見られる現象である。例えば、書証については法律で原本を提出することとされているが（民訴法三二二条）、それだけではなく民事訴訟規則で裁判所及び相手方のために写しを提出することが要請されている（規則三九条）。いわゆる「正本」及び「副本」の提出がこれに当たる。

コピー技術が発達した現在では、原本は写しとの異同を確認するためにごく簡単に提示されるだけであり、その後は裁判所も、相手方も、写しから専ら情報を得ているのが現状である。最近では、訴状や答弁書に基本的な主張を裏付ける書証写しを添付する実務が定着しつつあるが、この場合には口頭弁論で原本が提示されるまでの一、二ヵ月間は、裁判所も相手方も写しから得られた情報を基にして主張を組み立て、証拠を準備しあるいは訴訟の進行の計画を立てていることになる。

結局、書証についても、原本とは別にかつそれに先だって写しを提出する点で、陳述書と同様の重複現象がそこに存在するが、これが問題とされたということは聞いたことがない。

むしろ、書証の写しを提出することにより証拠の事前開示が黙示的に行われ、これを当然の前提として現在の実務が成り立っている、その現実にこそ注目する必要がある。[13]

人証についてまず陳述書を提出しその後に人証の取り調べを行うというやり方は、書証についてまず写しを提出しその後に原本を提示するという実務のあり方とパラレルなものであって、何ら不自然なことはないと考えると、陳述書をめぐる重複性の問題は容易に克服できるのである。

もっとも、パラレルとは言っても、書証の写しの場合は原本と内容が異なることは特殊な場合以外は考えられないのに対し、陳述書の場合は本番の陳述としばしば異なることがある。陳述書で争点以外の周辺事実まで記載しておき、本番の人証調べでは争点に絞って尋問を行う場合には、陳述書と尋問の結果とは範囲自体が異なってしまうから、内容も当然異なる。このような場合に、陳述書を独立の証拠として法廷に提出する必要性は高い。[14]

(13)　このことは、書証写しを提出させる直接の目的が、証拠の事前開示にあることを意味するものではない。写し提出の主たる目的は恐らく、裁判所における記録の保持であろう。

(14)　ただし、「陳述書については、判決する場合に、これで事実認定するのではなく、証拠開示機能をねらった立証の予告にすぎない」と割り切る考え方もある（菅野博之「弁論兼和解と集中証拠調べ」判時一五一三号（平成七年）二六頁）。

五　「争点整理」における陳述書の効用

「争点の整理」とは、「訴訟物に関して、十分な主要事実が主張されているか、主要事実に関連する間接事実としてはいかなるものがあるか、直接関連はしないが、和解などに役立つ背景事情は何か等を確定し、それらの事実に関連する証拠をあげさせた上で、相手方が争う事実と、争わない事実とを区別し、証拠調べの対象を限定する作業」とされる。(15)

この場合、限定される「証拠調べの対象」を文字通り、書証の取り調べを含めた証拠調べの対象（争いのある事実）と解するのが通常ではあろうが、もう少し狭く解して、「人証調べの対象」と理解することもできないではない。(16)

実際のところ、争点整理は何のために行うかというと、何よりも集中証拠調べでどの人証について、どの点をどこまで聞くのか、それに要する時間はいかほどか、というような点を見極めるためのものである。そのためには、単に双方の主張を突き合わせて争いがない事実と争いがある事実を区別するだけでは不十分なのである。最近、法廷現場で活躍する裁判官の中から集中審理と関連させて右のような機能的な意味で「争点整理」を把握する動きが出てきたことは注目に値する。

その典型が平成七年三月に公表された「東京地方裁判所プラクティス第1委員会」による「集中証拠調べについての提言」である。(17)

同書によると、「人証も、当該訴訟の争点を構成する具体的事実の存否を確定するための一証拠方法に過ぎない……審理充実の観点からは、争点を構成する事実に限って人証調べを実施する運用が、帰結される……このような人証調べの位置づけからすれば、書証や鑑定等の他の証拠方法によることが適当でないか、ないしは他の証拠方法によっても心証が形成できない事実に限って、人証調べを実施すべきである……このような運用を可能にするための不可欠の前提として、人証調べに先立って徹底した争点整理を行うことにより、争点を明確にし、争点について裁判所及び両当事者間で共通の認識を形成しておく……」というのである。

この議論は、一方で書証偏重、人証調べ切り詰めに傾く危険性を感じさせる嫌いがないではないが、他方で争点整理を単なる主張の整理の段階で終わらせず、人証調べの対象・範囲を画するためのものと位置づけるという点で極めて実践的かつダイナミックな性格をもつ。

このような意味での争点整理を実効あらしめるためには、裁判官及び双方当事者代理人が、人証調べで誰が何についてどのように陳述するかを事前に予測することは極めて重要であって、そのために陳述書が有益であることは容易に理解できることである。

さらに近時、東京地裁の裁判官等などから、いわゆる「ストーリー」論が提示され、争点整理においては単に証拠調べないし人証調べの対象を明確にするだけでは満足せず、人証の陳述を事前に予測できるレベルの情報を求め、その役割を陳述書に期待する動きが出てきている(18)。

確かに、裁判官が実際に尋問に臨む場合も、人証の陳述内容について事前に予測ができていれば、その予測に基づいて裁判官が形成した仮説を検証することを眼目にして注意を集中することが可能となると思われる。

「準備書面では必ずしも証拠調べ当日の主尋問が頭に浮かんでこない場合があります。ところが双方から主張に基づいて陳述書を出していただきますと、原告側のストーリーはこうだという原告側の仮説と、被告側のストーリーはこうだという被告側の仮説が裁判官に想定できるようになります。……場合によっては、裁判官として第三の仮説を自ら考えて法廷に入ることもあります。そして、一人一人の尋問が進むごとに、その仮説に矛盾するような供述があるかどうか、あるいはその仮説を非常に強く補強したのかということについて心証をとりながら進んでいくということになります。集中審理においては、非常に精神的に集中力のいる作業をしているものですから、その際に陳述書を示していただいて、いくつかの仮説を持たせてもらうことは、より適正な心証を採るという意味で、現実に非常に役立っています」というベテラン裁判官の説明[19]は、弁護士から見ても極めて説得力に富むものである。

立場こそ違え、同じことは反対尋問を行う弁護士についても言える。弁護士は、既に提出された証拠から得られる断片的な情報を基にして想像を巡らし、主尋問の内容を予測した上で、これを少しでも突き崩すのに有効な反対尋問を組み立てて法廷に臨む。その際、陳述書があれば、ない場合に比べて、主尋問の予測はかなりややすくなる。

さらに、弁護士からのアンケートでは、主尋問をする場合にも陳述書がある方がやりやすいと言う結果が出ている[20]。主尋問は、多くの場合、味方の陳述を引き出す作業であるから、事前に予測ができている場合が普通である。それ故、陳述書があろうがなかろうが変わりがないように思われるかもしれないが、実際には陳述書があったほうが、重要でない部分は陳述書を引用して手短に尋問を切り上げ、重要な部分にじっくり時間をかける等、メリハリの利いた尋問をしやすくなるのである。また、主尋問でも予測したとおりの供述を引き出せるとは限らず、ときには予期しなかった枝道へ迷い込んでしまうこともある。高齢その他の理由で知的能力において問題がある人証の場合には、法廷で何を言い出すか予測できないこともある。法廷で緊張しすぎてあらぬことを口走る証人もいる。事前にゆったりとした環境の中で弁護士が事情を聞いて作成した陳述書の方が、より真実に近い場合があることは弁護士なら誰でも経験していることである。

したがって、陳述書は、早い時期に提出されることによって広義の争点整理をするだけでなく、人証調べの対象を限定するという狭義の争点整理にも役立ち、さらには裁判官等による陳述の予測可能性を高めて集中証拠調べの実をあげるという三つの効用を有すると言うことができる。

(15)　伊藤・前掲「民事訴訟における争点整理手続」四頁、加藤・前掲「争点整理手続の構想」九頁。

(16)　実務上「証拠調べ」をこのような意味で使用する例がないではない。例えば、「証拠調べ期日」とは「人証調べ期日」を通常意味する。

(17)　その概要につき、大藤敏「東京地裁における審理充実策」判タ八八六号（平成七年）四四頁。

(18)　前掲東京地方裁判所ほか懇談会一九頁のF裁判官、同二四頁のE裁判官発言。前掲・伊藤ほか座談会一九頁の園尾裁判官発言等。なお、司法研究所編「民事訴訟の新しい審理方法に関する研究」法曹会（平成八年）六四頁の「事実型争点整理」及び七六頁の「事案提示型陳述書」の項も参照。

(19)　前掲・伊藤ほか座談会一九頁の園尾発言。

(20)　前掲・大阪弁護士会アンケート。

六　陳述書のあり方

陳述書について、証拠の側面よりも、争点整理及び証拠開示機能に重点を置いて、その積極的な活用を図る立場に立てば、陳述書の作成方法、内容、提出時期、人証調べとの関係について、一つの方向性が見えてくる。すなわち、

①　陳述書は、法廷における陳述の事前開示であり、それが争点整理や証拠整理に役立つことを目的としてい

るとすれば、当事者の考えていること、言いたいことをただ羅列するのでは足りない。法廷における尋問が代理人による事前の綿密な準備を経て整然と行われるのが理想的であるのと同様な意味で、その事前開示である陳述書は、代理人が積極的に関与して作成すべきである。(21)

② 陳述書の内容は、争点(又は争点になる可能性のある事実)に関しては、殊に事実に即して詳しく書く必要がある。争点部分は省いて本番の法廷における尋問に譲るという方法は望ましいものとは言えない。そのような方法では、争点の整理という観点からも、陳述の事前開示という観点からも極めて不満足な結果しかえられないであろう。

③ 法廷における陳述の内容が事前に開示されるべきことは、当事者本人であると証人であると差異はないから、当事者本人だけでなく、証人についても陳述書の提出が可能な場合は活用されて良い。

④ 陳述書は、争点整理のためにこそ有用なのであるから、争点整理の、それもできるだけ早い段階に提出することが望ましい。(22)

⑤ 陳述書は、争点整理に役立つものではあるが、技術的な理由、あるいは裁判関係者の能力の問題から争点整理そのものが十分行われずに証拠調べに入ってしまうことは今後ともあり得る。その場合にも、陳述書が法廷での陳述の事前開示であることから、裁判官及び当事者代理人が陳述書で尋問の粗筋を予測できるので、結果的に争点整理が不十分であったことの欠点が陳述書である程度補われることがあり得る。争点整理は、集中証拠調べの手段であるから、簡単な事件については、争点整理を程々にして、陳述書で人証調べの予測を立て、一気に集中証拠調べに突入することも許されるべきである。争点整理を自己目的化して精密な争点整理にこだわる結果、人証調べに入る時期が遅れるのは避けるべきである。

⑥　陳述書を利用する方法は、弁論兼和解（新民事訴訟法では弁論準備手続）を利用しての「当事者参加型の争点整理[23]」と対立するものではない。

両者は書面によるか、口頭によるのかの相違はあるが、争点整理及び証拠の事前開示的意味を持つ点で共通している。代理人から主張として情報をえるのではなく直接当事者ないしその周辺の者から情報を得るという点でも共通している。

両者はいずれも争点整理の有力な手法であり、それぞれに長所もあれば短所もある。この二つの手法に裁判官が自ら争点整理案を作成して当事者に示す方法[24]を加えて、多様な争点整理方法が相互に補完しあい、ときには競争しあいながら、当面は併存していくことが望ましい。

（21）　当然のことながら、これは真実性を損ねる方法で弁護士が関与してよいという趣旨ではない。

（22）　前掲・伊藤ほか座談会二一頁の北尾哲郎弁護士の発言等。

（23）　いわゆる「Nコート方式」。西口元「民事訴訟の汎用的審理モデルを目指して――事前準備、争点整理及び集中証拠調べの一つのモデル――」民訴四一号（平成七年）二一九頁、前掲井垣敏生ほかパネル・デスカッション二三頁以下の西口元裁判官の報告、前掲伊藤眞ほか座談会七頁以下の同裁判官の発言等。

（24）　前掲・大阪地方裁判所パネル・デスカッション一二頁の井垣敏生裁判官報告。

七　証拠としての陳述書について

現在の実務では、陳述書は書証の一種として提出されている。陳述書の問題点として挙げられるのは主としてこの証拠の面である。「直接主義、口頭主義に反する」、「裁判官の心証形成が困難になる」、「反対尋問がしにくい」、「作為が入る危険性がある」等の批判や危惧はいずれも証拠方法の側面に着目したものである。「代理人の負担が大きい」という批判も、陳述書提出後に証拠調べ期日で、陳述者の直接かつ口頭による尋問が行われることを前提にして、二重手間となることを嫌っていると理解できるから、やはり証拠面に関する批判であるといってよい。

しかし、これらの批判は陳述書が主として争点整理、証拠整理ないしは証拠の事前開示の役割を営むものであり、それがその後の充実かつ効率的な集中証拠調べに有用であることを理解すれば自ずから解消するはずである。

それでも問題だと言う場合は、前にも述べた理由で陳述書をひとまず書証の写しと同じ位置にあるものとして取り扱うこともできる(25)。

ただし、書証の写しの場合は、通常原本と内容において異なることはまずないので、写し自体が独立の証拠となることは希有なことであるのに対し、陳述書の場合は後に続く尋問と全く同一ということはほとんどあり得ない。そこで、少なくとも次のような場合には、陳述書を独立の証拠とする必要性が出てくるであろう。

① 尋問で陳述書の一部が引用されたため、陳述書なしでは法廷における陳述の趣旨が理解不可能な場合。

② 尋問が、争点中心に行われ、その他の部分については、陳述書に記載されているとして、尋問がされな

かった場合。

③　陳述書と法廷における陳述に食い違いがあり、かつ陳述書の方が真実に近い場合（金額の言い間違いなど）。

(25)　菅野・前掲論文二六頁。

八　「訴訟実務慣行」の生成

昭和五〇年代末ころからの裁判所及び弁護士会を中心とした第一線実務家の工夫と民事訴訟学者の議論参加により、既成の民事訴訟の実務慣行を改革して迅速かつ充実した手続を形成しようとする強い気運が生じてきた[(26)]。その中から生まれてきた「和解兼弁論」は当初、事件数増加の重圧に苦しむ裁判官が、和解期日において準備書面の交換、書証の提出等を行うことを主眼とするものであった。それが一方で口頭弁論期日の省略につながり、他方で和解の促進につながり、結果として事件増加の重圧を緩和する役割を担ったのである。

しかし、このような和解目的、省力志向の和解兼弁論に対して、弁護士及び学者から厳しい批判や注文が相次いだ[(27)]。裁判所サイドは、このような批判や注文に柔軟に対応し、和解兼弁論においては「和解」の外に「争点整理」をも行うことを強調し始めたが、それも当初は「争点整理」の看板を掲げつつ、実際には「和解」中心の運用をしてきた節がうかがえる[(28)]。

その後、弁護士会からの指摘もあって徐々に実質的な意味で争点整理を目指すようになったが、その場合でも必ずしも集中証拠調べを志向したものではなかった。

しかし、平成三年ころから、各地で集中証拠調べを実践した裁判官の報告が相次いで発表され始め、[29]しかも、いずれの報告の中でも、集中証拠調べの前提として弁論兼和解を利用しての「争点整理」の必要性が強調されたことから、裁判所も集中審理に真剣に取り組み始めた。

このような実務の動向は民事訴訟法改正にも大きな影響を与え、今次大改正の目玉である「争点整理」及び「集中証拠調べ」規定の新設へと結実した。

以上の経過を見ると、当初「和解」とか「弁論期日の省略」等と言う、争点整理とは無関係な目的を持ってスタートしたものが、結果的に「争点整理」、「集中証拠調べ」を生み出したことになる。それは実務家の苦悩を踏まえた実際的な必要性の中から、しかも多数の人々の必ずしも組織化されざる多様な工夫と論争の結果として生み出されたものであって、司法実務の中から生成してきた健全な「実務慣行」として評価に値することであった。[30]

私は、同様な可能性を「陳述書」にも期待できると思う。当初、計算書類、専門的・技術的事項、複雑な人間関係を要領よく説明するものとして利用されていた陳述書が、その後尋問の時間を短縮し、効率的な尋問実施の手段として利用されるようになった。

ところが、このような尋問時間節約、省力型の陳述書に風あたりが強くなると、証拠開示機能を前面に出した「争点整理」強調型の陳述書が提案されるに至り、さらには「ストーリー」論が主張されるに至った。

この経過は、弁論兼和解が当初、和解を主目的に運用され、ただ期日において弁論もできるという「融通無碍」性を特長としていたのに、途中から争点整理目的のものに建前では変身を遂げ、最後は新民事訴訟法の「弁論準備手続」における争点整理に結実したのと極めて似ている。

私は、陳述書の利用も「弁論兼和解」と同様に、「争点整理」及び「事前証拠開示」[31]の手段として実務に定着して実務慣行化し、いずれは成文法に組み込まれる可能性がかなり高いと考えている。

(26)　那須弘平「民事訴訟促進をめぐる実務家の動向と問題点」民訴雑誌三五号（平成元年）五七頁。

(27)　萩原金美「いわゆる『弁論兼和解』に関する一管見」判タ七三四号（平成二年）八頁。

(28)　小山稔「争点整理管見――民事弁護実務からの体験的考察――」判タ八一五号（平成五年）四三頁等。

(29)　田村洋三「民事集中審理について――その実務的経験から――」（上）（下）判時一三八三号（平成三年）三頁、一三八四号（同）一三頁等。

(30)　昭和五〇年代以降の弁論兼和解制度の生成及びこれに続く近時の陳述書をめぐる動きを見ていると、日本の裁判制度の下でも、実務家の努力によって日本独特の、しかも近代民事訴訟の理念からも決して逸脱しない実務慣行の形成が可能である、との希望を抱かせるものがある。

そのような実務慣行は一人の天才によって「発明」されることは稀であって、通常は多数の平凡な人々の必ずしも組織化されない多様な工夫と論争の結果として自然発生的に「生成」してくるものである。それは「人間的行為の所産であるが、人間的設計の結果ではない」と言う意味で、F・A・ハイエクの言う「自生的秩序」の萌芽であり、そのような萌芽があちこちで顔を覗かせ始めているのが日本の司法の現状である、と理解すべきかも知れない。なお、訴訟実務慣行の重要性につき、中野貞一郎「民事手続の現在問題」（判例タイムズ社、平成元年）五七頁以下。

(31)　ただし、陳述書は書面優先主義に走りがちな日本の民事訴訟手続をさらに偏向させかねない危険な面を持っていることも事実である。陳述書を利用した争点整理が「徹底」されすぎて、争点整理で実質的な審理が終了し、人証調べは形だけというようなことになるのは誰から見ても望ましい事態ではあるまい。実務慣行化の中で、または成文化の過程で、この点が考慮され、必要に応じ最少限度の規制がなされることは十分あり得ることである。

いずれにせよ、陳述書は「集中証拠調べ」を活性化し、論争の精神を推進するためにこそ活用されるべきである。

第三部　弁護士――民事訴訟を支えるもの――

第一章　弁護士の多様化と業務の改革・拡充

——これからの弁護士及び弁護士業務——

一　はじめに

弁護士の将来について、未来論ふうに語ることは楽しいことであり、しかも弁護士という職業への情熱をかき立てるためにも、必要なことである。(1)

しかし、そのような未来の姿を現実のものとするためには、弁護士及び弁護士会が取り組まなければならない、いくつかの課題がある。

その第一は、近時の訴訟業務を中心とする法廷弁護士と訴訟外業務を中心とする企業弁護士との分化・対立をめぐる、「あるべき弁護士像」論争を終息させ弁護士間に一定の合意を形成させることである。

第二は、遅いことで定評のある民事訴訟の実務慣行を改善して、国民の期待に添ったものにすることである。

第三に法廷外業務に弁護士が進出し、これを拡充するために、弁護士業務に対する諸規則を緩和撤廃することである。

以下、順を追って、これらのことを検討しながら、これからの弁護士及び弁護士業務の姿を模索してみよう。(2)

二　「あるべき弁護士像」論争

昭和六三年一二月、名古屋市において日弁連の司法シンポジウム「国民の裁判を受ける権利（三）――あるべき法曹像」が開催された(3)。

このシンポジウムの第三分科会では司法試験改革問題に関連して「あるべき弁護士像についての考えの分化、対立があると考えられるか」、「われわれはどのような存在か――在野とは何か」、「今日、弁護士を統合する理念は何か――『基本的人権を擁護し社会正義を実現する使命』とは何か、『社会秩序の維持と法律制度の改善に努力する義務』とは何か」などが議論された。

そこでは、「法廷外業務が弁護士の活動として広範な分野で期待されている」ことを認めつつも、「現状では、一般市民・中小企業を依頼者層として法廷内の訴訟活動を中心に活動している弁護士層が普通である」、「法廷外活動と言っても大企業の法務からの要請によるもので、一般市民・中小企業からの要請ではない」などと言う理由で法廷外活動に対して消極的な態度をとる意見が続出した。又弁護士の統合理念として、「在野精神」「プロフェッション性」が強調され、企業ビジネスからの法的需要にこたえることはそれらの理念にささえられてきた弁護士の変容につながりはしないかという不安も表明された(4)。

これに対して、企業法務や渉外の分野を主要業務とする弁護士から、「法廷外業務を中心にするからと言ってプロフェッション性を失うことになるとは思わない」とか、「あるべき弁護士像の統合理念として在野精神を持ち出すのは偏ったとらえ方ではないか」という反論が出された。また、あるべき弁護士像の統合理念としては

「在野精神」よりもむしろ「法の支配」への奉仕の方が適当ではないかという提言もされた。

このシンポジウムでは、弁護士の在野精神やプロフェッション性を重視する陣営も、企業法務や渉外を重視する陣営も、「あるべき弁護士像」について分化・対立があることを正面から認めたわけではない。しかし、双方の主張を比較して見れば法廷活動を中心とする弁護士像を理想として考えるか、それとも、予防法学ないし企業戦略など法廷外業務にも幅広く活躍する弁護士像を理想として考えるのか、分化・対立が存在することは明らかであった。

この二つの考えの分化・対立は、司法試験改革問題に始まったものではなく、かなり前から存在したようだが、特に昭和五六〜七年、外国弁護士問題が弁護士会で議論され始めたころから顕著になりはじめ、広告問題、弁護士倫理問題でも同様の見解の相違対立があった。(5)

右の「あるべき弁護士像」論争の背景として、渉外法律事務その他法廷外業務を主要業務とする企業弁護士が日本の弁護士階層の中で無視できない存在に成長してきたと言う現実がある。(6)

従来、この渉外事務所は日本全体の弁護士の中では量的にもごく小さな存在で、その構成員が弁護士会の会務運営に関与することも少なかったことから、日本の弁護士の歴史を語るときはほとんど無視されてきた。

法廷業務を中心におく、伝統型の弁護士から見ると、渉外弁護士のパートナーシップ形態による事務所の経営、契約ないし企業戦略法務中心の業務内容、タイム・チャージ方式による報酬請求、いずれをとっても全く異質な存在ではあるが、しかし、渉外法律事務所はその合理的な経営手法を駆使し、近時の我国の国際化の追風を受けて経営基盤を拡大してきた。司法研修所を終了した者の中で、渉外法律事務所を志望する者の率も増加傾向にある。(7)東京において、従来法廷業務を中心としてきた既存の大手法律事務所の中でも、渉外部門を新設することによって国際化への対応を図るものもある。また、既存事務所が、法廷外法律事務を取り扱う場合、渉外法律事務所の経営手法を参考にする例も少なくない。

このようにして、第二次世界大戦後の準会員制度を起源とする渉外法律事務所の影響は、渉外法律事務の枠を越えて法廷外法律事務一般のあり方に、影響を広げつつある。

三　「弁護士」の統合理念

従来の弁護士業務構造の理解は、中核に法廷業務（その中でも刑事弁護）を置き、その外側に準司法機関による紛争処理業務、さらにその外側に交渉業務を置き、最外側に相談業務を置くのが一般的であった。

この同心円状の弁護士業務の理解は、紛争処理を中心とする考え方であるが、これでは、紛争処理と直接かかわりをもたない企業戦略法務ないしプランニング法務を正当に位置づけることができない。これらの業務も複数当事者の法的利益を調整するという点で将来の紛争を予防するという面を持つにしても、それは第二次的な目的で、主たる目的は企業戦略の円滑な推進にある。

例えば、合弁契約とか、技術提携契約に関する業務は、紛争と直接の関係を持たず、当事者間に個別的法規範を創設するという点において司法というよりも、むしろ立法作業に類似した面を持つ。また、会社法務に関する業務は、企業の活動が、法律や、契約、会社内部の諸規範に適合しているかどうかをチェックする業務を中心とし司法というよりも行政的作業に類似している。

これらを日常業務として行う弁護士が少なからず存在し、しかもその人数も、活動量も増大しつつある事実を直視すれば、法廷業務を中核とする単純な同心円の業務構造観は実態を正しく反映しないものとして変更を迫られていると言ってよい。

むしろ、法廷法律業務を一つの焦点に据えもう一つの焦点を非紛争型の法廷外法律業務に置く楕円形状の構造こそ、今後の弁護士業務の実態をより素直に反映するものとなるのではなかろうか(8)。

このように弁護士業務構造が二極化し、多様な弁護士が出現してくると、あらためて、弁護士とは何かが問われることになる。前記司法シンポジウムにおいて、「弁護士を統合する理念」が問題とされたのも、まさにこの理由による。

一体、法廷弁護士、企業弁護士、そして企業内弁護士を通じて、弁護士が共有する特性は何であろうか。これら多様な弁護士に共通の統合理念は存在するのであろうか。

しばしば、弁護士の特性として言及され、前記シンポジウムでも主張されたものとして、「在野性」ないし「在野精神」がある。「在野精神」とは、その熱心な唱導者の一人の定義を借りれば、「権力に対する断固たる抵抗精神」「不当な権力行使にたてつくこと」であるという(9)。

「在野精神」をもって「弁護士は裁判所と密着したり、そこに取り込まれるようなことがあってはならない、あくまでも裁判所とは一線を画して、依頼者の立場に立って弁護活動を遂行しなければならない」という趣旨に理解するのなら、何ら異を唱えるにはあたらない。問題は、これを越えて弁護士が「権力に対する断固たる抵抗精神」を持つことは弁護士の特性として要求されるのか、ということである。

思うに、戦前、戦後を通じて弁護士が権力に対して抵抗してきたのは、——あるいは抵抗できたのは、——後述のとおり、弁護士の最大の拠りどころが法に外ならず、これを踏みにじる者に対してはそれがたとえ強大な権力を有する者であるとしてもなおその非違をとがめることが期待され、現にそのようなものとして許容されてきたからである。多くの先輩弁護士達は裸の力関係の下で徒手空拳の闘いを挑んだのではなく、法という強力な武器を手にして法廷という土俵の上であるいはその脇で闘ったからこそ、後世に業績を残すことができた

さらに言えば、そのような弁護士が闘いのためのエネルギーを保持し得たのは、単なる「抵抗精神」によるものではなく、依頼＝受任の関係を通じて、職務として私人の保護者ないし代理人となることを引き受け依頼者の苦しみや怒りを自らの苦しみや怒りに転化したからであろう。

もし、右の考え方が的はずれでないとするならば、「在野精神」とは当事者の依頼により法を根拠にしてその法的利益を守るという弁護士本来の仕事（弁護士法三条にいう「法律事務」）を遂行する際に現れる、業務上の一面に外ならないということになる。「在野精神」の中へ「権力の抵抗」という要素を盛り込み、これを弁護士の統合原理とすること（但し、「在野精神」を強調する人々が全てそのようなことを主張しているわけではない）は、一面において過剰な要件を弁護士概念に持ち込むことになる、と同時に他面で弁護士の持つより広い特性を説明し得ないので適当でない。

次に、弁護士法一条一項の「基本的人権の擁護」及び「社会正義の実現」の使命は、弁護士の統合理念になるのであろうか。結論から先に言えば、このような使命は、弁護士の独占物ではなく、同じ司法に携わる裁判官、検察官も同様の使命を持つと考えられるがゆえに、やはり、弁護士の統合理念にしては不向きである。基本的人権の擁護と言い、社会正義の実現と言い、「法」の実現とほぼ同旨であって、弁護士特有の使命と言うよりもむしろ訴訟等の法律事務ないし法の運用に携わる人（法曹）に共通の使命であると考えるのが適当であろう。他の職種にも共通の使命とされているものをもって、自らの統合理念とすることは、他の職種との境界をあいまいに

するだけであり、適当でない[10]。

結局、我々は、弁護士法の中に弁護士の統合理念を求めるならば、弁護士法三条一項の「弁護士の職務」に関する規定「弁護士は、当事者その他関係人の依頼又は官公署の委嘱によつて、訴訟事件、非訴事件、……に関する行為その他一般の法律事務を行うことを職務とする。」に行きつかざるを得ない。

弁護士の統合理念としては、あまりに平凡に過ぎて面白味がないという欠点を持つのであるが[11]、実際のところ、弁護士はこれ以上のものでもなければ、これ以下のものでもない、と私は考える。・明治一三年の代言人規則以来、旧々弁護士法、旧弁護士法を通じて同旨の定義規定が生き永らえてきたことから見ても、この条文の重みを知ることができる[12]。このようなゆるやかな統合理念の下で、多様な弁護士の存在を許容し、将来の新しい弁護士の生成をまつことこそ、最も必要なことである。

ところで、弁護士を語るとき、しばしば「専門職」と言うことが言われる。これは、弁護士の統合理念になりうるのであろうか。専門職に求められる①専門的知識、②独立性、③公共性、④団体組織等の専門職性（プロフェッション性）を弁護士法三条に重ねてもう一つの統合理念とすることは誤りではあるまい。

ただし、この専門職性は、歴史的に形成されたもので、弁護士の業務が法廷業務に限られる場合は四条件ともまことに良くあてはまるのであるが、法廷外法律事務、殊に渉外及び戦略法務を主要業務とする弁護士にはその中のいくつかの条件についてやや稀薄化されるという面が出てくる[13]。

このような専門職性の稀薄化は、弁護士サービスの多様化と裏ハラを成すものであって、サービスの受け手はその多様化から多くの便益を得る面もあるのであるから、一概にこの流れを阻止することは適当でない。プロフェッション性は歴史的に形成されて来たものであるから、社会的経済的条件の変動に応じて変化して行くことはむしろ当然のことであり、弁護士のプロフェッション性を一定の限度でゆるめる（その限度で統合理念としての機能を弱める）ことによって、サービスの受け手の便益を図ると言う方向をとるのが正しいあり方であろう[14]。

四　訴訟実務の改革

日本の多くの弁護士は法廷業務、訴訟業務に携わることを当然のことと考え、それが中心業務であることを信じて疑うことなく今日に至ったと言ってよい。そのため、かえって、自らの法廷業務に対する厳しい自己批判の視点を欠いていたきらいがある。しかし、弁護士業務を同心円状の構造と考えることから脱して、二つの焦点を持つ楕円形状ものへと、その理解を変えて行くことによって、弁護士は限られた自らの時間とエネルギーを何故法廷業務に集中させるのか、それが依頼者に対してどのような利益と不利益を与えるのか、自問自答を迫られることになる。

紛争解決ということだけに問題を絞って見た場合、その中核に裁判所が位置すべきことは何人も異論のないところであろう。訴訟が一定の方法に従って対論を重ね中立な裁判官による判断を求める手続きであるという点から見ても、法の実現という目的のために最も公正で優れた面を持つことは疑いの余地がない。

しかしながら、その重要かつ主要業務の対象たる訴訟の実態が決して満足できるものではないことは多くの人が指摘するところである[15]。

民事訴訟に限って言えば、その最大の問題点は、解決までに時間がかかり過ぎる点である。その詳細は別の論稿に譲る[16]が、ごく並の事件について判決までに二年間以上を必要とする実態[17]は、世間一般の人が許容する範囲を越えている。

訴訟の遅延は、弁護士法一条のいう「基本的人権の擁護」「社会正義の実現」を阻害し、法の支配を空洞化させ、「社会秩序の維持」（弁護士法一条二項参照）も危うくする。

そうして見ると、訴訟の遅延解消に努力し、訴訟の迅速化を図ることは、法廷業務に携わる弁護士の基本的義務であると言ってよい(18)。

また、訴訟の遅延は国民の裁判回避の傾向の原因となり、弁護士業務の非能率の一因ともなっている。それゆえ、遅延の解消と迅速な訴訟の実現は弁護士業務の拡大と効率化にも寄与するところが大きい(19)。

いままでも弁護士及び弁護士会は、訴訟制度に関連して「基本的人権の擁護」とか「社会正義の実現」というような抽象度の高いレベルで、その理念を語ることは少なくなかった。

また、弁護士は、実務家として、具体的な訴訟に関し、依頼者の利益を守るために全力を尽くしてきた。弁護士は、訴訟を有利に導くための技術や手法についても、経験談の類を含めて多く語り続けてきた。

しかし、実は、この二つの中間に訴訟実務慣行の改善という、弁護士の職責という点からも、業務対策という点からも弁護士が語り実践するに相応しいもう一つの分野があったのではないか、従来の弁護士及び弁護士会の活動の中から、この分野がスッポリ抜け落ちていたのではないか、と私は考える。

当然のことながら、「司法」とは、裁判所のみを指すものではない。弁護士は裁判所と国民の中間に位置し、その仲介役を果たすものであって、国民から見れば、司法とは弁護士を含んだ総体である。訴訟は、裁判所と当事者の相互作用の中で、展開されるものであって、いずれか一方の努力のみで改まるものではない。裁判官と弁護士の協働連携による同一方向へ向けての改善の努力があってはじめて、遅延解消ないし促進充実の効果が上がるはずである。近時の裁判所及び弁護士会の実務改善の動き[20]は、このような反省の上に立ったものとして理解され、評価されるべきであると考える。

イタリアの碩学の「訴訟を形成するもの、つまり、訴訟に典型的な個性を与えるものは、訴訟法規なのではなくて、その法規を運用する者の慣習である。成文法は輪郭にすぎない」という指摘[21]、及び日本の民訴法学者による「わが国の民事訴訟は、ドイツからの法典継受・学説継受に偏して実務継受を欠き、そのゆえに固有の裁判実務の形成について消極的すぎたのではないか」「裁判実務は実定訴訟法規の枠内で、これまでわれわれが漠然と考えてきたよりも遙かに大きな可塑性をもつものではなかろうか」という指摘[22]は実務家がこの問題を考えるための格好の出発点となるのではなかろうか。

五　訴訟外業務の拡充と規制緩和の必要性

近時の弁護士業務を論ずる者がほとんど例外なく、紛争解決のための交渉・相談の重要性を説き、さらには、予防法学、企業戦略法務、プランニング法務等の法廷外法律業務への進出を説いている[23]。

私自身は本格的な予防法学、企業戦略法務、プランニング法務等については多くを語る知識・能力を持ち合わせていない。しかし、一般論として、弁護士がこの分野に進出し、その業務を拡充することは、職責論から言っても、業務対策論から言っても必要なことだと考える。

その関与の仕方も、伝統的な一方当事者の代理人としての交渉や、その前段階の法律相談にとどまらず、中立的な立場で、仲裁を行ったり、契約書を作成したり、あるいは鑑定を行ったりすることも、弁護士業務に含まれる筈である。[24]

このようにして、法廷外法律業務を拡充すべきことは、「あるべき弁護士像」論争で見たとおり、若干の異論はあるものの、多くの弁護士が、支持賛同するところである。にもかかわらず、渉外法律事務所及び一部の大手企業弁護士を除いてはこの分野への進出は必ずしも成功しておらず、いわば掛け声倒れに終わっている感が強い。その原因はいったい、どの辺にあるのであろうか。

私の見るところ、弁護士が法廷外法律事務へ展開することを妨げる最大の原因は、弁護士業務をめぐる幾重にもわたる規制にある。[25]

弁護士業務に対する規制の中で、既に触れた広告及び弁護士倫理の外、この問題に関係のある項目をいくつか列挙してみよう。

㈠　単一事務所主義の規制（弁護士法二〇条一項）[26]

日本では、昭和八年に旧弁護士法が改められるまでは、法律事務所を複数持つことを許されていた（旧々弁護士法二五条）。それが昭和八年の改正で単一化されたが、その理由は①弁護士の過剰、②弁護士間の競争防止、③受任事件の広域化による訴訟遅延、④非弁活動の助長の恐れの四点であった。しかし、この複数事務所禁止規定は、そもそもの立法趣旨の妥当性に疑問があるだけでなく、弁護士人口抑制策の下で、かつ、弁護士人口が大都市に集中し弁護士過疎地域が広範囲に存在している現状の下では、依頼者が弁護士へ接近する障壁の一つとなっていることは疑いのないところである。そして複数事務所が認められれば、弁護士の法廷外法律事務の量が増大することも容易に予測できるところである。

㈡　隣接職種との共同事務所経営の制限[27]

従来、弁護士会が隣接職種との協同事務所経営に消極的であった理由は、非弁提携の禁止（弁護士法二七条及び七二条）にあった。これに対し、国民に広く高度の法的サービスを提供する必要があるという理由で、共同事務所経営許容の意見が強まってきた。そして、昭和五八年四月、日弁連司法制度調査会第三部会は、弁護士が税理士・公認会計士・司法書士などの周辺有資格職種と合同事務所を設けることについて、「弁護士が司法書士その他の関連職種と合同事務所を設けること（雇用契約による場合を含む）については、所属弁護士会の承認を得なければならないとするのは適当でなく、事前に所属弁護士会所定の事項を届け出れば足りるものとすべきである」という意見書案を作成するまでに至った。ところが、これに対し、日弁連の弁護士倫理委員会は「共同事務所設置には弁護士法上重大な問題点があるから、再検討するを相当とする」という反対意見を提出した。また、日弁連の司法問題対策委員会も慎重な姿勢をとり、結局同じ日弁連内部でも委員会によって意見が異なる結果となり、この意見書案は事実上棚上げ状態になっている。

㈢　弁護士の営業等の制限（同法三〇条三項）(28)

この制限を解除するための許可の運用の実状は各弁護士会によって種々様々であるが、これらの制限が弁護士の法廷外活動の足かせとなっている面があることは否定し難い。一部弁護士会には社内弁護士としての就職、及び会社取締役への就任についての許可基準を厳しくしようとする動きがある。その根底には、弁護士の在野性、プロフェション性を重視する意見が存在するが、これに対する反発の動きもまた見られるところである。

㈣　報酬規程(29)

弁護士法は、弁護士会の会則に「弁護士の報酬に関する標準を示す規定」を置くこととしている（同法三三条二項八号）。弁護士会が設けている報酬規定はほとんどが法廷業務、訴訟業務中心で、かつ最高額だけでなく、最低額を定めているところから、法廷外において定型的かつ大量の法律事務を低廉に処理しようという場合には、弁護士にとって一つの障碍となる恐れがある。

以上四点に限らず、弁護士業務を過度に規制することは、弁護士に一種の萎縮効果を発生させ、自由をモットーとする弁護士業務に有形、無形の悪影響を与える。広告規制に関連して、レターヘッドや、封筒の記載方法まで問題にしたり、単一事務所の問題にからんで、自宅の表札に弁護士と記載することすらはばかられているというようなことは、その一例に過ぎない。

弁護士業務に対する規制の目的は弁護士業務の質の確保にあると考えられる。弁護士業務の質の確保という観点を除いて規制の正当化根拠というのはないと言ってよい。

弁護士自治の下での規制による質の確保というのは、いわば仲間による、或は先輩による秩序維持であって、現状維持の範囲で、伝統的な基準を守らせるためには有効である。しかし、現状の弁護士業務の水準を越えて、新しい、より高い質のサービスを開発、発展させるという意味での質の改善を必要とする場合には、規制は何ら役に立たずむしろ新しいサービスの出現を阻害する要因に転化する。規制によって弁護士業務の質を確保するというシステムは、供給者側、即ち弁護士側の相互規制とか自己責任を根本においているため、消費者の側からのフィードバックはほとんど期待できない。その結果、規制は本来、国民のために弁護士業務の質を確保するという目的で設けられているのに、現実は弁護士業界の利益を確保するためのものに堕落する危険性を常に秘めている。そして現実にもそういう弊害が出ていないとは断言できない。

弁護士業務に対する各種の規制は、国民の利益のためにも、弁護士業務の拡充のためにも全面的な見直しが必要である。(30)

六　まとめにかえて――法曹人口の増加

以上、これからの弁護士と弁護士業務について、訴訟実務の改革と、法廷外業務の拡充を中心にして述べてきた。しかし、実は、これらのことを夢物語で終わらせないためには、弁護士は、もう一つ最も重要な問題を克服しなければならない。それは、法曹人口問題である。

訴訟実務の改革にしても、裁判官の人数が現在程度では、いずれ壁に突き当たるであろう。また、裁判官が増えても、弁護士が現在の程度ではやはり改革は期待し得ない。訴訟実務の改革のためには、法曹人口の増加が是非とも必要である(31)。

現在のように、あちらの法廷、こちらの法廷と飛び廻って訴訟業務で手いっぱいという状態では、既存の弁護士が法廷外業務へ本格的に進出することも期待し得ない。また若い弁護士が法廷業務に飽き足らずに法廷外へと勇気を持って進出するためには、弁護士の人口増加によって、自然にそうなるよう誘導する政策が必要である。

その意味でも、平成二年に司法試験改革問題が当面の合格者増と、将来の回数制限の導入ということで決着を見て、法曹人口増加に向けて歩み出したことは歓迎すべきことである。

私は、合格者増に踏み切ったことで、弁護士会内の弁護士人口増に対するアレルギーが解消し、さらなる増加について三者の合意が成立する可能性もあると考える。合格者を年間一〇〇〇名程度にすることができれば、そもそも回数制限の必要性がなくなり、誰でも、いつでも受験できるという司法試験の良さを損なわずに済むのである。

来るべき新しい世紀には、法曹三者が協力し合って、「小さな司法」を脱却し、「大きな司法」へと歩を進め、国民に良質で豊富な法的サービスを提供できるようにしたいものである。

（1）弁護士自身の手による論稿として、河合弘之「二一世紀の弁護士と弁護士会」第二東京弁護士会会報創立六〇周年記念特集号一六頁、伊藤紘一「空想座談会業務対策のありようを求めて」自由と正義四一巻八号一四五頁。学者によるものとして、小島武司「リーガル・プロフェションの二一世紀を展望して（上）（下）」判タ五七五号五頁、五七六号三頁。
（2）弁護士の改革の必要性とその問題点を網羅的に指摘するものとして、田中仙吉「弁護士業務の改革と問題点」東京弁護士会・司法改革の展望三五三頁所収。
（3）日本弁護士連合会・国民の裁判を受ける権利（三）――法曹のあり方
（4）日弁連・前掲書二〇頁・五四三頁以下。
（5）広告問題につき、自由と正義三六巻一二号所収各論文。特に関谷信夫「あるべき弁護士像の根幹に返れ」同三五頁。なお外弁問題その他につき、座談会「回顧と展望――一〇年後の展望を語る」自由と正義三八巻三号。
（6）渉外法律事務一般につき、松本啓二「国際法律事務と弁護士法」ジュリ六八一号七七頁。熊倉禎男「渉外弁護士」法セミ増刊・現代の弁護士（市民編）二六二頁。
（7）筆者所属の第二東京弁護士会の平成二年四月登録新入会員五七名中渉外事務所（渉外法務部門を有する事務所を含む）に入所した者は一三名（二二％）に達した。数年前、渉外弁護士の数は六〇〇名とも七〇〇名とも言われたが、一〇〇〇名を超えるのはそう遠いことではない。
（8）この外に企業内勤務弁護士が存在する。将来これらの弁護士が増えたときは、弁護士の第三の類型として自己主張を強めるであろう。

(9)　松井康浩「戦後法曹一元の理念と現状」自由と正義三七巻八号二二頁。
(10)　むしろ「基本的人権の擁護」及び「社会正義の実現」は法曹三者の統合理念としてこそ適当なものである。
(11)　しかし、この地味な条文にも、弁護士の本質を示すキイ・ワードがいくつか含まれている。その一つが「依頼」という文言であって、弁護士の活動が当事者の「依頼」を契機にして、始動することを明らかにすることによって、弁護士を裁判官及び検察官から区別し特色付けている。弁護士が、独立して職務を行うべきことも（新弁護士倫理一八条）、時に権力と対立しなければならないことも、当事者との依頼＝受任の関係を抜きにして語れない、というのが私の理解である。
(12)　弁護士法一条と三条の関係を論ずるものとして三ケ月章「弁護士」岩波講座現代法六二〇四頁以下。
これに批判的な立場をとるものとして、古賀正義「弁護士制度の基礎理論（一）」判タ四〇一号八頁以下。
(13)　前記日弁連シンポジウムでもこの点が問題になった。日弁連・前掲書五七四頁以下。
(14)　歴史の中のプロフェッションにつき、石村善助・現代のプロフェション五〇頁以下。
(15)　日弁連弁護士業務委員会「市民と法律問題」一七頁以下。
(16)　那須弘平「民事訴訟遅延と弁護士の立場」判タ六〇三号三八頁。
(17)　日本弁護士連合会・国民の裁判を受ける権利（二）――民事裁判の現状と課題三〇頁以下。
(18)　これは、弁護士法一条二項の「法律制度の改善に努力」すべき義務の内容を成す。
(19)　第二東京弁護士会弁護士業務委員会「民事訴訟促進と弁護士業務の拡大」（上）判時一一八五号等。
(20)　東京地裁・大阪地裁による充実方策案につき、ジュリ九一四号三二頁以下。第一東京弁護士会の「新民事訴訟手続試案」につき、同四〇頁以下。第二東京弁護士会の「民事訴訟充実促進実践マニュアル試案」につき判時一三三八号三頁以下。これら実務改善の動きを「職権主義強化」の方向にあるものとして批判する意見があるが、実務改善の諸方策の中には、裁判所と当事者間の協議や協働を強調したり、当事者主導を方針とするものもある。これらの点につき那須弘平「民事訴訟促進をめぐる実務家の動向と問題点」民事訴訟雑誌三五号五七頁。

(21)　P・カラマンドレーイ（小島武司＝森征一訳）・訴訟と民主主義一二頁。
(22)　中野貞一郎「手続法の継受と実務の継受」民事手続の現在問題所収五七頁。
(23)　小島武司・弁護士——その新たな可能性——所収の各論文。なお日弁連「特集法テク最前線」自由と正義三七巻一号所収の各論文。
(24)　従来の弁護士業務が訴訟を中心にしてきた関係もあって、弁護士の関与形態としては「代理」が常態である。しかし、中立的な立場での業務はむしろ、「仲介」「仲裁」など代理とは異なる関与形態をとる。小島武司「リーガル・プロフェションの二一世紀を展望して（下）」判タ五七六号三頁。
(25)　小山稔「弁護士業務の将来と弁護士会の役割」自由と正義三九巻四号五六頁。棚瀬孝雄「裁判外業務の展望」自由と正義三九巻四号三三頁。
(26)　角田由紀子「法律事務所をめぐる問題」自由と正義三五巻二号六〇頁以下。
(27)　橋本千尋「隣接専門業種との協働関係における弁護士倫理」自由と正義三九巻七号三八頁以下。
(28)　飯島澄雄「弁護士の営業許可（弁護士法三〇条）」自由と正義三五巻二号二八頁以下。なお、営業許可に関する規制強化を支持する意見として、上野登子「弁護士の営業許可の実状と問題点」NBL四五二号一八頁。
(29)　小島武司前掲書八九頁以下。松代隆「弁護士報酬合理化の方法」東京弁護士会・司法改革の展望四一一頁以下。
(30)　弁護士業務の質を確保するもう一つの途として、自由競争原理の導入が考えられる。前述の諸規制の撤廃問題も、後述の弁護士人口の増加問題も、せんじつめれば競争原理を肯定するか否定するかの問題に行きつく。英国のサッチャー首相（当時）による司法改革案は競争原理導入を基本としている。
(31)　樋口俊二「法曹人口と司法試験改革」ジュリ八九二号三七頁。六本佳平「法曹人口の現状と問題点」ジュリ同号四三頁。

第二章　弁護士職をめぐる自由と統制

一　弁護士と自由——序にかえて

1　訴訟手続きと弁護士の自由

(1)　自由業　弁護士は医者や文筆家などと並んで自由業と呼ばれている。自由業は、企業や官庁等に勤務する人々と違って、勤務時間が自由であるだけでなく、仕事の内容が他から指図されることが少なく独立している点で共通している。医者や文筆家などが自由で他から独立して業務を行なう傾向が強い理由は、それぞれの職業の特色に由来する。弁護士が自由業であることについても、弁護士特有の理由がある。

(2)　多事争論の場　弁護士という職業が自由と密接な関係をもつ第一の理由は、弁護士の伝統的職域である裁判所の訴訟手続が自由主義的傾向を色濃くもっていて、その傾向が弁護士の職業に反映していることによる。現代の訴訟手続きは、民事であれ、刑事であれ、双方当事者の対論を中心に展開される。弁護士の法廷における議論は、事実上の主張についても法律上の主張についても、依頼者の有利なことをひたすら強調し相手方を攻撃するという片面的性質を多かれ少なかれ帯びている。しかし、法廷における手続きが当事者間の対論を中心とする構造になっているため、一方の議論は必ず他方によって批判にさらされる。その結果、双方の主張は弁証法的に止揚され、最後に裁判官の審判の対象となる。

重要なことは、理念型としての近代的な法廷においては、右のような対論が一種の価値相対主義的な考え方を前提にしていると考えられることである。弁護士は多様な価値とものの見方を許容する自由な法廷において、それまで正義とされてきたことの中に不正義を、そして不正義の中に新しい正義を見付け出そうとする。同様にして、今まで真実とされてきたことの中から虚偽をあばきだし、虚偽とされてきたことの中に真実が含まれていることを論証しようとする。弁護士は、法廷における対論を通じて、真実と正義の自由競争市場を活性化させ、自由な社会を一層自由なものへと、押し進める役割を果たす。

Ｐ・カラマンドレーイは、「訴訟と民主主義」の中で、ドイツの訴訟法学者ジェームス・ゴールドシュミットの「訴訟法は自由主義の土壌においてのみ花開くことができる」という言葉を引用して、訴訟の対論的性格と自由主義の政治理論の密接な結びつきについて指摘し、弁護士を訴訟における自由の象徴であり近代民主主義の死活を決する原理の生きたシンボルであるとまでいいきっている。(1) カラマンドレーイの右指摘は、訴訟に関する前述のような性格を端的に表現したものと理解できる。

日本でいち早く討論ないし対論と自由との密接な関係について言及したのは福沢諭吉である。「自由の気風は唯多事争論の間に在りて存する」という言葉(2)は、自由を論じる者によってしばしば引用されるが、それは福沢の指摘が自由の本質を的確にとらえているからにほかならない。

まさに、訴訟は、議会の討論と並んで、近代国家が設けた「多事争論」の場であり、自由主義の橋頭堡であった。弁護士は裁判所において、「多事争論」を活性化させ、自由主義を維持発展させる専門家であると言うことができる。

2　法と自由

(1)　秩序と自由　法には、権力による社会統制の技術という側面と、権力そのものを統制する技術という側面との二つの面があることが広く知られている（いわゆる「秩序と自由」の問題）。

後者の権力抑制機能とでも言うべき面が強まれば強まるほど、市民はより高度の自由を享受することになる。弁護士活動の多くは、この法の権力抑制機能に着目しこれを依頼者に伝え、あるいは依頼者を代理してこれを擁護することに注がれる。そこに弁護士という職業が自由と密接な関係をもつ第二の理由がある。

前者、すなわち秩序維持機能とでも言うべき面についても、その現実的発動は訴訟手続きを経ることを要請される場合が少なくない（例えば刑罰権の発動、私法上の諸権利の実現など）。その場合には、訴訟手続き自体が法に基づき運営され、かつ裁判官の判断も法に基づくものであることを要請されていることから、そこに権力を抑制する機能が色濃く現われる。

(2)　「法の支配」　法による裁判は、「人の支配」を断ち切って「法の支配」を確保しようとする点で本質的に自由主義的な性格をもつ。裁判官が裁判を行なうに際して、自己の良心と法以外のなにものにも拘束されないことを要請されるのも「法の支配」を貫徹するためであると理解される。裁判官にとって忠誠を尽くすべき主人は法にほかならず、そのためには裁判官に自由が必要不可欠である。

弁護士の法廷における活動は、当事者の利益を代弁する立場からではあるが、法に関する情報を提供することにより裁判官の内面に働きかけて、裁判官の法の認識と良識をより高度で洗練されたものへと昇華させる役割をも期待されている。弁護士のこのような役割は「法の支配」の実現を目指す点において裁判官の活動と共通性を有し、かつ実際にも裁判官との協働作業的な側面をもつ。裁判官に自由が必要であると同様な意味で弁護士にも自由が必要とされるのである。

(3)　法廷外の弁護士活動と「法の支配」　弁護士の職域は法廷から法廷の外に広がりつつある。弁護士が法廷外の法律事務を扱う場合でも、前述のような法の自由主義的側面がその業務に反映して、結果的に「法の支配」の浸透に寄与することになる。このことは、法廷外における活動が、仲裁などのように中立的裁定者が介在する場合はもちろんのこと、弁護士同士による交渉の場合や、単なる法律相談の場合でも当てはまることである。むしろ弁護士にとっては、中立的裁定者がいない場合には、法を紛争解決の基準にする必要性は高まるといってもよい。

3　個人的価値の擁護

(1)　依頼者が活動の起点　弁護士にとって自由が重要な意味をもつことの第三の、そしておそらく最大の理由は、弁護士活動が依頼者を起点として展開されることに由来する。弁護士は、法廷の内外を問わず、「当事者その他関係人の依頼」に基づいて業務を行なう（弁護士法三条一項）。弁護士という職業活動の本質は、依頼者のものの見方・考え方（個人的価値）を咀嚼しこれを裁判所や相手方に容認させ、実現させることを目的とする点にある、と言ってよいであろう。

弁護士は通常、そのような活動を自己の職業的良心と倫理の許容する範囲内で行ない、また専門知識や能力を駆使して依頼者の思いつかない主張をすることも少なくないが、これらの事実はなお右に述べた弁護士という職業活動の本質を左右するものではない。依頼者の利益を擁護するということは、依頼者のものの見方・考え方（個人的価値）を最大限に尊重することから始まるのである。

(2)　多様な価値の容認　　弁護士は、社内弁護士や特定企業・組合専属弁護士などごく特殊な者を除いては、多数の依頼者から同時並行的に依頼を受けて業務を行なっており、その依頼者はそれぞれが独自のものの見方・考え方をもっているため、弁護士は複数の依頼者のものの見方・考え方を同時に理解し幅広く受け入れる能力をもつことを期待されている。

弁護士の中には、特定のものの見方や、価値体系を堅持し、これから逸脱する一切の弁護士活動を拒否する人々もいる。個々の弁護士がそのようなストイックな姿勢を保つことは一向に差し支えないし、社会にとって有益なことでもある。むしろ、そのような弁護士たちこそが、社会的少数派や異端者、あるいは弱者の擁護に奔走し、結果的に社会的価値の多様化に貢献してきたとも言える。

弁護士制度全体としては、しかしながら、特定の価値体系だけを擁護するのではなく、社会の多様な価値体系の存在を許容するものでなくてはならない。社会的少数派や異端者、あるいは社会的弱者であっても、誰かが代弁し、弁護するような寛容で懐の深いシステムを構築することこそ、弁護士制度の目標であり、到達点であったのである。そのような多様な価値を認めることは、真の意味において自由を容認し自由を擁護することにほかならない。

(3)　自由主義と運命を共有　　世界各国において、弁護士制度が自由主義の消長と運命をともにしてきたことは歴史に明らかである。

専制主義や全体主義の下では、全体的価値が個人的価値を圧倒する。市民の個人的依頼を起点として、個人の価値実現にその目標を置く弁護士の活動は、そのような体制にとっては目障りなものであり、社会の調和を乱すものとされるか、そうでなくても無用の長物とみなされて排斥される傾向にある。訴訟そのものも権力者の支配の道具に成り下がり、弁護士の活躍する余地は極めて限定されたものになる。

日本においても、弁護士制度は明治時代の自由主義の芽生えとともに誕生し、大正デモクラシーとともに発展した。それは昭和初期の全体主義の台頭によって壊滅的打撃を受け、第二次世界大戦中には、「弁護士よ、正業に戻れ」とも言われたが、戦後、焦土の中から不死鳥のごとく立ち上がった。戦後の弁護士の活躍の背景に個人的価値に基盤を置く自由な社会の出現という事実が存在したことは言うまでもない。

4　弁護士の業務上の自由

(1)　自由な業務環境

弁護士に限らず、一つの職業が職業として確立され発展していくためには業務の自由が確保される必要がある。自由な業務活動の中からいろいろな工夫が生まれ、その工夫の中で真に社会に有益なものが生き残り、次世代を担う職業形態が形成されていく。業務の自由が保障されない職業は旧態依然とした沈滞の中で次第に社会的浮揚力を失って最後には消滅していくであろう。

弁護士についても、可能な限り業務上の自由が保障されることが必要である。それは単に弁護士個人にとって自由が望ましいというだけではなくて、弁護士という職業集団が自己変革により自らの業務態様を社会の中にしっかりと定着させていくためにも必要なことである。

まして、弁護士という職業は前述のとおり一般の自由業が必要とする以上に「自由」を必要としている。弁護士という職業の基本的理念の中に「自由」がしっかりと組み込まれている、と言ってもよい。まさに「弁護士の本質は自由」であり（日本弁護士連合会会則）、弁護士には「職務の自由と独立が要請されている」のである（弁護士倫理）。

弁護士が自由そのものを志向する職業であるとすれば、その活動にも必然的に自由と独立が要請されるはずである。自由を説き、自由のために奔走すべき弁護士が自分の業務上の自由を十分に保障されていない、ということでは紺屋の白袴、自家撞着のそしりを免れないであろう（「弁護士に必要とされるのは内面的、精神的自由であって業務ないし営業の自由ではない」、という考え方には賛成できない。経済的自由と内面的・精神的自由とは密接な関係がある。経済的自由を無視した不自由な業務環境の中からは不自由な思想しか生まれない）。

(2)　制約の中の弁護士たち　　弁護士が自由な環境の中で執務できることは弁護士の将来の運命を決し、ひいてはその国全体の自由の在り方を決するほどに重要なことである。はたして、日本の弁護士は、自由な社会をさらに自由にするために十分なほどの自由を享有しているのであろうか。

私の見るところ、現実の日本の弁護士は、なお法律や弁護士会規則、弁護士倫理などによる実に多くの制約にとり囲まれその枠の中で執務している。これらの制約の多くは、弁護士の業務の質を確保するために合理的なものではあるが、中にいくつか弁護士の業務を必要以上に規制し、結果的に弁護士階層のみならず国民の利益を損ねているのではないか、と疑われるものがある。

5　弁護士自治

(1)　弁護士自治　　日本は、第二次世界大戦で敗北した結果、米国を中心とする占領軍の手により徹底的に民主化されることになった。司法制度も全面的な再編成を迫られ、その一環として、昭和二四年六月新弁護士法が議員立法の形をとって国会に提出され、成立した。

新弁護士法の最大の眼目は、弁護士および弁護士会が、司法省その他の国家機関による監督から脱却して独立し、自治を獲得したことである。

戦後の自治の実現は、弁護士にとって長年の宿願であり、弁護士の歴史の中で特筆すべき出来事であった。それは、弁護士が国家の統制を脱却したという点で、より広範な自由を獲得したことを意味する。

そこで、日本の弁護士の歴史を語るとき、戦前についてはいかに弁護士の自由が侵害されたかという点に重点が置かれ、戦後についてはいかにして自治が獲得されたかについて重点が置かれてきた。そのため、戦後の弁護士自治制度の下では、弁護士の自由の問題はすべて解決済みとなり、もはや議論する意味がなくなったかのような錯覚に陥りがちである。

(2)　自由をめぐる緊張関係　　しかし、ある組織がその構成員によって民主的に運営されているからといって、その組織が構成員の自由を侵害する可能性がないとは言い切れない。このことは、いかに民主主義原理によって構成された国家であっても、なお政府により国民の自由が侵害される危険性が残っていることを考えてみれば、すぐに理解可能なことである。同様に、弁護士自治制度の下でも、弁護士会による弁護士個々人の自由の制限の問題は解消されない。両者の間には統制と自由をめぐって一種の緊張関係が存在するのである。

(3)　相互監視による統制　　弁護士自治の下での弁護士に対する統制は、弁護士業務の質を一定水準以上に保つことが最大の目的であると考えられる。しかし、その統制機能はいくつかの理由により、一定の限界をもつ。

第一に、弁護士自治は、一種の相互監視による統制であって、会員同士が顔をよく知っている小規模弁護士会においては比較的有効である。会員同士がよく知り合っている団体の中で、その団体のメンバーから指弾されるような行為をすることは勇気がいるものであり、そのような心理的抑制力を利用しての統制は一般に高い効果を期待できるのである。これに対し、東京、大阪等の大規模な弁護士会では相互監視の効果は上げにくい。会員数が一、〇〇〇人、二、〇〇〇人、ないしそれ以上となると、同じ弁護士会でも顔を知らない会員が多くなる。各種委員会にも所属せず、弁護士会にも顔を見せず、会長の顔すら知らないという会員が相当数に上る。そのような状況の中で、弁護士会が会員に対し指導監督しようとしても、懲戒などの公的な制裁をともなう場合はともかく、そうでない場合には多くを期待できない。

それでも、法廷業務については、事件が裁判所という公的な場に現れて裁判官・書記官あるいは相手方代理人等の目に触れるので、ある程度監視可能である。しかし、法廷外業務――東京をはじめとする大都市の弁護士の職域としてますます重要性を増しつつある――は、非定型的で、他弁護士の目に触れないところで行なわれることも多いため、監視の目はなかなか行き届かない。

(4)　現状維持の傾向　第二に、弁護士自治の下での統制は、先輩・同僚による秩序維持であって、法廷業務のように旧来の慣行を守ることが善とされる場合にはその効果を発揮する。ただし、そのような法廷の慣行であっても、社会的状況の変化により改革が必要になると、もはや多くを期待できなくなる。先輩・同僚による秩序維持はとかく現状維持に傾きがちで、業務を改善する動きに対して阻害要因として機能するのである。

法廷外法律業務に対する需要は、社会経済の動きにつれて、変化し多様化している。そのような変化に対応するためには、弁護士は現状に安住せず、より高度な法的サービスを開発してその質を改善していく必要があるが、その点では先輩・同僚の経験に基づく意見は、ほとんど役に立たないか、むしろ改革の為の阻害要因となる。弁護士業務委員会などで改善の必要性が抽象的に語られこそすれ、具体的な成果となって現われることは意外に少ない。

(5)　利益擁護団体的性格　　第三に、弁護士会が一面で指導監督機関の役割を担いながら、他方で業界利益擁護団体の性格を併せ持っていることから、指導監督権が国民の利益を図るためのものであることを離れ、同業者保護ないし既得権益確保の目的のために発動される危険性を常に孕んでいる（本章でとり上げる、複数事務所の禁止、隣接職種との職域競合問題ないし共同事務所禁止問題、広告規制問題をめぐる弁護士会の動きの中には、そのような傾向が見え隠れする。直接はとり上げなかったが報酬規程による上限および下限の設定や外国法事務弁護士問題についても同様なことが言える）。

第四に、これらの利益擁護のための指導監督権行使は、弁護士会内部の多数意見を反映しこれを代表する形で行なわれる。その結果、弁護士全体の利益というよりもそのときどきの多数派の利益を擁護し、結果的に少数派の利益を損ねたり、次の時代に向けての新しい芽を摘んでしまう危険性もある（日本の弁護士の内部では、法廷活動を中心とする弁護士と法廷外活動を中心とする弁護士、企業を主たる依頼者とする弁護士と一般市民を主たる依頼者とする弁護士、大都市に事務所を構える弁護士と地方で活動する弁護士などの階層分化が進み、これらの階層間で微妙な意見の相違・対立が生じ始めている）。

6　弁護士後継者の養成――残された国家統制

(1)　後継者選定の自由　　日本の弁護士は広範な弁護士自治の獲得にもかかわらず、後継者の採用および教育という最も重要な点で、現在も国家に全面的に依存している。すなわち、弁護士の後継者は、実際上司法修習生からもっぱら供給されるが、その唯一の供給源たる司法試験合格者数は、長い間国家により年間五百人程度に制限されてきた。また、二年間の司法研修所での専門的法曹教育は最高裁判所という国家機関に管理されている（元来、法曹人口・法曹養成問題は、国民の職業選択の自由および弁護士選択の自由との関係で、弁護士への新規参入および関連隣接職種からの参入をどの程度規制することがゆるされるのか、という観点から検討することを第一とすべきである。しかし、併せて後継者の採用および教育を国家に依存し、それだけ弁護士の後継者採用および教育の自由が制約されていることの可否という観点からの検討も忘れてはならない重要事である）。

国家によるこのような関与は、弁護士が訴訟という国家の営みの場で代理人となる資格をほぼ独占しており、したがって国家は弁護士の質に無関心ではいられないという現実の現われであるとも考えられる。そして、現在の司法試験が、弁護士だけではなく、裁判官および検察官という公務員になる候補者をも統一的に選抜することを大原則としているため、国家の関与を全く排除することは実際上困難でもある。

それにもかかわらず、明治以来、弁護士の数を制限することが国家による弁護士統制の出発点であったこと、および現在の司法試験制度の下でも同様のことがいえるという事実は記憶されてよい事柄である。比喩的に言えば、弁護士は後継者・補助者の選定という一点において、国家に喉首を摑まれているのである。

(2)　弁護士人口抑制政策　　日本政府は、明治以来現在まで、弁護士人口について少数精鋭、厳格統制、競争排除主義を採用してきた。日本の国家がこのように弁護士の人口を制限し続けてきたのはどのような理由によるものであろうか。考えられるいくつかの理由を挙げてみよう。

第一に、資格試験の合格者の率を低く押さえることによって、弁護士の質を一定の水準以上に保つことを意図した。数ある資格試験のうちで司法試験は最も難しいものであることは、定説となっている。合格者の中のかなりの部分が大学卒業生の中でも最優秀なグループから出ていることは我々の経験に照らしても間違いのないところである。

第二に、弁護士人口を抑制することによって弁護士の規律維持ないし統制を容易なものにした。弁護士数を制限し、弁護士のエリート意識を高揚させることにより、弁護士層のモラル維持も効果があがった。そして弁護士会を強制加入制にして間接統治方式を採ることにより、規律維持および統制はさらに有効なものとなった。

第三に、日本の社会的、経済的特殊性が多数の弁護士を必要とするような構造になっていなかった。

一般に、ある社会において弁護士を必要とする度合いは、その社会の自由主義、民主主義の進展の程度とほぼ正比例すると考えられる。戦後の日本では、一見自由主義、民主主義が爛熟の域に達したかの如く見えながら、実は経済などの基礎的な部分で自由主義、民主主義が発展深化を阻害され、その結果として弁護士を必要とする意見が大勢を占めなかった（なお「日本の特殊性」とか、「争いを好まない国民性」などを強調する立場はとかく、特殊性、国民性に託けて国際的な要求に背を向け、結果として変化を拒否しがちである。しかし、日本社会の特殊性とか国民性と言われるものの、少なくとも相当部分――ことに経済的な面での特殊性――は、戦前の生産者重視の統制経済が戦後も経済復興の大義の下に生き残り、経済的自由主義、民主主義を犠牲にしながら高度成長を遂げてきた結果であることは最近多くの論者が指摘するところである）。

第四に、日本の弁護士層もその職業的利益の確保のために、弁護士人口増加について消極的ないし保守的な態度に終始した（司法試験改革論議を契機として、一部の弁護士層から、弁護士人口の大幅増加が提言されたのは、新しい傾向であって、渉外法律事務所を中心とした一部事務所の大規模化の要請が根底にある。しかしそれも、弁護士側の職業的利益に基づくものであり、必ずしも後述のような自由競争論を前提とするものではない、という意味でなお保守的な性質をもつ）。

いずれにせよ、弁護士資格の出発点である司法試験の合格者決定が行政官庁である法務省により管理されていることのもつ意味は日本の弁護士制度にとって極めて重大である。

理念型としての自由な職業とは、後継者・補助者の選択、補充をも自ら行なうことができるものであるはずである。自らの後継者や補助者の選択、補充を自由に行なえずに、自由な職業であり続けることは難しい。これらの権限が国家の手に委ねられているということは、日本の弁護士自治制度に大きな一つの限界があることを示している。

(3) 弁護士の養成　日本の弁護士は後継者・補助者の選択だけでなく、その養成の面でも完全な自治を有しているとは言いがたい。

周知のとおり、弁護士という専門職業に就くためには高度の法的学識が必要である。そこで、大学での一般的な教育や、司法試験受験のための勉強に加えて、司法研修所での二年間の専門的法曹教育を受けることが要求されている。しかし、それはもともと裁判官養成のための裁判修習の色彩を色濃く帯びて発足したもので、その後、徐々に弁護士側の養成を取り込んで改善されてきたとは言え、なお、修習は裁判業務を中心としている。

組織的には、最高裁判所の司法研修所が司法修習の事務を取り扱うことになっているが、この司法研修所は裁判官その他の裁判所の職員の研究および修養を行なうための施設でもある（裁判所法一四条）。司法修習生は最高裁判所が任命し、修習および試験に関する事項は、最高裁判所が定め、司法修習生の罷免もまた最高裁判所の権限である（裁判所法六六—六八条）。

司法修習生としての二年間のうち、いわゆる実務修習は一年四ヵ月におよぶがそのうちで弁護士会における修習は四ヵ月間に過ぎない（その四ヵ月も夏休みにかかる場合が多く、実質的修習期間はさらに短い）。

弁護教官の派遣および弁護実務修習という形で実質的に関与の機会があるとは言え、専門職中の専門職であることを自負する弁護士階層が後継者に対する最も基本的かつ始原的な弁護士教育を国家機関に委ねていることによる有形無形の影響は計り知れないものがある。

弁護士の業務の質の改善と言う点では、裁判所が主導権をもつ研修所教育ではおのずから限界がある。裁判所や検察庁が許容するカリキュラムの中では、法廷実務については弁護士会の協力でなんとか対処できるとしても、本格的な法廷外法律業務の教育を施すことができるか疑問なしとしない。法廷外業務の重要性が増し、多様化が進む中で、弁護士が社会から必要とされる業務の革新を為し遂げるためには、裁判所主導の司法研修所教育には限界が有るのではなかろうか。弁護士を主要な人的供給元とする法曹一元制度を本気で追求するのなら、弁護士会独自の弁護士基礎教育機関を設ける必要はないのか、検討を要する時期が近付いている。

以上の意味合いにおいて、弁護士および弁護士会が弁護士基礎教育について限定された形でしか関与を許されていないことは、弁護士自治の第二の限界を成していると言ってよいであろう。

7　自治と自由

(1)　自治と自由の関係　弁護士自治の確立は戦後の弁護士の歴史によって特筆に値する事件であった。しかし、弁護士自治は、一方において弁護士たちに国家からの独立による自由をもたらすと同時に、他方で先輩、同僚による統制という形で弁護士の自由を制約する途をも残存させた。戦後の弁護士自治に関する議論は、その成果の大きさを強調するあまり、自治の下で弁護士がいかに自由を制約されているかについての分析がやや不十分であった、と私には感じられるがどんなものであろうか。

弁護士は、その本質が自由であり、法廷の内外においてその職責を全うするために自由が必要不可欠であるからには、それが国家権力によるものであるか、同業者によるものであるかを問わず、一切の不合理な統制に対して毅然としてこれを拒否すべき立場にある。自由は、国家と対立抗争をする反権力的な弁護士だけでなく、ごく一般の弁護士にとっても、あるいは、たとえ一度も法廷に立たず、国家権力と対峙することもない弁護士であっても、なお必要である。その自由の制度的保障として自治制度は極めて有効であり、望ましい一つの制度ではある。が、弁護士自治の実現で、弁護士の自由に関するすべての問題が解決済みとなったわけではなく、なお前述のような多くの問題が未解決のまま残されているのである。

(2)　自由な弁護士制度への一里塚　戦後における弁護士自治の実現の真の意義は、それが自由な弁護士制度への一里塚であったという点にこそ求められるべきである。弁護士自治は目的ではなく、より大きな自由を確保するための手段であったと換言してもよい。戦後の弁護士は弁護士自治という一里塚に到達した後、さらに広範な自由の確立に向けて着実な歩みを進めてきたと言えるであろうか。弁護士自治の成果に満足してそれ以上の努力を払わず、あるいは隣接専門職種や一般国民の自由に対して配慮を欠いた行動がなかったであろうか。

他方で戦後、「完全」なものとなったといわれる弁護士自治にも不完全な部分が残されている。弁護士は後継者の選定・養成という基本的な部分でなお、国家に依存しており、そのことが弁護士制度の将来に一つの影を落としているのである。

今後弁護士および弁護士会は、弁護士自治の現状に満足することなく、より自由な弁護士制度の構築と、現行弁護士自治の不十分な部分の補強に向けて、さらに努力することを期待されていると言ってよいであろう。

そこで、本稿では弁護士の自由という視点から、その活動を制約しているいくつかの制度をとり上げて、立法の沿革、現代における意義および将来における制約の撤廃の可能性などを検討し、併せてその背後に横たわる自由競争原理導入の可否の問題について概観してみたい。(3)

二　弁護士業務統制の現状と問題点

1　弁護士自治と統制

(1)　業務に関する諸規制　第二次世界大戦後の弁護士自治の獲得により、弁護士の政治的自由、あるいは思想・言論の自由は確実に広がった。この面での戦前の弁護士達の不満は解消されたと言ってよい。ところが、弁護士の経済的自由、あるいは業務活動面での自由は戦前の規制がほぼそのまま残り、中には戦後強化されたものもある。

弁護士に対する規制には、法律に基づく直接的規制（国家による規制）と、弁護士会ないし日弁連の会則、会規または規則による規制（弁護士自治による規制）とがある。

法律に基づく規制には、①複数事務所の禁止（弁護士法二〇条三項）、②秘密保持の義務（同二三条）、③双方代理などの禁止（同二五条）、④汚職行為の禁止（同二六条）、⑤非弁護士との提携禁止（同二七条）、⑥係争権利の譲り受け禁止（同二八条）、⑦依頼不承諾の通知義務（同二九条）、⑧公務員との兼職禁止および営業などの制限（同三〇条）等がある。

弁護士会の会則、会規および規則に基づく規制には、①弁護士業務広告の禁止（日本弁護士連合会会則二九条の二）、②弁護士報酬基準による上限および下限の設定、③弁護士倫理による諸規制等がある。

さらに、会則、会規または規則のいずれによるのでもないが、日弁連の事実上の指導によるものとして、①隣接関連職種との共同事務所経営に関する規制、②法律事務所の名称に関する規制がある。

(2)　競争制限的規制の混在　これらの規制の多くは、弁護士の非行を直接的に禁止するもので、依頼者の利益の保護、弁護士の信用の維持のために合理的根拠を有するものである。例えば、秘密保持、双方代理、汚職行為禁止、係争権利の譲り受け禁止、依頼不承諾の通知義務などはいずれも、弁護士の業務の質を維持するために直接役に立っている。弁護士倫理の多くの規定もまた弁護士の業務の水準の維持に有益である。

しかし、先に述べた諸規制の中には弁護士業務の自由な競争を不必要に制限し、結果的に国民の利益を損ね、やる気のある弁護士の意気を挫いていると思われるものもいくつか含まれている。

複数事務所の禁止、兼職禁止及び営業制限、弁護士業務広告の禁止および隣接専門職種との共同事務所制限等がその例である。

2　複数事務所の禁止

(1)　事務所単一主義　現行弁護士法二〇条三項は弁護士が二個以上の法律事務所を設けることを禁止している。

福原忠男氏は、この規定の立法趣旨について、法律事務所は、弁護士の職務関係における活動の本拠であり、弁護士の職務上の住所ともいうべきものであって、個人の住所や会社の本店を一個に限定しておくのと同様に「法律関係を明確にする」点で優れていることから単一主義を採用したと説明している。(4)

ここに言う「法律関係」とは、複数の事務所を認めた場合に問題となる「それぞれの事務所の所在地の弁護士会に重複して会員となるのか、懲戒権はどちらの弁護士会が行使することになるのか等の点を定める」ことを指すもののようである。(5)

しかし、このような技術的な問題は、例えば主たる事務所以外の事務所は従たる事務所または出張所とし、所属弁護士会は必ず主たる事務所の所在地の弁護士会としてその統制に服させ、従たる事務所・出張所における非行についてはその地域の弁護士会にも意見を述べる機会を与える等の工夫によって解決可能な問題である。むしろ実質的な理由は後述のとおり、弁護士間の過当な競争への危惧および、非弁護士の活動助長への危惧であったと推測される。

(2)　競争制限が目的　複数事務所の禁止が設けられたのは昭和八年の旧弁護士法が最初である。それ以前の旧々弁護士法(明治二六年)および代言人規則では、二個以上の法律事務所の設置を許し、さらに他管内に事務所を置くことも禁止していなかった(旧々弁護士法につき二五条）。複数事務所の問題は大正末年ころから弁護士の間で議論されていた。昭和二年に司法省が発表した弁護士法改正案には弁護士の事務所は名義の如何にかかわらず一ヵ所にしてその所属弁護士会の地域内に限るものとする規定が盛り込まれていた。それがそのまま昭和八年の改正案にも引き継がれたのである。

当時の弁護士法改正調査委員会は法律事務所単一主義をとる理由として次の四点を挙げていた。(6)

①　弁護士は各地で過剰状態にあるので、単一主義をとっても依頼者に不便を与えない。

②　弁護士間の競争が極端になることを防ぐ必要がある。

③　複数事務所を許すと、弁護士の受任事件が各地の裁判所に分かれて係属し、弁論期日の衝突が生じ、訴訟遅延につながる。

④　弁護士が出張所を設けた場合、常時直接自らの指揮監督下に置くことが難しくなり、非弁護士の培養の温床になる。

当時の弁護士の中には事務所単一主義の採用に反発する意見をもつものもいた。例えば布施辰治弁護士は法律新聞に「労働者団体、農民団体、借家人団体等等無産団体の事務所に法律相談所を設置できなくなる」「無産団体争議部法律部の弾圧を目的とする支配階級の意図に出でたるもの」であるとして、つよく反対する意見を寄せている。(7)

小島武司教授が指摘するとおり、単一主義を採用するについては「依頼者の不便と言うことに重点を置くよりも、むしろ非弁護士の発生跳梁の弊および弁護士間の自由競争の防止こそ緊急事」という発想が横たわっていた。(8)

(3)　複数事務所主義の可能性　　この事務所単一主義は、昭和二四年の現行弁護士法にもそのまま引き継がれた。同法の制定過程の中で、主たる事務所と従たる事務所に限って認める案、または二個めの事務所は他の弁護士と共同しかつその事務所所在地の弁護士会の承認を条件とする案など、事務所複数主義がかなりつよく主張されたが、所属弁護士会をどこにするか、懲戒権をどの弁護士会が行使するか、などについて法制技術上難しい規定が必要になること、非弁護士の活動を誘発するおそれがあることを理由にして否決されたという。(9)

以上の沿革を見ると、法律事務所単一主義は絶対的に変更を許さない大原則というほどのことはないことがわかる。立法政策上は、

①　主たる事務所に加え、住所地、出身地などに従たる事務所ないし出張所を認める、

あるいは、

②　従たる事務所は一定規模以上の近隣法律事務所その他の共同事務所に限って認める、

あるいは、

③　一定人数以上の弁護士が存在する共同事務所について、人数に対応する数の出張所の設置を認める、等の複数主義を採用することも十分に考えられるのである。(10)

そのような複数主義の採用は、一方で非弁護士問題誘発の問題を常に抱えながらも、そして大都市近辺の地方弁護士会の反発が予想されることではあるが、弁護士の新しい業務分野開拓に寄与することを期待できる。例えば前記①の方法は、弁護士過疎問題を解決する有力な手段となり、また市民のための身近な事務所（近隣事務所等）設置の手段ともなりうる。②の方法も近隣事務所設置の方法として利用可能であるほか、既成の事務所を維持しつつ、仲間と協力して新しい専門分野を開拓する拠点事務所を作ることが可能となる。また、③の方法は、大都市における大事務所における高度にシステム化された法律サービスを地方に提供することが可能となる。

事務所複数主義の採用は必然的に弁護士の競争を激化させる。このことの是非も含めて単一主義の放棄を真剣に検討すべきときがきている。

3　公務員兼職禁止

(1)　現　状

弁護士法三〇条一項は「弁護士は、報酬ある公職を兼ねることができない」と定めている。この規定により弁護士は弁護士という資格を有したままでは、裁判官、検察官はもとより、一般の公務員にもなることができない。法務省訟務局、内閣法制局、衆議院・参議院法制局、公正取引委員会または中央労働委員会等の国家機関の職員、地方公共団体の法務を担当する部局職員の中には法曹資格を有する者が就任することが望ましいものも少なくないが、弁護士はその給源となっていない。日本では、法曹資格を有する者の絶対数が少ないため、訟務局を除いては、判事、検事がそのような職に就くことも少ないが、それ以上に弁護士については稀なことである。この点で、米国において弁護士が各種の公務員として活躍しているのと著しい対照をなす。弁護士が、官公庁の職員とならない最大の原因は弁護士人口の少なさによるものであるが、それ以外に弁護士が弁護士の身分を有したままで公務員に就職できないことも影響していると思われる。

(2)　官吏の専心奉職義務　第一項の立法趣旨について、福原忠雄氏は「弁護士は一般国民の側にあってその職責を果たすことを本質とする職業であり、公職すなわち国家ないし地方公共団体の権力の行使に関連をもつ職務を兼ねることは、原則として許されるべきでないのであり、本条一項本文はその原則を述べている」と解説している。(11) しかし、この解説は、国家権力を悪、国民を善とする形式的な図式にとらわれたもので、沿革的にも内容的にも、納得しがたいものがある（但し、同氏は、公職の「誠実無定量の勤務を要求する性格」にも触れていて、第二の立法趣旨があったことを示唆しているとも考えられる）。

この規定は、沿革的には明治九年の代言人規則第三条の「免許ヲ与フヘカラサル者左ノ如シ……四　官職アル者……」に起源を求めることができる。

これが明治一三年規則四条の「代言人ノ免許ヲ得ル能ハサル者左ノ如シ……五　官吏准官吏及公私ノ雇人」となり、さらに明治二六年弁護士法六条一項の「弁護士ハ報酬アル公務ヲ兼ヌルコトヲ得ズ」の規定に引き継がれ、昭和八年弁護士法の同趣旨の規定を経て現行弁護士法三〇条一項となったものである。

明治九年の時点で、なぜこのような規定を必要としたか。当時の立法者に、代言人が国民の側に立つものであり、国家などの権力の行使に関わってはならないというような認識があったとは信じがたい。戦前の旧々弁護士法および旧弁護士法の解説書でも、弁護士としての職務専念義務と公務員としての専心奉職義務との抵触の可能性に理由を求めている。[12]

少なくとも、旧弁護士法以前の兼職禁止については、弁護士が国民の立場に立つものであるとか、権力の行使に関与すべきでないとかいう解釈は誤りであろう。[13]

(3)　弁護士の自由主義的体質　この立法趣旨については、戦前の立法者は兼職により代言人職務に悪影響が出ることを恐れたというよりも、代言人・弁護士の自由主義的体質が官吏の専心奉職義務を侵食することを恐れたのではないか、とも考えられる。すなわち兼職禁止規定の中心的保護法益は官吏の専心奉職義務にあったのではないだろうか。ちなみに、同じ明治九年規則の三条では、「諸華士族及ヒ商家其他一般ノ雇人タル者」にも免許を与えてはならないとしながら、「但雇主承諾ノ証書アル者ハ此限ニアラス」と例外を定めている。ここでは保護法益は明らかに代言人の側にはなく、雇い主の側にあったのである。

明治二六年弁護士法六条一項但し書きで、帝国議会議員および府県会常置委員との兼職を例外的に認めているのも、これらの公職が弁護士と共通な自由主義的体質（それは議会の体質でもある）を色濃く帯び、専心奉職義務とは無関係であったからではなかろうか。

(4)　弁護士資格を有したままでの公職就任　昭和二四年の弁護士法改正により、内閣総理大臣、国務大臣、地方公共団体の長等が弁護士との兼職を認められるに至った。これらの公職は公権力の行使と言う観点からは最も高度な公権力の行使に携わる者であり、もはや弁護士が国民の側に立つ職業であるとか、弁護士が公権力に関与するのは不適当であるとかいうことでは、説明がつかなくなっている。

それでは、いくつかの文献で散見される「弁護士の職務専念義務」とか「弁護士の独立性」とかは、公職兼任禁止の根拠となるであろうか。弁護士という職業を論ずるときこれらの理念は検討に値するものではあるが、私企業に雇用される場合と区別して、公職についてだけ絶対兼任禁止を貫く合理性があるとは考えがたい。むしろ、国、地方公共団体および特殊法人が紛争に巻き込まれることが多くなり、予防法学的な対応が期待されることから、弁護士が法務担当者として専属的に活動する必要性は高まっている。(14) 弁護士が積極的に、地方公共団体の法務担当者に就任することは、「法の支配」を浸透させるという理念からも望ましいことである。また、将来法曹一元制度を採用する場合のことを考えると、弁護士が弁護士の資格を有したままで、裁判官や検察官になれる途を残しておくことは決して無益なことではないであろう。弁護士が実際に弁護士業務を続けながら、公務員としても活動することはいろいろ支障が生じることもあろうが、それは公務員として採用される際に採用する側が採用条件の中で配慮すれば足りることで、弁護士法が干渉すべき事柄ではない。

4　営業許可制度

(1)　曖昧な立法趣旨　　弁護士法三〇条三項は、「弁護士は、所属弁護士会の許可を受けなければ、営利を目的とする業務を営み、若しくはこれを営む者の使用人となり、又は営利を目的とする法人の業務執行社員、取締役若しくは使用人となることができない」と定めている。

この規定について、福原氏は「弁護士の品位と信用の保持を顧慮したものであり、そこに制限されるものは、商業のみでなく工業、漁業等の営利企業一切を含む」と解説している。

この規定は、明治二六年弁護士法六条二項の「弁護士ハ商業ヲ営ムコトヲ得ス但弁護士会ノ許可ヲ得タルモノハ此限ニ在ス」に起源をもつ。そして、昭和八年改正法では、禁止の範囲が「商業其ノ他営利ヲ目的トスル業務ヲ営ミ若ハ之ヲ営ム者ノ使用人ト為リ又ハ営利ヲ目的トスル法人ノ業務執行社員、取締役若ハ使用人ト為ルコト」まで拡大され、そのまま昭和二四年の現行弁護士法に引き継がれた。

このようにして、営業許可制度はその適用範囲を拡大してきたのであるが、その立法趣旨となると、「商業を営むことが弁護士の職務の妨げとなると云ふことも禁止の理由の一であらうが、商業の種類に依ては弁護士の品位を傷くるものがあると云ふことが禁止の主なる理由であらう(15)」とか、「職業に貴賤はない筈であるのだが、それでも実際上は一般人より嫌忌蔑視せらるるような業務がないでもないので、此の如き種類の業務（商業、漁業、工業等）に従事する場合は弁護士の品位を汚瀆し、信用を害することがあるであらうから、敢て商業のみでは狭きに失する、故に営業（全体を許可の対象）と為すことが適当であらう(16)」などと説明されるのみで、はなはだ曖昧模糊として、説得力に欠ける体のものであった。

戦後、昭和二四年弁護士法もこの営業許可の制度についてあまり深く論ずることなく、旧法の規定を引き継いだのであった。

(2)　品位保持の問題　　このような沿革を有する営業制限の規定は、現代においてどのような機能を営んでいるであろうか。

まず、弁護士の品位を守るという観点(17)から見てみよう。一体、弁護士が営利を目的とする事業に関与したり、会社取締役に就任することが品位を害することになるのであろうか。戦前ならいざ知らず、高度の経済が発達した時代に、営利事業に関与したり、取締役に就任したりしただけで弁護士の品位が害されると国民が考えているとは信じがたい（この点は国民に対するアンケートを実施してみればすぐにわかることである）。

むしろ弁護士層が傷つけられることを恐れているのは、弁護士層が自分たちの職業に対して抱いている弁護士とはかくあるべきものとのイメージないし固定観念（例えば、弁護士は法廷業務を中心にすべきであるとか、法廷外法律業務を中心にするビジネス弁護士は弁護士の傍流に過ぎない等の観念ではないだろうか。

東京の三弁護士会では、風俗営業、古物営業、質屋営業、貸金業、宅地建物取引業、公衆浴場、興業場、旅館、飲食店、遊技場等、保険勧誘・代理業について一定の場合を除き、許可を与えないのを原則としている。[18]確かにバー、キャバレー、ソープランド、ラブホテル、パチンコ店、高利貸し業などの一部には、弁護士と言わずその営業に関与するだけでその人の品位を疑われるようなものがないではない。しかし、それは事業自体が品位を失うものと言うよりは、そこで売春、賭博、利息制限法および貸金業法違反等の違法な業務が日常茶飯事のように行なわれているからにほかならない。

上記のような業種でない場合であっても、弁護士が売春、賭博、利息制限法違反等の違法な行為をなすことは弁護士倫理一五条の品位をそこなう事業への参加禁止規定に触れる。そしてそれは弁護士法五六条の「品位を失うべき非行」に該当し懲戒の対象となる。逆に、この二つの規定のいずれにも抵触しないような形態での営利事業への関与は、たとえ上記三弁護士会により原則不許可の対象となる業種であっても、弁護士の品位汚損にはならない正常行為と考えるのが理論的には正しい。まして一般の営利事業への関与、会社取締役、企業内弁護士への就任は弁護士の品位汚損とは無関係なことである。これを弁護士の品位保持の名目で原則禁止とすることは弁護士の私的自由を不当に侵害するものであり、その業務活動を萎縮させ、自由な競争を妨げ、国民が必要とする新分野への業務展開を阻害するなどの弊害を生む。

(3)　職務専念義務との関係　営利活動への関与は弁護士の職務専念義務を妨げるという意見がある。確かに、弁護士が本来の弁護士業務以外の分野に手を染めることは弁護士の業務にマイナスになることも多い。日本ではそうでなくても弁護士の数が少ないのであるから弁護士になった以上、弁護士は弁護士らしくその職務に専念すべきだという意見は傾聴に値する。しかし弁護士業務は自由なところに特徴をもつのであって、弁護士の職務は広範囲に及ぶ。弁護士が政治、教育、著述等の分野に進出することに異を唱える人は少ないであろうが、それも弁護士がもつ多方面にわたる能力発揮の一形態と見られるからである。それによって、法廷業務に携わる時間が少なくなっても、他の方面で社会に弁護士としての能力を提供できれば非難には値しない。のみならず、一年に一件、否一〇年に一件これと思う事件を受任するだけで、あとは思索と研究に没頭する弁護士が仮にいたとしても、これを排斥するいわれはない。弁護士の弁護士たる所以はその業務の在り方を他人から規定されるのではなく自らの責任において決するところにある。弁護士制度の将来にとって、弁護士の自由で多様な在り方を容認することこそ最も肝要なことである、と私は考える。

(4)　弁護士の独立性の問題　　次に弁護士の営業制限を弁護士の独立性に求める考え[19]の当否について検討してみよう。この独立性の問題は、新弁護士倫理制定の過程でも議論され、「弁護士には職務の自由と独立が要請され」（前文）、「弁護士は、職務の自由と独立を重んじる」（二条）および「弁護士は、事件の受任及び処理にあたって、自由かつ独立の立場を保持するように努めなければならない。」（一八条）と三ヵ所にわたって規定されている。しかしこの独立性は、裁判官における職務の独立（憲法七六条）に似て、良心と法の定めるところにしたがって業務を処理すべきことを意味し、企業の取締役になったり、そこに勤務したりしてもなお独立性を失うことなく業務を遂行できるものと解釈できる。

それゆえ、営業制限の立法理由として、弁護士の職務の独立を強調することは妥当ではない。

(5)　営利活動からの隔離　　営業許可制度の一つの現実的意味は、弁護士を営利的活動から隔離することによって、不祥事に巻き込まれる危険性を未然に防止するという点にある。実際上、もしこの制度を撤廃したら、不動産業や金融業などと密接な関係をもち、結果として弁護士の品位を害するような弁護士が今より多く出てくる心配がないではない。そのような観点からすると、営業許可制度を存続させるべきであるという意見にも一理がある。しかし、弁護士は日本で最も難しいとされる試験に合格して、しかも司法研修所での二年間にわたる専門的訓練を受けてきたものである。営業許可制度が撤廃されても、弁護士は十分に営業行為から生じるリスクを回避する能力を備えているはずである。中にはリスク回避に失敗する者も出てくるであろうが、それは弁護士会の綱紀懲戒制度等を適切に運営することによってカバーできる事柄である。それを一律に禁止して、弁護士会の許可に係わらしめるのは、過剰な介入で、悪しきパターナリズム（温情的保護主義）という非難を免れないであろう。

(6)　萎縮効果　営業許可制度の最大の問題は、弁護士を伝統的な法律業務の枠の中に押し込め、弁護士に対し一種の萎縮効果を生ぜしめる点にある。この制度がある限り、弁護士は伝統的な法律事務の中で業務活動を展開すべきであり、それ以外の分野に手をのばすのは邪道であるという固定観念から抜け出すことはできない。はたして、それは国民や弁護士にとって本当に幸せなことであろうか。

弁護士業務の周辺には企業のM&A業務、都市再開発業務、法律情報提供業務、カウンセリング業務など法律事務と密接な関係をもちながらなお営業行為とみなされる種類の領域がある。今後経済の高度化、情報化の進展にともないさらにそのような領域は拡大するであろう。会社その他の諸団体の役員として弁護士を必要とする場合も増えてくるであろう。弁護士が、そのような業務に携わろうとすると、一々弁護士会の許可を得なければならず、しかも会社役員就任以外についてはほとんど許可される見込みがないというのでは、弁護士が業際領域で活発な活動を展開することはとうてい期待できない。結果的に、営業許可制度は、弁護士の心理を萎縮させ業際領域における新しい芽を摘み取っていることになる。その弊害は計り知れないものがある。

結局、営業許可制度は、戦前の商業ないし営利業務蔑視を根底に有する点で現在では合理的な立法根拠を欠き、しかも弁護士の業務活動を不当に制限し、国民に対する弁護士業務の新たな展開を阻害するものであるから、早急に撤廃すべきである。

5　弁護士業務広告の禁止

(1)　業務広告「解禁」の経過　昭和六二年三月一四日、日本弁護士連合会は臨時総会を開き、懸案の弁護士業務広告について部分解禁に踏み切った。それまで弁護士倫理により、「弁護士は、学位または専門の外、自己の前歴その他宣伝にわたる事項を名刺・看板等に記載し、または広告してはならない」と全面的に禁止していたのを改め、会則に「弁護士は、自己の業務の広告をしてはならない。但し、本会の定めるところに従って行なう場合は、この限りでない」という条項を設けた（二九条の二）。そして、「弁護士の業務の広告に関する規程」を新たに制定して、広告事項および広告媒体を制限列挙した。

広告事項は、①氏名、②住所、電話番号等、③事務所の名称、所在地、電話番号等、④所属弁護士会、⑤登録年月日、⑥生年月日等、⑦学位、⑧隣接法律関連職種の資格、⑨取り扱う業務、⑩執務時間、⑪法律相談料の額の一一項目に限定された。

広告媒体は、①名刺・事務用箋および封筒、②看板、③挨拶状、④事務所案内および事務所報、⑤同窓会の会報等、⑥職業別電話帳、⑦新聞雑誌等の七項目に限定された。

さらに日弁連は規則で広告事項（取り扱う業務、執務時間および法律相談料）および広告媒体について、大きさ、回数、時期、配布等について必要な基準を定めることができるものとした。

日弁連の「弁護士の業務広告に関する規則」は、看板の設置場所（原則として事務所敷地内または事務所の存する建物内）、大きさ（単独弁護士の場合一個につき一面が二平方メートル以内で延べ面積が六平方メートル以内。複数の看板を使用する場合の延べ面積は一二平方メートル以内。弁護士二名で使用するときは右の一・五倍以内、三名以上のときは二倍以内）、方法（ネオンサイン、点滅式灯火、アドバルンは不可）について詳細な制限規定を設けた。また、挨拶状、事務所案内および事務所報、同窓会の会報、職業別電話帳、新聞雑誌等への広告回数、時期、大きさ等についても事細かに規定した。

弁護士会の中には、さらに詳細な広告基準を設け、看板の辺の長さ（「三メートルを超えてはならない」等）、色彩（「素地のほか原則として一色」等）についても規制したところもある。

(2)　手厳しい外部批評　　右弁護士業務広告「部分解禁」に至る過程は決して平坦なものではなかった。日弁連の議論だけでも昭和五三年に、弁護士業務対策委員会でとり上げられて以来、結論が出るまで一〇年近い期間を要した。この間、昭和六〇年五月の定期総会では議案として正式に上程されながら、賛否両論が対立して結論が出ないままに散会という事態にまで至っている。このようにして難産の結果ようやく成立した「解禁」ではあったが、外部からの評判は芳しいものではなかった。

前記臨時総会に先立って日弁連は、日弁連懇話会（大学教授、新聞社論説委員、労働組合指導者、法律専門誌幹部等有識者で構成。当日一〇名の委員が出席）を開催して日弁連案を示し、意見を聴いた。日弁連新聞（昭和六二年三月一日号）は、各委員の「予想以上に厳しい発言」を次のように紹介している。

「基本的な発想が、国民の側にたってのそれか、ただ弁護士の側からのそれなのか、一向に判然としない。派手な広告、誤導広告等はそれ自体への規制が考えられる筈。いささか市民を愚弄した発想」、「解禁するといわれるもののうち、執務時間、取り扱い業務、資格等は、我々の感覚では、広告以前の情報」、「原則禁止、例外緩和ときいて啞然とする。むしろ原則自由であるべき。弁護士の方々は自分の立場からしか事を考えていないのではないか。中身も、考え方も時代錯誤」、「競争原理導入に抵抗があるようだが、そのこと自体疑問。新聞等のメディアについて広告特集に限る由だが、あまりに現実離れした限定。広告特集というのが、もし名刺広告の如きを想定しているのなら、あれは我々の感覚からは広告以前の代物」。

新聞の批評でも、

「広告事項と広告媒体の両面からきびしい規制を課しているために、市民が必要とする弁護士に対する情報が果たして十分に提供されるかどうか疑わしい」、「原則禁止、例外緩和の発想自体が依然、弁護士側の視点に立っていることを示し」ている、「市民の視点に立てば、もっと自由に広告を認めるべき」（日経一九八七・三・一六）「『専門』の表示や『人権を守る』『迅速丁寧』などのキャッチフレーズ、ラジオ・テレビの利用も許されない。もう少し自由化しては、と思う」（朝日一九八七・三・一七）

など手厳しい批評や注文が随所に見られた。

ある法律専門雑誌は「本当に弁護士広告は解禁されたのか」と題した解説記事を掲載した。そして「今回、ゆるされることになった個人広告というものは、一般に理解されている『広告』とは相当にかけ離れており、素朴に『広告解禁』という思い込みで目を通すと、正直なところ戸惑い、そして困惑してしまう」と論評した[20]。

(3)　実態は広告禁止　　外部の論評も鋭く指摘するとおり、日弁連の「広告解禁」は、決して額面どおりに受け止めることのできない内容のものであった。
その端的な現れが、日弁連の会則（日弁連の最高規定。改正は総会において出席会員の三分の二の特別決議を要する）に新たに広告禁止規定を創設したことである。それまで、広告禁止の根拠とされてきた「弁護士倫理」は、日弁連の理事会決議（昭和三〇年三月一九日。その法的性質は曖昧で、理事会の決議でありながら、正規の規則に分類されてもいなかった）に過ぎず、しかもこれに対する違反が直接「会則違反」になるものではない、旨の付帯決議までされていた。それが、一挙に日弁連の最高規定である会則で「広告原則禁止」を宣言することになったのであるから、法形式的には「解禁」ではなく「禁止」にほかならなかった。

内容的にも、広告事項と広告媒体の双方にわたって厳しい規制がなされていて、弁護士が潜在的依頼者層に自らの提供する法的サービスの内容を効果的に伝えることは全く不可能なことは明らかであった。そもそも、広告は自分が提供する商品なりサービスが同業者のものとは異なることを訴えること（差別化）から始まる。それは当然、顧客に対する誘引効果をもつことを予定している。差別化もできず、誘引効果もない広告と言うのはその名に値しない。

広告規程が定める、氏名、住所、事務所、所属弁護士会等一一項目に限定された広告事項は、いずれも差別化のためには役立たないことばかりである。広告媒体についても、名刺、事務用箋および封筒は、そもそも広告媒体と呼んでよいかどうかすら疑問であるし、事務所案内および事務所報は、配布先が「依頼者、かつての依頼者、友人、親戚及びこれに準ずる者」に限定され、不特定多数の者への配布が許されず（弁護士広告規則五条）、顧客誘引力を期待できない。看板や、新聞、雑誌等による広告は、位置、大きさ、個数、広告回数等により厳しく規制されていて、やはり顧客誘引の効果は期待できない。

日弁連の広告に関する諸規制は、差別化と顧客誘引を封ずる目的をもっている。そこで許される情報の提供はまさに、「広告以前の代物」に過ぎないのである。

(4)　競争排除が狙い　日弁連は、なぜこのように広告に対して厳しい規制をするのか。建前としては、弁護士の品位の保持を掲げることになるのであろうが、それはあくまでも表面上の理由に過ぎない。広告をすること自体が品位を汚すことになるという発想は、現代社会ではもはや説得力をもたない。

むしろ、自らが提供する商品やサービスが、真に社会的に有用なものであるならば、この事実を広く社会に知らしめ、ひとりでも多くの人々に購入してもらおうとするのはきわめて自然で、健全かつ正当な態度である、と言えよう。弁護士が提供する法的サービス、その中でも法廷外の法律相談その他の予防法務や戦略法務については、社会的有用性があり、広告をするに適していることもほぼ異論がないであろう。そのような弁護士業務について、広告を禁止する理由は見当たらない。

広告が、商品やサービスに関して誇大な情報や、虚偽の情報を伝えるものである、という考え方も、時代錯誤の批判を免れない。現代の広告は、商品やサービスについて消費者に貴重な情報を提供し、消費者も情報を受け取ることについて利益をもつ。弁護士業務についても同様である。前記日弁連外部の人々がこぞって広告の自由化を主張しているのはそれなりに理由があってのことである。

広告が自由に行なわれれば、虚偽広告や、誤導広告もときには発生する。そのような虚偽、誤導ないし誇大広告を取り締まる必要があることは当然であるが、だからといって広告すべてを禁ずる理由にはならない。

弁護士業務に広告は必要でないというのも、広告を禁止する理由にはならない。必要と思う弁護士だけが、自己の負担で行なえばよいだけのことである。

弁護士ないし弁護士会が広告に反対する真の理由は、弁護士間の競争激化を恐れてのことである。弁護士業務の広告規制が競争排除を目的にしていることは、規制の内容が差別化と、顧客の誘引を封じようとしていることからも明らかである。

弁護士会は弁護士を指導監督する機関であると同時に、弁護士の利益擁護団体としても事実上機能している。後者の機能はいわば弁護士の自衛本能に基づくものであり、知らず知らずの間に肥大しがちである。その肥大の防止のためには、弁護士自身が国民の利益を配慮して自己抑制するほかはない。弁護士業務広告の規制強化と競争排除の志向は、その自己抑制の力が不十分であったために、偶発的に発生したやや不幸な出来事であった。しかし、弁護士集団は自由を何よりも尊ぶがゆえに、本当の広告規制緩和こそとるべき途であることに早晩気付くはずである。それが国民の利益のためであり、そして長い目から見て、弁護士繁栄の途でもある、と私は確信している。

6　隣接専門職種との共同事務所制限

(1)　隣接専門職種との共同事務所　現在、法律事務所が税理士または弁理士と共同の事務所を構えて、○○法律会計事務所、○○法律特許事務所などと称している例は少なくない。司法書士についても弁護士が共同で事務所を構える例は少なくないと推測できる。寡聞にして、○○法律司法事務所とか○○法律登記事務所という名称の事務所があるかどうか知らないが、そのような名称の有無を問わず、事実上共同の事務所で執務している例はある。

弁護士が、これらの隣接専門職種を雇用して事務所を経営することは弁護士法上、全く問題はない。

弁護士が、これらの職種を営む事務所に雇用されることはどうであろうか。実際には、このような例があるかどうか知らないが、もしあるとしても、弁護士会の営業許可を必要とし、かつその活動はその専門職種の職務範囲内の業務に限定され、法廷活動はもちろんその他の一般的な弁護士業務を行なうことは許されないであろう(但し、専ら雇用主のために法廷内外の活動を行なう場合は許されると解する余地はある)。

問題は、隣接職種と対等な立場で共同事務所を営む場合をどう考えるかである。その場合でも物理的なスペースを共通にしたり、人的、物的な施設を共同にしたりするのは、それぞれの経営が独立している限り問題はない。しかし、いわゆるパートナー形式により収支を共同にする場合は、弁護士の収入がパートナーシップを通して弁護士でない者に配分されることから、外国法事務弁護士の例と同様に弁護士法違反とみなされるであろう。

以上は、弁護士法を厳密に適用した場合の論理的帰結であるが、はたしてこのような厳格な制度運用が弁護士のためになっているかどうか、は別の問題である。

経済の高度化、国際化の進展につれて、弁護士が外国法事務弁護士を含むこれら隣接専門職種の協力を必要とする場合は少なくない。これらの職種の者が、事務所の中にいればたいへん便利である。必要なら雇えばよく、パートナーにする必要はない、と考えるのは簡単であるが、これらの職種も独立を志向することで弁護士と大きな違いはなく、いつまでも雇われていることを潔しとしない。そこで実際には、弁護士に雇われるものは少なく、雇われてもある程度経験を積めば独立開業に踏み切る。

もし、これらの者に弁護士と対等の立場で共同の事務所を営みパートナーになる途が開けていれば、その行動様式はずいぶん異なり、弁護士を中心として法律関連の隣接専門職種の共同事務所が可能となる。この問題を前向きに解決するための障害は、弁護士法七二条が定める非弁護士の法律事務取り扱い禁止（弁護士の法律事務独占）である。

(2) 法律事務独占の始まりと統制思想　法廷外法律事務の弁護士独占は昭和八年の弁護士法改正によって実現された。その時代的背景として、第一次世界大戦後のいわゆる戦後恐慌（大正九年）、関東大震災後の金融恐慌（昭和二年）、米国ウォール街の株式大暴落の影響を受けた昭和恐慌（昭和五年）等の経済不況による弁護士の経済的困窮があった。経済的困窮から脱却するために、競合者たる非弁護士排斥の方向に突き進んだ、という面があったのである。

もう一つの時代的背景として、昭和初期の経済の統制的傾向を挙げることができる。この当時、資本主義的な自由経済は行き詰まり、経済の統制と計画化が必要だという思想が社会の各方面に広まった。ソ連において、五ヵ年計画が遂行され、世界恐慌の中で、ソ連だけが発展を続けたのは計画経済の成果だと考えられたのである。また、軍部や官僚の中にも、統制経済論者が少なくなかった。そのような時代的雰囲気の中で、昭和六年（一九三一年）重要産業統制法が制定された。そこでは、同業者の二分の一以上を含むようなカルテルを作った場合は主務大臣に届け出ること、そのカルテル参加者の三分の二以上の申請により必要と認めるときはカルテルに不参加の業者に対してもカルテルの決定を守るように指示、命令ができるものとされていた。こうして国が関与してカルテルを強化することにより、企業が競争により共倒れになるのを防ぐという目的をもっていた。[21]

(3) 消費者・国民軽視　この重要産業統制法を嚆矢としてつぎつぎに統制立法が行なわれ、日本の経済は戦時統制色を強めていくが、これについて我々は次の二点を留意しておく必要がある。

① 経済統制立法は、経済の効率化を目的としたもので、それだけ私的経済の自由および民主的要素を犠牲としたものであったこと。

② 統制立法は当初戦争遂行のための臨時・暫定的性格のものとして理解されていたが、実際には第二次世界大戦後も戦後復興のために生き残り、日本経済成長の重要な原因となった。しかし、その生産者・供給者重視、消費者・国民軽視の性格は変わっておらず、国際化が進展する中で、日本経済の特殊性を浮き上がらせることになったこと。

昭和八年弁護士法も、強制加入制の下、弁護士会の統制を一方で強化するとともに、非弁護士との競争を排除して傘下の弁護士を保護した、という点において上記統制立法と傾向を同じくし、かつ戦後昭和二四年弁護士法に受け継がれて、以後の日本の弁護士ひいては司法制度全体の在り方に決定的な影響を与えたという点でも共通していた。

(4)　法律事務独占の「完成」　昭和二四年新弁護士法が成立したが、そこでは非弁護士に対する法律事務の取り扱いの禁止をさらに徹底した。即ち、非弁護士による法律事務取り扱い禁止の範囲を一層拡大し、訴訟事件、非訟事件のみならず、「審査請求、……行政庁に対する不服申立事件その他一般の法律事件」に関しても法律事務を取り扱う事を禁止した（同法七二条）。

従来は、「他人間ノ訴訟事件ニ関シ又ハ他人間ノ非訟事件ノ紛議ニ関」する場合に限られていたことと比較すると、「紛議」と言う文言が消えて「法律事件」というやや漠然とした文言になっている。立法に関与した福原忠雄氏は、「紛議に至らない非訟事件など一切の法律事件をも対象としたもの」としながらも、ある程度「事件」と呼ぶにふさわしい案件に限ると説いている。(22)　これにより、紛議性のない「事件」にまで弁護士の職務独占が拡大したことになる。

この改正によってもなお、「正当な業務に付随して行なう場合」は禁止の対象から除外されていた（昭和二六年改正以前の七二条但書）。したがって、司法書士、税理士、弁理士等がその業務に付随して法律相談などの法律事務を行なうことは許されていた。

しかし、二年後の昭和二六年弁護士法改正により例外規定としての「正当業務に付随してする場合」の文言が削除された。この文言は昭和八年の法律事務取扱の取締に関する法律一条に掲げられていたものを受け継いだものので、福原氏によれば、「昭和八年当時、非弁護士を取り締まる必要を感じながらも、一面在る程度その活動を容認する空気もあり、その間の微妙な情勢を反映している語句[23]」であった。

この改正がなされた背景については、①「正当の業務に付随してする場合」の適用範囲は明確に為しえないものがある、②弁護士制度の発達により、弁護士以外の者の業務遂行のために弁護士業務を行なわせることが真に止むをえないと認められるような分野を見いだすことが困難、③信託業者や貯蓄銀行にあたる機関等がその業務に付随して法律事務を処理する場合、これに弁護士を関与させないことは稀、などの理由が挙げられている[24]。

しかし、①の理由は、適用範囲について、外延部分で曖昧なものがあるにしても、先に挙げた、信託業者、司法書士、税理士、弁理士などの付随業務などが当てはまることはあきらかであるから、これを削除する根拠としては不十分であり、②の理由は、右の職種がその業務を遂行するにあたって、弁護士法七二条が一つのネックになっている事実に照らし説得力を欠き、③の理由に至っては、信託銀行の遺言信託の例のように、事実はむしろ弁護士なしですませる方向に進んでいて逆である、といってよい。

(5)　囲い込み運動　　この改正の前年に、司法書士法が改正され、司法書士の職務に登記代理が明記されるなどして、その専門職的性格がはっきりしてきたこともあって、弁護士と司法書士、税理士、弁理士との間の職域限界について緊迫した情勢が存在した。例えば、昭和二六年五月には「司法書士と行政書士との制度は、すみやかに廃止すべきものである」、という激越な調子の意見書が日弁連常務理事会で採択され、同月、「この際大英断をもって税理士法案を撤回」すべきである旨の意見書も採択され、その後「弁護士と司法書士等との職域限界に関する声明実行委員会」が作られ、ポスター一万枚を作成して配布する、という調子であった（当時の日弁連常務理事会資料）。このような前後の経過から見て弁護士法七二条の改正はこれら専門職種との職域争いを睨んでのことであったと推測される。

こうして、弁護士による「法律事務独占」が「完成」したのであるが、これは司法書士、税理士、弁理士から見ると、弁護士による法律事務の囲い込み運動で、新たな参入障壁の設置にほかならなかった。弁護士は、戦前のいわゆる三百代言に加えて司法書士、税理士、弁理士をも職域紛争の相手とするに至ったのである。

昭和二六年の改正により、文言上は司法書士や税理士、弁理士はたとえ自己の業務を遂行する上で必要であっても、それが自己の業務範囲内の専門的な分野に関することでも、業として法律相談を行なうことは許されなくなった（但し、福原前掲書は刑法三五条の正当業務として違法性を阻却される場合がある事を示唆している）。

しかし、これらの専門職に携わる人々にしてみれば、自ら専門を自負している事項について顧客が必要とする限り、法的アドバイスをするのはむしろ当然なことであった。裁判所への支払い命令申し立て書の提出、法務局への登記申請、あるいは税務申告書の提出、特許申請等に関連して、司法書士、税理士、弁理士が顧客から意見を求められた場合、「法律相談に該るから弁護士に聞いてくれ」と言って答えないのはむしろ不自然と言うものである。自分の専門とする分野については極力情報を集めて知識を高め、顧客のために役立ちたい、喜ばれたい、と考えそう行動するのが専門的職業の専門的職業たる所以である。現に、これらの職種に携わる人々が、弁護士法による禁止にもかかわらず、各専門分野の法律相談に応じていることは、広く知られているところである。

(6)　法廷外法律事務の開放　経済、社会の高度化にともない、これらの職種と協力連携をする必要も高まっている。その際、弁護士法の規定を盾にして、垣根の内側には一歩も立ち入らせないというような硬直した姿勢をとっていては、依頼者の要請に応えられない。これらの障壁は緩和するべきである。具体的には、昭和二六年改正で削除された弁護士法七二条但し書き中の「正当業務に付随して行なう場合」という文言を復活させるのである。

これにより、司法書士、税理士、弁理士はその専門分野での法律相談その他の法律事務を正式に行なうことができる。このようなことは、実際には広く行なわれていることであるが、法的に合法性をもたせることにより、弁護士との競争が可能になる。弁護士はこれらの職種と共通の職域をもつことになるから、その範囲で正規に共同事務所を持つことがより容易になる。隣接職種との共同事務所形成のために、共通な職域が必要で、それが接着剤の役割を果たすはずである。

三　弁護士業務と自由競争原理

1　弁護士業務と自由競争——日本の場合

(1)　統制型経済システム　日本においては、弁護士業務の質の維持は国家ないしは弁護士会による統制によることを基本とし、自由競争原理を排除してきた。事務所単一主義の採用、営業活動への関与制限、隣接専門職種との連携制限、業務広告の禁止、弁護士報酬規定の堅持などはいずれも弁護士間の競争を極力防ぐ機能を果してきた。弁護士による法廷外法律事務の独占についても、司法試験合格者数を比較的少数に限定して弁護士数の増加を抑制してきたことについても、同様なことが言える。そこには、自由競争という概念が基本的に存在していなかったと言ってよい。

日本では大正末年から昭和二〇年までの間に、旧ソ連の計画経済の影響を受けた経済統制立法（その中心になったのが重要産業統制法）が行われ、これが戦後復興期にも生き残ったことは既に述べた。

このような統制型の経済は、効率の点ですぐれたものをもち、戦後の日本の高度成長の一因となった。しかし、日本の経済が高度化と国際化を深め、民主主義、自由主義が成熟の度合いを強める中で、自由競争原理を排除した産業組織の問題点が徐々に露呈しつつある。弁護士業務についてもその例外ではない。

統制主義の最大の欠点は、消費者の意見を生産者に伝達するチャンネルが欠如していることである。消費者の意見が生産者に反映されない結果、生産者が色々と消費者の意向を忖度して生産活動を行なうことになる。そのような人間の能力には限界があるから、人的物的資源の配分という点でも、製品やサービスの質の維持改善という点でも、もう一つ効果があがらない。統制主義の下では、生産者は消費者の意見が届かないことをよいことにして、生産者の都合を優先し製品やサービスの質の維持改善を怠る危険性を常に秘めている。

(2)　奇妙な均衡　　米国の若い日本法研究者によれば、日本の法務サービス産業については、合格者五〇〇人という厳しい参入障壁、広告規制および報酬基準により一種のカルテルが結成されているが、このカルテルは弁護士たちの意図に反して、国家と企業に有利な結果を生み出し、弁護士たちの独占利潤の獲得を妨げているという。(25)

彼は、弁護士たちがカルテルの潜在力を利用しえなかった理由として、次の三点を挙げている。

①　裁判所の利用に対して国家が制度的な障壁を設けていること（裁判官の人数抑制、法的救済の種類の乏しさ、

開示制度の不十分）
② 弁護士の代替業者である司法書士、警察、保険会社、税理士、弁理士、企業法務部の存在、
③ 消費者ができる限り、弁護士の手を借りずにすむように取引の仕組みを作り上げ、紛争を解決する能力を持っていること

そして、このような法務サービス産業の規制的な仕組みは、社会全体に損失を生じさせているが、根本的な変革を主張したものはほとんどいず、ほとんどの者はその仕組みに満足していると言う。

日本の弁護士からみて、やや口惜しいことではあるが、彼の指摘は基本的に当たっている。

弁護士業務をめぐる幾重もの規制は、司法を極めて切れ味の悪い、使い勝手のよくないものに仕立て上げている。その結果、法または正義が機能する場は限られており、それだけ国民は自分たちの権利から疎外されていることになる。そのような状態は、国家（官僚）にとっては好都合なことである。したがって、政府や官僚が規制を緩和することを望むはずはない。大企業は、官僚と相互依存の関係を築きあげているので、行政的チャンネルによって解決できるから、規制を緩和して司法の切れ味をよくする必要を感じない。中小企業や一般の国民は本来弁護士の最大の依頼者層を形成するはずであるが、法務サービスを利用するのは極めて稀なことであるので、規制の緩和に熱心ではない。弁護士たちは、このような規制のために利用者から遠ざけられているので規制を撤廃する利益をもつのに、規制から利益を受けていると錯覚してやはり規制撤廃に消極的である。

政府と、消費者と弁護士の三者間には、奇妙な均衡が保たれ、それなりに安定した状態を作り出している。

(3) 規制緩和へ　このような奇妙な均衡状態が、しかし、今後も永久に続くとはとうてい考えがたい。日本の経済の高度化、国際化の進展にともない、いずれ日本的な行政指導では対応しきれず、司法の手を借りざるを

えない事態が多発することが予想される。

その一つの契機は日本の行政指導や産官相互依存に満足しない外国からの外圧という形をとるであろう。国内の企業の中にも行政指導によるより司法を通じた解決を選ぶものも多分出てくるであろう。

官僚の社会でも、司法部に属する人々は官僚と法曹という二重の性格を兼ね備えている。官僚的な意識が濃厚な人々にとっては、法とか正義に基づく司法的解決は望ましいものとは映らないであろう。しかし、法曹的意識の方が勝っている人々にとっては、司法的解決は望ましいものに映るはずである。司法研修所で統一修習を経験してきた者が大半を占めるに至った現在、後者すなわち法曹的一体感を色濃くもった司法官僚が増えつつあると見るのは楽観的に過ぎるであろうか。私は、従来の小さな司法に満足せず、裁判所の利用に対する国家的な障壁を除去しようと考えている一群の司法官僚の姿を司法試験改革問題の際、垣間見たような気がするのである。

何よりも、前述のような奇妙な均衡が弁護士にとって決して望ましい状態でないことを、弁護士たちが悟らないはずはない。弁護士にとって、法ないし正義は、一種の商品である。法ないし正義を社会に売り込むことが弁護士階層の繁栄につながる。繁栄への途を邪魔しているのは、不合理な規制にほかならない。弁護士が自らの繁栄を望むなら、規制撤廃に立ちあがるのはごく自然なことである。

(4)　弁護士業務の民主化　　弁護士業務と自由競争原理との関係を考えるとき、看過できないのは、市場における自由競争原理がもつ政治的意味である。市場は経済における民主主義とも言うべき性質をもつ。すなわち、消費者は商品を購入するのに、価格の安い、品質の良いものを選択する。消費者がある特定の商品を購入することは、そのために支払った金額だけその商品に投資をしたことであり、それは政治の分野における選挙に似た役割を果たす。

「司法の民主化」ということがしばしば議論されるが、その意味するところは多義的で漠然としている。司法の民主化とは「国民の、国民による、国民のための司法」であるという意見があるが、これではあまりに抽象的すぎて、司法の民主化のために何をなせば良いのか、判断できかねる。「権威主義的司法」を排除したり、「司法の官僚制」を打倒することが司法の民主化につながるという主張はやや具体的ではあるが、なぜそれが民主化になるのか、理論的な説明は難しい。陪審制や裁判官公選制の導入が司法の民主化につながると言う主張は理解できるが、司法の民主化はそれに尽きるかという疑問が残る。

言うまでもなく、司法は裁判所のみならず弁護士も含んだ概念である。国民から見ると、弁護士も司法制度の一部であり、しかも国民と裁判所をつなぐ媒介者である。その弁護士の業務が民主化されることなしに、司法の民主化がありうるはずがない。

国民の意見が反映されることをもって民主化というのなら、弁護士の人口を増加させ、不合理な規制を撤廃させ、自由な競争を進展させることこそ民主化への早道であろう。自由な競争の中で、競争を通じて浮かび上がってくる国民の厳しい選択行動こそ、真の国民の意思にほかならない。

2　弁護士規制緩和と自由競争

(1)　規制緩和は自由競争を拡大

これまでに述べた、複数事務所の容認、公務兼職禁止および営業許可制度の廃止、弁護士業務広告の解禁、隣接専門職種との共同事務所の認容はいずれも弁護士業務の自由化・流動化を進展させ、それだけ自由競争の傾向を高める。

複数事務所の容認は大都市に集中していた弁護士が弁護士過疎の地方に従たる事務所を設けたり、逆に地方の弁護士が大都市に進出する契機となる。ごく一般的な市民法律事務を扱う弁護士が集まって専門性の高い第二の事務所を持ったり、都心に事務所を持つ弁護士が郊外の自宅に従たる事務所を置くこともできるし、若い弁護士が、既成の事務所に勤めながら自分の事務所を設置し独立の準備を進めることも可能である。

営業許可制度の撤廃は、弁護士業務の多様化を促進する。例えば、企業のM&A業務や都市再開発業務等は、弁護士が他の専門職種と協同することにより、部分的にせよ弁護士の職域に取り込まれるであろう。カウンセリングや法律情報提供業務についても従来弁護士が関与してきた範囲を超えて弁護士の職域となるであろう。また、会社やその他の団体の役員になることも、今よりはずっと心理的抵抗が少なくなり、弁護士にとって魅力のある一つの職域を形成するはずである。

弁護士業務広告の解禁はさらに広範に弁護士業務を流動化させる可能性が高い。と言うよりは、弁護士の業務の規制緩和は弁護士業務広告解禁と相まってこそ、その効果を発揮する。

隣接専門職種との共同事務所の容認は弁護士の法廷外法律事務、ことに戦略的企業法務への進出を活発にさせる。隣接専門職種との参入障壁の撤廃はその傾向に拍車をかけるはずである。

司法試験合格者が大幅に増員されれば、弁護士業務の自由な競争は一層高まる。

(2)　自由競争への警戒心　　ここ一〇年間ほどの弁護士界での弁護士業務に関する論争を振り返って見ると、例えば外国弁護士問題、広告解禁問題、法曹人口問題のいずれについても、その底には常に、競争原理を認めるのか、拒絶するのかという大問題が横たわっていた。しかし、弁護士たちは競争原理ないし市場原理のことに真正面から取り組むことを避けて、そのときどきの問題を処理してきた。薄々と、それらが競争原理とか市場原理の問題と関係することに気付きながらも、意識的にあるいは無意識的にこれを避けてきたのである。ことにこれらの改革を進めようとする人たちは用心深くこの言葉を使うのを避けた。反対する人々が敏感にその危険性を嗅ぎ取って、ときどき論争を挑んだが、本格的な議論には発展しなかった。これらの問題を、競争原理ないし市場原理の是非という観点から、正式に議論したことは、弁護士会の内部では多分なかったといってよい（もし、正式に議論したら、弁護士の多くは競争否定論に与したと推測される）。

しかしながら、弁護士の将来を論ずるためには、遅かれ早かれ自由競争原理ないし市場原理導入問題を議論しなければならない時期がやってくることは確実である。これを真正面からとり上げてその功罪を冷徹に見据える時機が近付いているのである。学者や一部の弁護士たちはこれらの問題の重要性に気付いてこのことを指摘している。(26)

(3)　競争は限定的　　議論を無用な混乱に陥れないために、前述の各種規制緩和が全面的な規制の撤廃には程遠く、したがってそこから導かれる競争もきわめて限定されたものである、ということを最初に確認しておく必要がある。複数事務所の容認や営業許可制度は、弁護士の業務を流動化させるとはいえ、一人一人の弁護士が割ける執務時間は限られているから、それだけで著しく競争を激化させることはありえない。

弁護士業務広告について言えば、法廷業務に関する依頼者獲得のためにはあまり役立たないことが広く知られている。昭和六二年のいわゆる広告「解禁」後も、その実質が規制強化であったことも一つの原因であるとはいえ、状況は以前とほとんど変わっていない。法廷業務中心の弁護士には広告自体が有効でなかったことを如実に物語っている。隣接専門職種との障壁撤廃については、その限りで競争激化は避けたいが、法廷業務については引き続き弁護士の独占的な職域として残る。のみならず、隣接専門職種の法律相談を通じて事件が発掘され、弁護士一人一人の事件数は増加する可能性もある。

弁護士人口にしても、米国のように七〇万人も八〇万人もの弁護士を作ろうという意見は聞かない。弁護士増員論者の中でも、せいぜい現在の一万数千人を二倍ないし四倍に増やす、しかも一〇年、二〇年をかけてゆっくりと増やす、という意見が圧倒的に多い。

とは言え、規制緩和が単発的に行なわれた時の効果は微々たるものでも、重畳的に実施されれば、その効果も大きくなり弁護士は相当な影響を受けるかもしれない。また、影響の大小はともかく、自由競争そのものに対して理念的に反対という意見もあるであろう。やはり弁護士界の内部でこの問題を真剣に討議する必要があるのである。

3　国際的動向——自由競争へ

(1)　イギリスの司法改革　西欧諸国において共通して法曹の参入制限措置および競争制限措置の崩壊現象が見られると言う。法曹の構成員の階層分化が進行し、他の業種との関係のみならず、「同業者」である法曹同士の関係においても競争原理が働くようになり、参入制限および競争制限を通じた法的役務の供給制限による法曹の権益擁護と自由競争を理念とする市場原理との間の矛盾が顕在化するようになったのである(27)。日本の弁護士が弁護士制度の桃源郷として渇仰してきたイギリスにおいても、統制による弁護士サービスの質の維持の可否が問題とされ、統制を緩和し、競争原理により弁護士業務の質を維持する動きは強まっている。

一九八九年一月、時の首相マーガレット・サッチャー首相により、裁判所及び弁護士制度の改革を含む一連の法曹制度改革が提唱された。この改革の提案はいわゆるグリーン・ペーパー（政府提案書）によって行なわれたが、その中で自由競争の促進という手段を用いて、社会の各分野におけるサービスの効率向上と費用・価格の低下を目指すというサッチャー政権の基本理念が、次のように明確に表明されている。(28)

① リーガル・サービスに対する最善のアクセスを公衆が有し、かつサービスが顧客の特定のニーズに対する適正な質を備えている状態を確保することが必要である。
② 自由競争こそが最も効率的で、効果的なリーガル・サービスのネットワークを最も安価にもたらす。
③ リーガル・サービスの内の分野如何によってはサービス提供者は、法律家でなくてもよい場合もある。
④ 競争は公衆保護のための法律専門家の水準及び誠実性維持の必要性を不要とするものではない。問題は公衆保護を達成するために、競争と規制をどのように均衡させるかである。
⑤ 競争の促進は、政府の基本的政策である。有効な競争が欠ける場合は、顧客の選択は人為的に制限を受ける。

(2) 競争制限の崩壊　グリーン・ペーパーによって提起されたイギリスの司法改革案は、発表直後からバリスターおよび裁判官の激しい反対にあって、各所で基本的な変更を受けながらも、一九九〇年一一月「裁判所及びリーガル・サービスに関する法律」により一応の成立を見た。

その内容のうち本章のテーマと関係ある事項を列挙すると次のとおりとなる。(29)

① 従来バリスターの独占的職域とされた上位裁判所（高等法院、控訴院、貴族院、刑事裁判所等）においてソリシターにも法廷弁論権取得の途を開いた。
② バー（バリスターによる法律家専門団体）およびロー・ソサイエティー（ソリシターによる法律家専門団体）以外の専門職団体メンバーにも法廷弁論権を与える途を開いた（そのような専門職団体に法廷弁論権付与の権

限を与える権限は、大法官のほか四人の裁判官に帰属する)。

③　カウンティー・コート(簡易裁判所)における一定の事件につき、非法律家の弁論権を認めた。

④　従来ソリシターが異業種とパートナーシップを組むことを法律上禁止していたが、この禁止規定を撤廃し、これを認めるかどうかの判断を専門職団体の自律に委ねた。

⑤　従来、バーの内規によりバリスターが事件の依頼を受けることができるのは原則的にソリシターに限定されていたが、一般人からも直接依頼を受けることができるかどうかはバーの決定に委ねることにした。

⑥　従来、制定法、バー及びロー・ソサイエティー内規のいずれによっても成功報酬契約は禁止されていたが、所謂スコットランド方式による成功報酬契約(勝訴の場合にのみ報酬が支払われるが、その場合の報酬額は通常の報酬額とし、訴訟で得られる利益の額にかかわらない方式)を解禁する。

⑦　不動産取引業務を行なうことができる者の範囲が、従来からのソリシターおよび一九八五年になって認められた不動産取引士の外、銀行および住宅組合にまで拡大された。

一九九〇年法による司法改革の内容はおおむね以上のとおりであるが、このほか、一九九〇年三月、バーは規則を改正して、広告を全面的に解禁した。また、バリスターの養成および開業の条件についても、インズ・オブ・コート在学生に対する奨学金の給付、従来無給であった見習い実習生(ピューピレッジ)に給与を支給することとし、バリスター事務所の空席を見付けられないために開業できなかった者に図書館または自宅での開業を認める制度を発足させることになったという。

なお、ソリシターについては、報酬規程は早くから廃止され、一九八四年には新聞、ラジオ(テレビを除く)により業務広告を行なうことが認められた。

以上の結果、イギリスにおける法律専門家の競争制限は急速に崩壊し始めているという。

(3)　米国の弁護士業務「産業化」　米国においては、もともと弁護士人口が多かったが、過去二〇年間の増加はことに顕著で、一九七〇年に二七万四〇〇〇人であった弁護士数（裁判官等を含む）は、一九八八年には七五万七〇〇〇人となった。弁護士数三〇〇〇名を超える巨大な弁護士事務所も五〇以上に上る。この結果、大事務所のビジネス弁護士を中心にして弁護士業務の「サービス産業化」が進展しているという[30]。

巨大弁護士事務所は弁護士業務を法的サービスを売る商売と割り切り、一般企業と同様の組織、行動原理により行動するようになったというのである。吉川精一弁護士は、産業化の現われとして、①営業戦略の重視、②弁護士の「金儲け志向」、③弁護士と依頼者の関係の変化、④法律事務所の枠を超えた「総合サービス」の提供、⑤弁護士の「労働流動性」の高まりの五点を指摘している。そして、同弁護士はこれらの変化をもたらした原因を、①広告制限などの弁護士倫理を自由競争阻害的と見る立場の台頭とベイツ事件判決、②顧客と弁護士事務所の安定的関係の崩壊と競争の激化の二つに求めている。

4　市場原理と競争秩序

(1)　市場原理　アメリカおよびイギリスにおいてすでに現実のものとなり、日本においてもいずれは受容しなくてはならないと思われる市場原理とはどのようなものであろうか。

経済学の教科書によれば、それは無数の生産者と消費者とが価格と品質の競争の中で自発的な交換を通して相互に財やサービスを提供し合う経済システムである。

市場における自由な競争は、まず何が優れた財やサービスであるかをおのずから明らかにする。競争の中で優れた財やサービスは消費者の支持を得て需要を増し、劣った財やサービスは消費者の支持を失って需要を減らす。需要の動向は優れた財やサービスとそうでないものを区別する市場のメッセージにほかならない。

市場における自由な競争は、次に人的物的資源の最適配分をもたらす。財やサービスに対する需要が高いときは、市場におけるその価格が高まり、これが誘因となって生産が増大したり、供給者が増加したりする。需要を満たすに十分な程に供給が増大すれば、価格は安定し、これが誘因となって生産や参入の増加は止まる。供給が上回れば価格が低落し生産者は自然に生産を減少させ、あるいは他の財やサービスを提供するため市場から撤退する。

市場における自由な競争は、さらに財やサービスの質を向上させ、あるいはより廉価な財やサービスの提供を誘導する。競争に勝つためには、消費者の支持を得る必要があり、そのためには良質で廉価な財やサービスを提供しなければならない。消費者による支持を得ることに失敗した供給者は、より良い財やサービスをより廉価に提供するために、市場の支持を得た財やサービスを参考にしてさらに工夫を重ね、次の機会に失った支持を取り戻すことができる。市場における自由な競争は、優れた財やサービスを生産するだけでなく、これをより多く売ろうとする流通過程での努力を通じ、需要を拡大させ結果的に生産者の利益を増大させる。

自由主義社会が現在のように発展したのは、こういう競争を通じてより高品質で廉価な財やサービスを開発・供給することに成功したことによる、と言われているのは周知のとおりである。

(2)　競争秩序　市場原理とか自由競争とか言うと、とかく弱肉強食の無秩序な闘争世界を想像しがちであるが、自由競争を基本とする市場は価格というシグナルの機能を果たす情報を通じて一種の秩序ある社会を形成している。そこでは、消費者の購買という選択行動が、価格というシグナルを通して生産者に市場からのメッセージを伝える。市場において購買と言う形で消費者の支持を受けた製品ないしサービスの提供は、それだけ多く利益を獲得し、さらに大量の商品を供給する機会を与えられ、選択されなかった供給者は市場から脱落しないためにより優れた製品やサービスを工夫開発することを求められる。新しい製品やサービスが優れたものであれば、それは購買の対象となり、一転として昨日の敗者が今日の勝者になる。市場総体として見れば常に新しくて優れた製品やサービスが提供され続ける。

消費者の購買を通じての選択行動は、政治における国民の投票と類似の機能を果たしている。経済における民主主義は自由市場における消費者の自由な選択行動を通じて実現されるのである。

このように見てくると、市場は無秩序な闘争社会ではなく、一定の秩序をもったシステムにほかならず、競争は何が優れた財やサービスであるかを発見するための手続であると言うことができる。

(3)　自由競争の弊害の問題　自由競争のもたらす弊害として、①自由競争は無駄な財やサービスを生産したり、提供したりする自由を前提とするから、資源の無駄遣いをもたらす、②自由競争は、利益至上主義につながり、結果的に消費者の利益を侵す、③自由競争は、貧富の差を拡大させ、資本の独占を通じて、結果的に市民の実質的不自由をもたらす、などがしばしば指摘されている。

しかし、これらの弊害が真の弊害であるかどうかは、考え方によって異なってくる。

例えば、自由競争によってもたらされる資源の無駄遣いを考えてみよう。何が有益で何が無駄であるかを客観的に判断できる人間はこの世に存在しない。有益なものと無駄なものとの区別は市場における需要と供給の動向によって判断するほかはなく、それは市場における財やサービスの価格から各生産者が読み取るのが最適な方法である。価格競争を通じて、無駄なものはいずれ市場から姿を消す。その間に発生する資源の無駄は一種の経費と考えるべきである。

自由競争がもたらす利益至上主義への非難は、生産者が利益を得ることを問題にしているのではない（利益を得ること自体は何ら弊害をもたらさない）。それは、消費者が詐欺的商法や欺瞞的広告、あるいは粗悪な製品によって不利益を受けることを危惧しているのである。しかしそのような粗悪な財やサービスによる被害は統制的な経済の下でも存在するのであり、むしろ市場におけるチェックを受けないだけ継続的・構造的な被害を発生させる可能性がある。市場における自由な競争は一時的に粗悪なものの流通を許してもいずれはこれを放逐する回復力をもつ。消費者の利益を名目とする規制は、市場秩序を混乱させる副作用をもつ。市場の回復力を信頼して性急な規制を慎むと言う政策選択も十分ありうるのである。

貧富の差がもたらす独占の問題は、おそらく自由主義経済が抱える最も深刻な問題であろう。しかしここでも巨額の富を得ること自体は決して非難されるべきことではない。むしろそのように富を築いた者が存在することは後続の者にとって一つの目標となり、競争を活性化させ、結果的に社会の富の総量を増加させる契機となる。問題なのは、富の偏在が資本の独占をもたらし、結果的に市民の実質的自由を侵害することにある。この問題に対しては、いわゆる独占禁止法制度によって実質的な競争を回復することになろう。しかし、独占禁止法制度は自由な競争を否定するのではなく、むしろこれを肯定して競争を推進するものであることは言うまでもない。

(4)　競争と統制の併存　　もちろん自由競争ですべてが解決されるわけではない。民主主義が衆愚政治に堕落したり、あるいは独裁政治の踏み台にされたりしたのと同様に、自由競争は生産者・供給者をして大衆迎合に走らせ、社会を頽廃させる危険性を常に秘めている。

ことに、弁護士業務は医療に似て、一般国民がその内容の良否やこれに対する報酬の当否を正確に判断しにくいと言う性質をもつ。訴訟をする必要性の有無を判断するにしても、専門知識を有する弁護士の立場は圧倒的に強い。提供されたサービスの質を判断するにも、一般国民の知識では不十分である。それゆえ、公衆保護のための法律専門家の水準を確保し、誠実性を担保することは依然必要である。弁護士に秘密保持義務を課し、双方代理を禁止し、あるいは汚職行為を禁ずるという類の規制は世界のどの国でも、なお必要とされるであろう。

イギリスにおける司法改革のためのグリーン・ペーパーも、競争は公衆保護のための法律専門家の水準および誠実性維持の必要性を不要とするものではないことをはっきり宣言している。

問題は、競争と規制をどのように均衡させるかである。前述のとおり、自由競争そのものは決して嫌悪すべきものではない。経済の活性化、自由化、民主化などあらゆる点からみて積極的にこれを志向すべきものである。それゆえ、弁護士業務の規制のうち、前述のような不合理なものを撤廃して、その結果として自由な競争の程度がそれだけ進展することは弁護士にとっても国民にとっても歓迎すべきことである。少なくとも、自由競争という言葉に心情的に反発してこれを忌避すべき理由はない。むしろ問題なのは、日本では前述のような不合理な規制を撤廃しただけでは、なお自由の程度が低すぎるのではないか、という点である。その理由は次のとおりである。

第一に、隣接専門職種との障壁が撤廃され、複数事務所が認められ、営業事務所が認められ、営業許可制度が撤廃され、宣伝広告が全面的に解禁になっても、法廷活動はなお弁護士の独占的職域として残される。日本の弁護士の主要な職域である法廷はなお自由競争の外に置かれるのである。

第二に、日本における司法試験改革の論議の中では、弁護士人口を現在の二倍ないし四倍程度にすることの可否が問題とされているに過ぎない。これは米国の弁護士人口の一〇分の一以下であり、司法書士、税理士、弁理士、公認会計士、外国法事務弁護士などの隣接専門職種を加えても五分の一を超えない。それゆえ、法廷外法律事務についても、限られた者の間での競争に止まる。

以上のとおり、日本の弁護士制度については、当面競争と規制の天秤は圧倒的に規制に傾いた状態が続くものと思われる。したがって、米国のように自由競争の行き過ぎを懸念する必要は当面ないと断言してよい。

(5)　漸進的政策　社会的な問題についての原理原則はそれ自体に価値があるのではなく、その原理原則が適用されたその結果としての社会的現実こそ決定的に重要である。それゆえ、競争と規制の天秤を競争の方にシフトさせる場合にも、その速度をどうするかは慎重に検討すべき問題である。自由な競争の拡大を基本的に目指しつつも、一つ一つ効果と副作用を確認しながら徐々に方向を転換していくべきである。

弁護士制度が自由な社会にとって必要不可欠である限り自由競争導入にともなう摩擦熱が既存の弁護士制度を破壊したり、急激に変質させたりすることは避けるのが賢明である。一時的にせよ、弁護士制度が混乱に陥るのは、弁護士にとってはもちろんのこと、弁護士サービスの受手である国民にとっても幸せなことではあるまい。しかし、変化にともなう摩擦熱を吸収できる程度の速さでは改革を進めるべきであり、それこそ現在日本が置かれた内外の情勢の指し示すところでもある。

四　プロフェッション論の見直し――まとめにかえて

(1)　自由競争と弁護士のビジネス化　弁護士業務への自由競争制の導入は、たとえそれが部分的なものであるにせよ、弁護士の業務の在り方、倫理に影響を与える。

吉川弁護士の前掲「諸外国における弁護士業務の「産業化」とその影響」によれば、米国では、①明確な営業戦略に基づく事務所経営、②弁護士の「金儲け志向」、③弁護士・依頼者間の伝統的関係の変化、④弁護士業務の「総合的サービス」業化、⑤弁護士の「労働流動性」の高まりによる「フリー・エイジェント」化等が進んでいるという。これらの傾向を一言で表現すれば弁護士の「プロフェッション」性が弱まり「ビジネス」性が高まっているのである。そのような変化の原因として基本的には弁護士人口の飛躍的な増加があり、さらには広告制限撤廃等の影響があることは同弁護士が指摘するとおりであろう。

問題は、そのような変化をどう評価するかである。

既存の倫理基準からすれば、右の変化はいずれも好ましくない現象と言うことになろう。米国の最高裁判所長官が懸念を表明したり、アメリカ法曹協会（ABA）が「プロフェッショナリズムに関する委員会」を発足させてプロフェッショナリズムの「再興」のための計画を発表したりしたのは、既存の倫理を是とする立場からの意見の表明と理解される。しかし、既存の倫理を維持しようとする立場からのそのような動きは、「プロフェッショナリズム」的な倫理に変更を迫る勢力が無視できない程度になっていることをも推測させる。おそらく既存のプロフェッション性を維持しようとする意見と、これを否定してビジネス性を徹底しようとする意見とが拮抗し、一種の綱引きの様相を呈しているのではなかろうか。

(2)　プロフェッション論　　プロフェッションとは、西欧において歴史的に形成されてきた職業に関する概念で、主として聖職者、医師および弁護士について使われたものである。これらの職業は、①専門性、②団体性、③独立性、④公共に対する奉仕の精神などの特性を備えていることから、他の商売ないしビジネスと区別してこのように呼ばれてきた。

日本における弁護士プロフェッション論の展開は、一九五六年、米国弁護士ラビノヴィッツ氏がハーバード・ロー・レビュー誌に「日本弁護士の史的発達」を発表、その日本語訳が昭和三二年（一九五七）に「自由と正義」に掲載されたことに始まる。(31)

その後しばらくは弁護士側からの反応は鈍いものであった。昭和三九年臨時司法制度調査会意見書（いわゆる「臨司意見書」）が発表されたころから、学者を中心にして弁護士をプロフェッションとして研究の対象とする気運が生じはじめた。(32)そして昭和四四年、石村善助氏の「現代のプロフェッション」（至誠堂）が出されたころから、本格的にプロフェッション論の議論が始まり、昭和四五年の「講座現代の弁護士1」（日本評論社）では石井成一弁護士らが詳細な議論を展開した。以後プロフェッション論は弁護士階層に広く受け入れられ、日本の弁護士の在り方に大きな影響を与えた。

しかし、プロフェッション論が登場して四半世紀を経過し、日本の弁護士を取り巻く内外の情勢が大きく変化した現在、昭和四〇年代のプロフェッション論をそのまま全面的に堅持してよいのか、やや疑問がある。むしろ、プロフェッション論の果たした役割を高く評価しつつも、その意味するところを解体分析して、今後とも残すべきものと、捨て去るべきものとの見直し作業をする必要があるのではないか、というのが私の考えである。

この点について深く立ち入って検討する余裕がないので、結論だけを列挙して本章のまとめにかえたい。

(3)　専門性　　弁護士が体系的学問に裏付けられた高度の専門的知識を必要とし、現にそのような存在であることは、弁護士を他の一般的ビジネスと区別する第一の根拠をなすと考えられている。

弁護士が専門的知識を必要とする職業であることは何人も異論はなかろう。しかし、このような傾向は弁護士以外の隣接法律専門職種、例えば司法書士、弁理士、税理士、公認会計士、企業法務部などでも見られることである。法律関連専門職種以外での分野でも専門的知識の必要な職種は増加しつつあり、しかも専門性の程度も高度化している。むしろ弁護士が法廷で必要とする専門的知識以上に高度な専門性を必要とする職業の数は飛躍的に増えているといってよい。専門的知識を有することは、古典的プロフェッションの専売特許でなくなりつつあるのである。

なお、弁護士の「専門性」は、往々にして事件に対する依頼者の発言を「素人の考え」として排除する口実にも使われてきた。「専門性」に名を籍りた、このような権威主義的態度は従来からも批判されてきた。今後は弁護士についても、専門的知識の内容について顧客の容喙を拒絶するという意味での専門性の強調は影をひそめ、提供するサービスの内容がどの程度高度で信頼できるか、という観点が重視されることになろう。そのような意味での専門性は、他の専門家職業集団と同様に自由競争の対象となりうるものであり、むしろ競争の中でこそ高められるものなのである。

(4)　団体性　古典的プロフェッションのこの特徴は弁護士が少数エリートで、閉鎖的に専門的知識を共有しその内部でのギルド的様式により、自らの政治的立場を高めて外部に対する自由と独立を確保するとともにその職業性を社会に認知させ、内部的には後継者を自ら選定・訓練し、特有の倫理規範をもって規律を維持してきたことに由来する。弁護士の団体は、常に構成員に新しい知識を供給する情報発信基地であり続けることによって弁護士の専門性を高め、構成員の正当な職業的利益を擁護することによって弁護士の自由・独立性を高める機能を果してきた。しかし、それはあくまでも個々の弁護士が専門知識を取得し、自由と独立を確保するための手段である。弁護士の団体性ないしは弁護士自治に名を籍りて弁護士の業務上の自由を不当に制限したり、まして弁護士法務サービスの受手（消費者）である国民や隣接専門職種の自由を不当に制限したりすることは許されない。

現代的な意味でのプロフェッションの団体性は構成員、国民などの正当な自由を阻害しない範囲内で存続を認められる。

(5)　独立性　プロフェッションとしての弁護士という職業の特徴としてしばしば挙げられる独立性は、主として依頼者との関係で問題となる。依頼者からの独立については、弁護士が依頼者に雇用その他の形態で支配されないことをもってその中心概念としてきた。営業許可制度が撤廃されれば企業に雇用される弁護士は増える。その数は弁護士人口が増えればさらに増加する。それゆえ、なにものにも雇われず経済的にも独立独歩の途を歩むことをもってプロフェッションであると考える立場に立てば、自由競争の拡大はそれだけ弁護士の独立性を侵食するということになる。

しかし、法律家としての独立性の有無は雇用されているかどうか、というような形式的な面からのみ判断されるものではない。これは、例えば、国家に雇用される裁判官にも職務の独立が予定されていることからも容易に理解できることである。

弁護士の職務の独立性は、依頼者の指示であっても法や正義に反する場合はその指示を拒絶できる自由をもつかどうか、で決定的に異なる。そのような自由は、雇用する者と雇用される者との相対的力関係によって影響されるから、弁護士の専門的知識が高度で依頼者にとって必要不可欠であればあるほど、より多く保障されやすい。そして、弁護士が依頼者から相対的に独立して自由であることは結果的に、正しい弁護活動を展開することを可能にし依頼者の利益にもなる。そのような弁護士の自由は、激しい競争の中でも専門的知識を研くことによってなお十分に保持されうる性質のものである。

弁護士の独立性は、国家ないし裁判所との関係でも問題になる。弁護士の第一次的職責が依頼者の個人的価値を擁護することにあるとすれば、当然弁護士は国家ないし裁判所から独立した存在でなければならない。弁護士業務の自由化が進展し、自由競争の度合いが深まれば、弁護士は法的サービスの受手（消費者）である国民・依頼者の意向に沿う態様での執務を求められることになるから、この意味での独立性は高まるであろう。

従来論じられることが少なかったが、弁護士の独立を考える場合には弁護士会からの独立も問題とされなければならない。既に「弁護士と自由」および「弁護士業務統制」の各項で述べたように、弁護士自治の下でもなお弁護士会による弁護士個々人の自由の制限の問題は解消されない。両者の間には統制と自由をめぐって一種の緊張関係が存在する。競争排除主義の下では長いものには巻かれろ式の姿勢に甘んじていた弁護士たちの中にも、自由競争の深化につれて、従来の基準からすると異端とも見える新工夫を考案しこれを実践する者が出てくるかもしれない。そのような場合に、統制によって異端者を排除するのはたやすいことではあるが、それでは自由競争の理念に反する。少数異端の中にこそ、次代の主流となるべき弁護士業務の新しい芽が秘められていることを考慮して、たいていのことは市場の判断に任せる寛容さが必要である。異端の中で社会に有用なものは市場の支持を得て生き残り、有害なものは支持を失っていずれ市場から姿を消していくであろう。

こうして、自由競争の進展は弁護士が弁護士会から相対的に独立する傾向を加速させるのである。

(6)　公共奉仕性　　プロフェッションの最も重要な特性とされるのは公共への奉仕である。弁護士の公共奉仕性については、日本でプロフェッション論がとり上げられるはるか前、明治の末年に既に「私利を貪るの業務にあらずして社会的公共的義侠的の職務」というような形で主張されている[33]（高野金重・録事第一〇〇号七八頁）。また、昭和二年にはE・A・パーリーの『弁護士道の七燈』が日本に紹介され、日本の弁護士に対して弁護士の公共への奉仕およびこれより生じる倫理の面で影響を与えた[34]。

この「公共への奉仕」の概念は、しかし、多義的であって、突き詰めて考えるとなかなか問題点が多く難しい（それは、「公共」という言葉に特別な意味を与えてこれを強調するか、「奉仕」と言う言葉に特別な意味を与えてこれを強調するか、力点の置き方によっても異なってくる。以下において分析を試みる第一及び第二の用法は「公共」に力点を置くもの、第三および第四に用法は「奉仕」に力点を置くものと言えよう）。

第一に、「公共への奉仕」は、これを素直に理解すれば、弁護士が弁護士個人の私的利益はもちろんのこと、依頼者の個人的利益をも超越して「公共的なもの」へ奉仕すべきだという理念の表明ということになるであろう。弁護士は、裁判官、検察官とともに法曹三者として司法制度を担い、基本的人権の擁護と社会正義の実現という重大な使命を与えられ、法律事務を独占的にあつかうことまで認められている。このことから考えてみても、弁護士は「公共的なもの」に奉仕すべきだという主張はごく当たり前のことのようにも思える（これは「公共利益優先論」とでも呼ぶべきものである）。

そのような観点から「公共的なもの」としてまず考えられるのは、「公衆」である（例えば石井・前掲書七三頁。但し外国文献の内容を要約するに当たって使用したもの）。

しかし、本章の冒頭で述べたように、弁護士活動の起点は依頼者にある。弁護士という職業は、依頼者のものの見方・考え方（個人的価値）を咀嚼しこれを裁判所や相手方に容認させ、実現させることを目的とする点に特徴をもつ。弁護士は事件の委任・受任を通じて依頼者となった特定の個人ないし企業のために個人的価値ないし私的利益を擁護することを職責とするものであり（弁護士法三条）、漠然とした「公衆」のために業務を行なうことは普通はありえない。弁護士の前に依頼者として立ち現れてくるのは常に具体的な個人ないし企業であって抽象的な「公衆」ではないのである。それ故、「公衆のために奉仕する」という意味も、弁護士が個々の依頼者のために誠実に弁護士業務を行なうこと以外を示すものではなく、ただ一般的に弁護士の業務が不特定多数の者に開放されており、同時並行的に複数の依頼者のために業務を行なうことから、結果的に依頼者の数が累積されて多数になると言うに過ぎない、と考えるべきであろう。

なお、「公共への奉仕」の概念はそのような弁護士業務の当然の性質を意味するに止まらず、もっと深遠な何かを意味しているはずだ、という考え方もあるかもしれない。

仮に「公共的なもの」が具体的な「公衆」以上の何かを意味するとすれば、それは「国家」または「社会」などのように抽象度の高い観念的な存在をおいては考えられない(35)。

しかし、弁護士という職業が依頼者を活動の起点に置き、個人的価値ないし私的利益を擁護することを職責とするからには、「国家」や「社会」を奉仕の対象と考えることは極めて危険である。一歩間違えればそれは、個人的価値のもつエネルギーを吸い上げてこれを実現し結果的に自由な社会を構築し発展させるという、弁護士の輝かしい職責を自ら放棄する自殺行為につながりかねない。弁護士個々人の中に「国家」や「社会」を奉仕の対象と考えそう行動する者がいることは、その人の自由である。が、弁護士全体ないしは弁護士の大勢がそのようなことを口にしだしたら、これを全体ないし集団主義への傾斜を示す不吉な予兆であると心得るべきであろう(36)。

第二に、「公共への奉仕」を、「法」ないし「正義」、または「基本的人権ないし社会正義」への奉仕と考える用法がある(37)。これは、「法・正義奉仕論」とでも呼ぶべきものである。

通常、弁護士は依頼者の要求をそのまま法廷に持ち出すのではなくて、自己の職業的良心と倫理の許容する範囲内において、かつ法的枠組みの中で主張する。依頼者の要求を法廷に出すことが自己の職業的良心または倫理に反すると考える場合は、受任を拒否し、あるいは受任していた事件から辞任する。その場合の職業的良心とか倫理は弁護士が法ないし正義と考えるものによって裏打ちされている。その意味では弁護士は、依頼者と法ないし正義という、二つの忠誠を尽くすべき対象をもつ。

しかし、この二つに注がれるべき弁護士の忠誠は一般にその質においても程度においても異なるものがある。弁護士の活動は依頼者を起点にしており、職業としての基礎をなす報酬も依頼者から受け取る。それゆえ、依頼者との委任・受任の関係こそ、弁護士を弁護士たらしめる基本的なものである。弁護士という職業は、依頼者の私的利益を擁護するためにこそ社会的に存在を認められていると言ってもよい。

他方、弁護士にとっての法ないし正義は、その職業的良心ないし倫理観の中核を構成し、これに反する活動を行なわないと言う意味で、活動の限界をなすものではあるが、一般には、弁護士の直接の奉仕の対象とは言い難い。奉仕の対象はあくまでも依頼者である。依頼者の私的利益の主張は、法廷における対論を通じて洗練淘汰され、裁判官の判断を受ける段階では「法」ないし「正義」と区別しがたいほどに同化する。そのような意味では弁護士は「法」ないし「正義」に奉仕する面をもっているがそれはあくまでも間接的であって、依頼者のための私的利益擁護活動の結果に過ぎない。

弁護士の中には、法とか正義（その場合の法ないし正義は、しばしばその弁護士が主観的に「法」とか「正義」と信じるものを意味する）を、依頼者の利益よりも重んじる者がいるかもしれない。多種多様な弁護士がいることは弁護士制度の必須の要件であるから、これを排斥する必要はない。市民の中にはそのような毅然とした弁護士を好む者がいることも十分考えられる。しかし、一般的には弁護士は複数の依頼者のものの見方・考え方を同時に理解し幅広く受け入れる能力を持つことを期待されており、弁護士制度全体としても社会の多様な価値体系の存在を許容し、社会的少数派や異端者、社会的弱者をも誰かが代弁し、弁護するような寛容なものである必要がある。依頼者の利益より既存の「法」ないし「正義」を優先させる弁護士だけでは自由主義社会の弁護士制度は機能しないであろう。

弁護士の公共奉仕性を弁護士法一条一項の「弁護士は、基本的人権を擁護し、社会正義を実現することを使命とする」という条項に求めるという見解はかなり有力である。[38] この見解は、前述の「法」ないし「正義」に関する議論を、「基本的人権」および「社会正義」に置き換えたものであると言ってもよい。従って、これに対する私の意見も「法」ないし「正義」への忠誠をもって公共への奉仕とすることへの評価とほぼ同様なものとなる。

基本的人権の擁護と言い、社会正義の実現と言っても、弁護士の日常の業務を離れて存在するものではない。弁護士が法を取り扱う職業であることから、日常の業務の中で依頼を受けた業務を誠実に実践することが、結果として基本的人権の擁護、社会的正義の実現につながるというに過ぎない。本来の職責を果たすという意味では、むしろ、すべての職業はそれなりに社会的有用性をもち、その有用性の程度に応じて公共に奉仕しているということができる。基本的人権の擁護・社会正義の実現を理由として弁護士の公共奉仕性を強調することは、弁護士の主観的なモラルを高めることでは効果を期待できるが、外部に対する客観的な説明という点では難があると考える（なお、これは基本的人権の擁護と社会正義の実現が弁護士の使命であることを否定するものではなく、またこれが弁護士を含む法曹の指導理念となりうることを否定するものでもない）。

第三に、弁護士は昔から「私利を貪るの業務にあらずして社会的公共的義侠的の職務」であるとか、「自己の利益よりは寧ろ社会公共の利益を顧みる」必要があるとかいわれてきた。[39] この中には、弁護士という職業が営利を目的にする利己的なものではなく、利他的なものであるという主張が含まれている（これは「弁護士非営業論」とでも呼ぶべきものである）。

確かに、弁護士は受任に際してまずその事件をきちんと処理できるかどうか、それによって依頼者の利益を擁護できるかどうか、をまず考える。その後の事件の処理に当たっても、依頼者の利益になるかどうかが判断の基準であって、弁護士の利益が基準にされるわけではない。その意味で弁護士が営利を目的にする職業でないことは異論のないところである。

他方で、しかし、現代の弁護士は弁護士業務を職業として実践している。その収入の中から事務所の人的物的施設を維持し、家族を養い、そして自らの生活を支えている。現実を直視すれば、弁護士が提供する法務サービスと依頼者の支払う報酬との間には経済的な意味での対価性が認められるべきである。その限りでは弁護士は一種の営業的利益を追求しているのである。

さらに、それぞれの弁護士が営業的利益を上げ、事務所の規模を大きくしたい、内容を充実させたいという欲求をもつことは、全体としての弁護士業務を拡大発展させ、司法の容量を広げ、法の支配を普及させることにつながる。それゆえ、弁護士という職業に営業的側面があることを公認することは、依頼者・国民のためにも弁護士のためにも必要ですらある。

しかも、プロフェッション以外の職業も営業的利益のみを追求しているわけではない。営業的利益を重視しつつも、それだけで満足せず、それぞれに社会的有用性をもつことを追求する傾向にある（いわゆるビジネスのプロフェッション化の現象）。弁護士の利他的性格を過度に強調することは弁護士の実態から目をそらさせると同時に、ビジネスのこのような傾向を看過するものである。

ところで、自由競争原理の下では、適正な対価とは競争秩序の中で形成される市場価格にほかならない。しかし、日本の弁護士業務は、競争排除主義を原則とし、自由競争とも市場原理とも異なるところで提供されているから、右のような意味での客観的な「適正」価格は存在しえない（弁護士会が規則や会規をもって決めればそれが適正な報酬額であるとするのは、弁護士自治に対するあまりにも楽観的な評価を前提とするものであって、一般社会には受け入れられないであろう）。そこで、弁護士の過大な報酬請求を制限するために「公共への奉仕」の理念が動員される。また、弁護士は医者や聖職者と並んで困った人を助ける「公共性」の高い職業であるから、依頼者の弱みに付け込んで私利を貪ったり、採算が採れないことを理由にして事件を断ったりしてはならない、などとも説かれる。そこでは、弁護士の「公共性」とは弁護士業務が広く一般に開放され、誰にでも利用可能な状態に置かれるべきであることを意味している。

このような意味での公共性の強調は日本の弁護士と依頼者間に対価性の原理が働かない場合のいわば安全弁として意味をもつ。弁護士業務が自由化され対価性の原理が浸透すれば、この意味での「公共への奉仕」の理念は、それだけ出番を失い、代わって市場からのシグナルともいうべき「市場価格」が表面に出てくることになる。しかし、このことは必ずしも依頼者が不利な立場に立つことを意味しない。競争秩序の中で、多様な弁護士サービスが提供され、依頼者が低廉なものを選択する機会も生ずるからである。

なお、公共性の主張は、反道徳的ないし反社会的行為をしてでも、利益を唯一最大の目的とする利益至上主義（金儲け主義）を排斥する意味でも使われるようである。弁護士の在り方に対するこの面での要請は、弁護士の依頼者に対する誠実職務執行義務（弁護士法一条二項）に帰着し、その中に収斂する性質のものである。そしてこのような誠実性は他の職業や企業にも要請され、現に実践されていることである。企業であっても目先の利益のみを追求し、信義にもとる行為や反道徳的ないし反社会的行為をすることは、少なくとも理念としては容認されていない。これはある意味ではプロフェッションの公共奉仕性の理念がビジネスに浸透した結果であるとみることする見解もある。法曹がこの点をもって他の職業ないし企業と自らの職業を区別べきると主張することは、弁護士の独善であると批判され、そして弁護士の孤立を深めるおそれがある。

第四に、弁護士はときに貧しいもの、弱いものを救済するために無償で弁護活動を行なうことがある。無償でなくても、貧しい人に対し報酬を一般よりは低額なものにとどめたり、採算を度外視して弁護をひきうけることもある。刑事事件においては、むしろ国選弁護が常態となっているが、国から支給される弁護料は、犠牲的精神なくしてはとうてい受任できない程度の低い額である。これら弁護士をして自己犠牲的弁護活動に駆り立てる原動力として「公共への奉仕」の精神が強調されることがある（このように、一定の場合に、無償ないし低額報酬による法務サービスの提供をすることを弁護士の義務であるとして、この義務を「公共奉仕性」から説明する考え方は「無償公益奉仕論」とでも呼べばよいのであろう）。

「無償公益奉仕論」の背景には弁護士が法的専門知識を独占し、同時にそれを職業として実践使用することを国家・社会に保障されていることにともなう、良い意味での選良意識が存在すると考えられる。

ところで、アメリカ法曹協会（ABA）の弁護士業務模範規則第六章は「公共奉仕」と題され、その中の第六・一条　公益のための無償奉仕（Pro bono Publico Service）では「弁護士は、公益のために法的サービスをしなければならない。弁護士は、資力の限られた者に対し又は公共奉仕若しくは慈善団体に対し無償又は低額な報酬で職業的サービスをすること、法律、法律制度又は法律職を改革するための活動において奉仕することおよび資力の限られた者に法的サービスを提供する団体のための経済的援助を行なうことによって、この責任を果たすことができる」と定められている。(40)

世界で最も徹底した自由競争の原理の下にある米国でもなお弁護士に「公共奉仕」が要求されていることは、

弁護士の職業と公共奉仕性とが切っても切れない関係にあることを示している。

しかし、私は米国での弁護士の公共奉仕の理念が、弁護士業務全体を覆う特性という位置付けではなく、公益のための無償奉仕（Pro bono Publico Service）という限定された形で表明されていることにこそ注目すべきであると考える。そこでは、基本的には自由競争の原理が働くことを前提とした上で、無資力者などの特殊な環境にある人々に無償奉仕のサービスを提供することを求めているのである。

結局、自由競争原理の下での弁護士職の「公益奉仕性」とはこのように限定的なものであって、依頼者の私的利益の擁護よりも公益への奉仕に優先的価値を認めたり、弁護士業務の営業的側面を否定したりする「公共奉仕論」とは一線を画されるべきものであると考える。

思うに、従来の弁護士プロフェッション論は、個人的価値ないし私的利益をやや軽視していたきらいがある。ことに「公共利益優先論」的公共奉仕論は、弁護士活動が依頼者を起点にして、その個人的価値ないし私的利益を擁護することの社会的重要性の把握という点で不十分であり、また「弁護士非営業論」的公共奉仕論は、弁護士の私的利益を軽視し弁護士の実態から乖離した幻想を人々に抱かせたという点で問題があったのである。公共奉仕論の混迷は個人的価値ないし私的利益軽視に由来するものであった、といってよいであろう。

二〇〇年以上前に、アダム・スミスは「個人が初めから社会の利益を増大させようという意図を持っている場合よりも、自分だけの利益を追求する場合の方が、もっと効率的に社会の利益を増大する場合がしばしばある。私は、公共の福祉のために商売していると気取って主張する人々によって、実際に社会の利益が増大されたという話を聞いたことがない」と指摘した。この先哲の言葉が意味することの重大性をもう一度謙虚にかみしめてみることは、日本の弁護士にとって決して無駄なことではないように思われる。

(7) プロフェッション論の見直し　従来強調されてきた弁護士のプロフェッション性の中には、弁護士がいかに近代化し競争社会の中で生きることを余儀なくされようとも、なお合理性を有し今後とも高められていくべき部分と、過去の歴史的な経過の中で形成されたが、現代の競争社会ではむしろ潔く脱ぎ捨てられるべき部分とが混在していた。前者についてはいくら強調しても強調しすぎることはないが、後者についてこれに固執することは、弁護士の自由を不当に制限し、国民の法的サービスを受ける権利を損ねてその反発を招き、いずれは弁護士階層の不利益となって跳ね返ってくることを覚悟しなければならない。その限りにおいて、弁護士プロフェッション論の見直しが必要である。

弁護士を弁護士たらしめている根源的な要素はなにか、突き詰めて考えていくと結局、弁護士は依頼者の依頼を受けてその個人的な価値ないし利益を法的側面から擁護・実現する専門職である、という極めて平凡な結論に行き着く。このような弁護士の姿は、現行弁護士法の三条にも明確に表現されているところであるが、この点に関する検討は必ずしも十分ではなかったように思われる。既に公共奉仕論のところでも触れたので繰り返しになるのであるが、従来の弁護士論は、個人的価値ないし私的利益を擁護することの社会的重大性をやや軽視しすぎていたのではなかろうか。個人的価値ないし利益を法的に擁護し、実現することこそ弁護士の職責であり、その重大性を確認することがすべての弁護士論の出発点になるはずだ、というのが私の考えである。

実はこのような視点は、四半世紀前の学者によるプロフェッション論でも、既に的確に指摘されていた（例えば石村・前掲書二五頁「(プロフェッションは）不特定多数の市民の中から任意に呈示された個々の依頼者の具体的要求に応じて、具体的奉仕活動をおこない、よって社会全体の利益のために尽くす」という指摘、同三三頁の「特定の依頼者の具体的要求に対して、一対一の関係（契約関係）を通じて個別的に行なわれる」という指摘等)。今から考えると、この指摘は極めて重要な意味をもっていたのであり、弁護士プロフェッション論はこれを原点に据える必要があったと思われる。しかし、なぜかその後の弁護士論の中ではこのような視点からの検討が極めて不十分なままで終わっている。

弁護士は、特別な「人権擁護活動」に携わらなくても、日常の弁護士業務を通じて依頼者の多様な個人的価値のエネルギーを汲み上げその擁護・実現に努めている。それは、自由な社会の形成、発展に不可欠なものであり、弁護士の職責として誇るに足るものである。そのためには多様な価値を担ったさまざまな弁護士が豊富に存在することが必要である。そのような観点からすると、今必要なのは、弁護士全体の統合を目指す一元論的な理念ではなく、個々の弁護士がそれぞれに自らの理念をもって弁護士活動を展開しその是非は依頼者ないし国民の選択に委ねることができる、自由で寛容な場の設定である。そこでは在野性を弁護士の本質と考える弁護士がいてもよいし、旧来のプロフェッション性を堅持して公共への奉仕に邁進する弁護士がいてもよい。ビジネス弁護士に徹して企業のために活躍する弁護士もいてもよい。というより、潜在的依頼者たる市民や企業が多様な価値をもっているからには、その多様性に応じてそれらを擁護するさまざまな弁護士がいなくてはこの社会は成り立たないのである。

（1）　P・カラマンドレーイ（小島武司＝森征一訳）・訴訟と民主主義（一九七六年、中央大学出版部）一〇九頁。
（2）　福沢諭吉集（文明論之概略巻之一」福沢諭吉集（一九七五年、筑摩書房）九五頁。
（3）　那須「弁護士業務の多様化と業務の改革・拡充――これからの弁護士および弁護士業務――」ジュリスト九七一号（一九九一）一四九頁以下。本章は、右論文を敷衍したものである。

（4）福原忠雄・弁護士法（一九七六年、第一法規）一一七頁。
（5）福原・前掲書一一七頁。
（6）金子要人・改正弁護士法精義（一九三四年、立興社）二〇三頁、小島武司「近隣法律事務所設置の提唱」民商法雑誌六五巻（一九七一年）三号四二頁。
（7）法律新聞三二一五号三頁。
（8）小島・前掲論文四三頁。
（9）福原・前掲書一一七頁。
（10）萩原金美「弁護士論の今日的課題」別冊判例タイムズ・現代社会と弁護士（一九七七年）三八頁、角田由紀子「法律事務所をめぐる問題」自由と正義三五巻二号（一九八四年）六〇頁等。
（11）福原・前掲書一四八頁。
（12）長嶋毅「弁護士法」現代法学全集第八巻（一九二八年、日本評論社）一九頁、金子・前掲書二四五頁、飯島澄雄「弁護士の営業許可」自由と正義三五巻二号（一九八四年）二八頁。
（13）飯島・前掲論文三六頁。
（14）飯島・前掲論文三六頁。
（15）明治二六年弁護士法につき長嶋・前掲書二〇頁。
（16）金子・前掲書二四七頁。
（17）福原・前掲書一五一頁。
（18）東京三会「弁護士法第三〇条第三項の営業許可基準」（一九七二年）第四条。
（19）上野登子「弁護士の営業許可の実情と問題点」ＮＢＬ四五二号（一九九〇年）一八頁。
（20）ＮＢＬ三七四号（一九八七年）三三頁。

(21) 中村隆英・昭和経済史（一九八六年、岩波書店）五三頁。
(22) 福原・前掲書二六〇頁。
(23) 福原・前掲書二六四頁。
(24) 福原・前掲書二六五頁。
(25) Ｊ・マーク・ラムザイヤー（宮澤節生他訳）「日本における法務サービス規制の経済学的批判」判例タイムズ六二五号（一九八七年）一八頁。
(26) 小島武司・弁護士——その新たな可能性（一九八一年）八九頁以降、棚瀬孝雄・現代社会と弁護士（一九八七年）一九頁以降・一六一頁以降・二一七頁以降、田中仙吉「弁護士業務の改革と問題点」東京弁護士会・司法改革の展望（一九八二年、有斐閣）二八一頁。小島秀樹「弁護士からみる法曹人口増大の急務」判例タイムズ七七〇号（一九九二年）六四頁。
(27) 片岡弘「欧米の法曹資格付与制度の変遷と法的役務の供給」ジュリスト九八四号（一九九一年）一三七頁。
(28) 石黒徹「英国における司法制度改革案」ジュリスト九三七号（一九八九年）四三頁。
(29) 長谷部由起子「イングランドおよびウェールズの法曹制度改革」成蹊法学第三三号（一九九一年）二三一頁、片岡前掲論文一三八頁。
(30) 吉川精一「諸外国における弁護士業務の『産業化』とその日本への影響」自由と正義（一九九一年）四二巻一号三一頁。
(31) Ｒ・Ｗ・ラビノヴィッツ（後藤登訳）「日本弁護士の史的発達」自由と正義八巻（一九五七年）九号六頁。
(32) 例えば、三ケ月章「法の客体的側面と主体的側面」尾高朝雄教授追悼論文集・自由の法理（一九六一年）、同「弁護士制度の将来の課題」自由と正義一五巻九号（一九六四年）。いずれも同「民事訴訟法研究」第四巻（一九六六年、有斐閣）所収。

(33)　高野金重・録事第一〇〇号七八頁。
(34)　石井・前掲書七九頁。
(35)　R・シュナイダー（石川明訳）「弁護士――独立の司法機関」（一九八六年、ぎょうせい）四四頁の表現を借りれば、「当事者も国家も、弁護士を「自分のために」働かせようと試みる」のであり、そこに「永遠の葛藤」があると言うことになる。
(36)　石村・前掲書二五八頁も、ドイツやソ連の弁護士の国家機関的性格づけに触れた後で、「弁護士が私権の擁護者という性格を捨て去ったとき、それは大衆のための弁護士でもなく、法のための弁護士でもなくなるであろう。……プロフェッションの公共奉仕の精神は――一見すると似ているようであるが――それとは異質の存在である」としている。
(37)　例えば石井・前掲書七四頁「プロフェッションのいくつかの特性のうち、最も本質的なものは、その職務が公共への奉仕のためのものであることである。……単に依頼者の生命・身体・自由・名誉・財産の擁護にとどまらず、裁判の公正、法律の進化に役立つとともに社会の民主化、人権の擁護に公権しなくてはならない」等。
(38)　福原・前掲書三八頁。同氏によれば、「弁護士が一般国民の側にあって、何ら変わった身分関係にあるものではないが、強い公共的性格を有する者であるとされるのは、弁護士についてこのような（基本的人権を擁護し社会主義を実現するという）使命が課せられていることによる」という。
(39)　高野金重・前掲書。
(40)　大野正男＝吉川経夫他訳「アメリカ法曹協会の弁護士業務模範規則」弁護士倫理の比較法的研究（一九八六年、日本評論社）一〇五頁。なお、同規則第六・二は、無資力または不人気な依頼者のために、裁判所による選任を受けたときの受任業務について定めている。

〈参考文献〉（本文中で引用したものを除く）

奥平昌洪・日本弁護士史（一九一四年、巌南堂書店）
三ケ月章「弁護士」岩波講座現代法6（一九六六年、岩波書店）
碧海純一・法と社会（一九六七年、中央公論社）
石井成一編・講座現代の弁護士1（一九七〇年、日本評論社）
大野正男編・講座現代の弁護士2（一九七〇年、日本評論社）
古賀正義編・講座現代の弁護士3（一九七〇年、日本評論社）
釘澤一郎編・講座現代の弁護士4（一九七〇年、日本評論社）
第二東京弁護士会編・弁護士自治の研究（一九七六年、日本評論社）
井上治典「民事訴訟——対論手続としての観点から」現代法哲学3（一九八三年、東京大学出版会）
宮川光治「法律事務独占の今日的課題」自由と正義三五巻二号（一九八四年）
大野正男「わが国弁護士の業務広告問題とその意義」法学志林八三巻三号（一九八六年）
石田雄・日本の政治と言葉上（一九八九年、東京大学出版会）
坂本多加雄・市場・道徳・秩序（一九九一年、創文社）
F・A・ハイエク（西山千秋訳）「自由の条件II」ハイエク全集6（一九八七年、春秋社）
F・A・ハイエク（渡部茂訳）「法と立法と自由III」ハイエク全集10（一九九〇年、春秋社）

第三章　プロフェッション論の再構築

――「市場」の中の弁護士像――

一　弁護士増加と規制緩和

1　競　争

司法試験合格者数が年間一、〇〇〇名程度に増加することが確実となった。一、五〇〇名程度に増加する可能性も出てきた。合格者数が増加すれば、弁護士の数も増える。そのとき、弁護士間の競争はどうなるか。

まず、第一段階として、司法研修所の同期生間で既存の法律事務所に「就職」する場合の競争率が高まり、就職活動が激しさを増し、勤務条件が厳しくなる、というような現象が生じよう。このような状態が五年ないし一〇年続けば、若い弁護士が事務所の中でパートナーとして残るための競争や、後から入所する弁護士の圧力で先輩弁護士が独立を迫られるというような形の競争も出てくる。

増員から一〇年も経つと、若い弁護士達は独立して事務所を持ち、競争は第二段階に入る。彼らは、既成事務所の先輩弁護士に追いつき追い越すために業務遂行能力及びマーケティング能力を磨き、従来見られなかったような新しい業務形態や事務所経営方式を案出するかもしれない。

二〇年後には、弁護士の数は少なくとも今の倍程度には達し、競争も一段と激しくなる。その頃までには、弁護士の専門化が進み、不動産登記、商業登記を専門とする弁護士が現れて司法書士と競合したり、税務専門、知的所有権専門、行政手続専門弁護士が出てきて税理士や弁理士、行政書士と競合を生じたりというような現象も珍しくなくなる。

これに対し、司法書士、税理士、行政書士、弁理士が、対抗的に法律相談、渉外法律事務、訴訟外紛争解決あるいは簡易裁判所における訴訟代理等の従来弁護士の職域とされていた分野へ進出し、あるいは進出のための運動を展開する可能性もある。司法試験の短答式試験と司法書士その他の隣接職種試験との共通化ないし統合化も意外に近い将来問題になるかもしれない。

2　規制緩和

弁護士間及び隣接職種との競争が進む中で、主として後発の弁護士、及び隣接職種から、弁護士職をめぐる諸規制を緩和するべきだとの要求が高まることは避けがたい。

私は、かつて、競争制限的機能を営む、複数事務所禁止、営業許可、公務員兼職禁止、業務広告制限、及び隣接職種との共同事務所規制、の五点について撤廃ないし改正を提言した(1)。

それから、四年を経て、司法試験合格者が一〇〇〇人となることが確実となり、一五〇〇人となる可能性も出てきた現在、弁護士にとっての規制緩和問題はより切実な課題となっている。弁護士界の外部においては、規制緩和の思想は、より普遍的なものとして承認され、社会変革の原動力の源泉ともなっている(2)。

紙数の関係上、右五点に関する規制緩和の提言の具体的内容については前記論文に譲るとして、そこでは取り上げなかった報酬規程の自由化についてだけ簡単に触れておきたい。

報酬規程は、弁護士にとっては業務遂行上、重宝な存在である。報酬のことで迷えば参照できるし、報酬額決定のときにも「弁護士会の規定ですから」と言えば依頼者も納得することが多い。それにも拘わらず、弁護士業務の発展という長期的観点からすれば、報酬規程の公定は、決して望ましいことではない。

今後弁護士人口増加に伴い、主として若い弁護士層から全く新しい法的サービスが国民に提供される可能性は高い。新しい法的サービスは、これに適合した報酬体系を伴ってこそ国民に利用可能なものとなる。そのためにはこれを自由に国民・企業に伝えることができる宣伝広告制度とともに、弁護士個々人の工夫を可能とする自由な報酬制度が必要となる。

弁護士報酬は、弁護士会による一律的な報酬規程によるよりも弁護士個々人がそれぞれの報酬規定を持ち、ただ事前にこれを弁護士会に届け出る（届出がない場合は、弁護士会の標準規程による）こととし、その内容に問題がある場合に限って弁護士会の指導監督に服するという制度に切り替えることを検討すべきであろう。(3)

3　市場原理

以上のように、弁護士人口の増加と諸規制緩和が進む過程で、弁護士の意識の中に理念としての市場原理が徐々に浸透し、これを受容する者が増えると見込まれる。

もっとも、司法試験合格者数が年一、〇〇〇人ないし一、五〇〇人程度に増えたからと言って、直ちに弁護士が自由競争に身をさらされることにはならない。

例えば、一九九九年以降合格者数毎年一、〇〇〇人の状態が続く場合、現在の弁護士数（一九九六年一〇月一日現在一万五九二五人）が倍以上になるのは、二〇年以上先のことである。合格者数が年間一、五〇〇人になればこのペースは速まるが、それでも倍になるのは今から一五年はかかる。その間経済の規模も拡大し、国際的な取引も進展することが予想され、他方で弁護士となる資格は依然として厳しく限定され、しかも弁護士会の下での自治制度による懲戒制度を機軸とした統制が続くはずであるから、他の一般的な業種に見られるような自由競争が現実のものとなることは当分ありえない。弁護士数が二倍を超えて三倍になったとしても同じであろう。その意味で、弁護士の数が増え、弁護士業務の規制緩和が多少進んだからと言って、直ちに弁護士が米国のような自由競争状態になるということではない。

それにも拘わらず、私は、弁護士階層が市場原理ないし自由競争の問題を今の時点で真剣に考え、少なくとも理念のレベルでこれを受容することを真剣に検討すべきだ、という意見を持っている。(4)

弁護士は、市場に深く根ざした職業であり、市場原理を基本とする自由な社会でこそ活躍も可能となる。(5) ところが、弁護士の議論の中ではこの自明の事実に目をつぶり、市場原理を陰に陽に否定する立場からの議論が少なくない。

その典型が、外国弁護士問題、広告規制緩和問題及び司法試験改革問題をめぐり、反対論の根拠とされた「弁護士プロフェッション論」（正確には、「公共奉仕」を中核に据えたプロフェッション論）である。この一〇年来、「プロフェッション論」は現状変革阻止、市場否定の旗印に使われてきたと言ってよい。(6)

一九七〇年前後に本格的に提唱された弁護士プロフェッション論は、元来開明的かつ前向きの役割を担っていたはずである。それが、なぜ二五年後には後ろ向きの議論に利用されることになったのか。その理由を問いつめていくと、プロフェッションの特性の一つとされる「公共奉仕性」に行き着く。

弁護士の意識の基層に、市場原理を否定する心理が存在し、それがことあるごとに「公共奉仕」という仮面を着けて顔を覗かせているのである。

弁護士が自己変革を遂げていくには、この「公共奉仕」の理念を問い直す必要があり、さらに遡れば、「プロフェッション論」の中に含まれる市場原理否定の思想そのものの正当性を再点検する作業が不可欠なのである。(7)

4　普遍的システム

市場原理は個々人が自己の責任で業務のあり方を工夫創出して消費者に提示し、その最終的なあり方を消費者の自由な選択に委ねるシステムである。供給者は、財ないしサービスの売行きや価格の変動をとおして、消費者からのメッセージとも言うべき情報を受け取り、これによって、自ら提供したものが市場でどのような評価を受けたか知ることができる。

市場は、無秩序な闘争社会ではなく、価格というシグナルを介して成立する一定の秩序をもったシステムである。そこで展開される競争は、何が優れた財やサービスであるかを発見するための手続である。(8)

このような競争システムを受容することは弁護士に限らず財ないしサービスの供給者にとって楽しいことではない。競争のない状態で仕事に専念したいと願うのがむしろ普通の姿であろう。

しかし、規制緩和が進み市場原理が普遍性を高める経済社会の中で、独り弁護士だけがその埒外に身を置くことは、おそらく許されない。既成の弁護士がこれを望んでも、今後参入してくる新しい世代の弁護士たちは満足しないであろう。

仮に、既存の弁護士たちが、弁護士自治制度などを利用して一時的にこれを封じ込めたとしても、潜在的な依頼者層である国民、企業がこれを許さないであろう。

万一、これらの外部の圧力を一時的に凌ぐことができたとしたも、経済原則の力は如何ともしがたい。市場原理の中で、弁護士を取り巻く外部の経済は絶えず技術及び経営の革新を継続しており、弁護士だけが安逸を貪っていれば、外部に弁護士抜きの代替システムが形成され、弁護士階層の相対的な地盤沈下を生じさせる。

市場原理とはそのような普遍性を持ったものであり、これに対抗しうる経済システムは、社会主義が没落した現在、見あたらないのである。

日本ではいわゆる一九四〇年体制による政・官・財の鉄のトライアングルによる統制型の経済がつい最近まで有効に機能していたため、理念としての市場原理が国民的な浸透を見ずに今日に至った。しかし、一九八〇年代を通じての社会主義諸国の没落とこれに伴う一九九〇年代初頭の東西冷戦の終息、およびバブル崩壊後の経済界からの規制緩和の声を背景にして、日本でも日本的な統制経済システムを改め、市場原理を導入しようという意見が高まりつつある。

今後、日本の社会の中でこの原理が普遍性を高めていくことは確実である。

二　「プロフェッション」論と「市場」

1　両立可能性

弁護士の大勢は、市場原理を弁護士の業務について妥当するものとして受容することについて消極的であるか少なくとも慎重である。(9) その根拠として挙げられるのが「弁護士はプロフェッションであるから、自由競争にはなじまない」という命題である。

果たして、弁護士が市場原理を自らの業務に組み込むこととプロフェッションであり続けることは両立しがたいことなのであろうか。

しばしば、プロフェッションの特性の一つとして取り上げられる「独立性」については、市場原理の下では、依頼者は弁護士が提供する法的サービスに対し対価として報酬を払っているのだから、その反面として、弁護士にいろいろ注文をつけて当然だという風潮も高まる。弁護活動における「対価性」を受容することは、「独立性」に有形無形の影響を与える。(10)

企業内弁護士が増加すると、従来の何ものにも雇用されず、何ものにも命令されないという意味での独立性という弁護士の特長も当てはまらなくなる。

「団体性」についても、弁護士数が増え、諸規制が緩和されて競争が激しくなれば、それだけ弁護士の質は市場における価格システムに依拠して維持されることになるから、弁護士間の連帯の絆も弱まるという現象が発生し、弁護士自治との間に一定の緊張関係を生じる。

しかし、プロフェッションの諸特性のうち市場原理との間で最も厳しい緊張関係を生じさせるのは、「公共奉仕性」であろう。

「弁護士は公益を目的として業務を行うのであって、報酬を受け取ることを目的として活動するものではない」というプロフェッション論の命題は、無償で行われる奉仕活動だけでなく、有償の弁護士業務にも普遍的に妥当するという趣旨のものとして主張されており、これが通説的な位置を占めている。(11)

これは弁護士報酬の「対価性」を否定する考え方であって、等価交換を基本とする市場原理と真っ向から衝突する。それは理念的に対立するだけでなく、実際にも弁護士人口増加や規制緩和の問題を論じるとき、消極的姿勢をとる根拠として利用されてきた。

2　「ステイタス関心」

棚瀬孝雄教授は、弁護士が「公共奉仕型」の弁護活動モデルを選択する理由の根底に、「弁護士のステイタス的な関心」が存在すると指摘する。(12)

同教授によれば、弁護士は、対依頼者との関係で「弁護士自身にとっての長期的損失はともあれ、報酬を期待する中に潜む対依頼者の従属的契機を自ら意識的に否定し、依頼者を超えた目的に自己の使命を結びつけることによって弁護活動への主体性を保持」するという強い関心を持ち、これが弁護士の意識の深層で公共奉仕の倫理化を推し進める力となっている。他法、対大衆との関係でも、「医師など他の専門職に比べて、その社会的役割に理解を得ることが困難で常に否定的なイメージに悩まされ続けていることから、大衆の支持を得るためにとくに弁護活動の公益性が強調される」というのである。

そして、「自由主義的なイデオロギーを基本的に欠く日本社会では、私益追求の社会的集積によって公益が実現されるという信念がなく、弁護士が私益奉仕とは独立に（あるいは私益不信の中では、むしろそれを積極的に否定して）、直接にその弁護活動の公益性を立証しなければならない必要性はより強く感ぜられるであろう」と指摘する。(13)

教授が示唆しているように、しかし、このような公共奉仕型に執着することが弁護士の長期的な損失とどうつながるかが大きな問題であり、「自由主義的なイデオローを基本的に欠く日本社会」が、規制緩和問題等に見られるように、英米型の自由主義社会に急速に変化し始めている現状で、弁護士の「公共奉仕性」を堅持することがむしろ弁護士の「ステイタス」を全体として沈下させる可能性も否定し切れないのである。[14]

三　プロフェッション論の再構築

1　「公共奉仕性」の限定

従来使用されてきた「公共奉仕性」の理念は多義的であって、例えば次の四つに分類することができる。[15]

①「弁護士は、弁護士個人はもちろんのこと、依頼者の個人的利益をも超越した公衆、国家ないし社会等の『公共的なもの』へ奉仕すべきだ」という理念（「公共利益優先論」）

②「弁護士は『法・正義の実現』または『基本的人権擁護・社会正義実現』に奉仕すべきだ」という理念（「法・正義奉仕論」）

③「弁護士は営業的利益を追求すべきでない」という理念（「弁護士非営業論」）

④「弁護士は貧困者・社会的弱者等に対して、無償・低額報酬によるサービスを提供すべきだ」という理念（「無償公益奉仕論」）

従来の「公共奉仕性」の議論の多くは、①ないし③のいずれかに属するものが多く、それは有償、無償を問わず日常の弁護活動全体を普遍的に覆う特性であるとされてきた。

しかし、①の「公共利益優先論」は、もしそれが「公衆」に奉仕するという意味なら、弁護士は事件の委任・受任を通じて依頼者となった特定の個人ないし企業のために個人的価値ないし私的利益を擁護することを職責とするものであって、漠然とした「公衆」のために業務を行うことは通常ありえない、という点を見落としていて適切でない。もしそれが「国家」や「社会」に奉仕するという意味なら、同様な理由で不適切なだけでなく、一歩間違えると全体主義ないし集団主義的弁護士論へ傾斜しかねない危険性を持つので、一層強い意味で適切でない。

②の「法・正義奉仕論」は、弁護士の活動が通常、依頼者を起点にして、委任・受任関係を結びその私的利益を法の許す範囲内で擁護することを直接の目的としており、「法・正義の実現」ないし「基本的人権の擁護、社会正義の実現」はその結果として実現する（ことがある）に過ぎないという意味で、一般的には間接的ないし二次的な意味を持つにとどまるのであるから、これを弁護士業務の普遍的な特性と言うのは、誤導的である。

弁護士の公共性を強調し、これを弁護士法第一条の「弁護士は、基本的人権を擁護し、社会正義を実現することを使命とする」から導く意見が有力である。しかし、すべての弁護士が自分の仕事を常に「基本的人権の擁護」や「社会正義の実現」に直結させて考えているかと言えば、そんなことはない。そのように考える弁護士もいるであろうが、そうでない弁護士もたくさんいる。いずれの考え方に立つかで弁護の質に優劣が生じるとも思われない。

外部の者から見て、弁護士の日常の業務（その中には、貸し金の回収や、家賃を払えない人に対する家屋明渡請求等も含まれている。公害の加害者である企業側について弁護することもある）がすべて基本的人権の擁護、社会正義の実現を目指しているという説明は納得しがたいであろう(16)。

むしろ、一つひとつの弁護士業務の実践は依頼者の個人的利益を擁護することを目的にしているのであって、ただ、それらの集積が基本的人権の擁護、社会正義の実現に結びつくと説明する方が説得力がある。

③の「弁護士非営業論」については、弁護士も職業であり営業的側面を有することを看過する反面、過度に利他的側面を強調することにより、弁護士の実態から目をそらさせると同時に、他の職業におけるプロフェッション化の傾向との調和性を欠くので不適切である(17)。

④の無償公益奉仕論は、「公共奉仕性」を弁護士が貧しい者、弱い者を救済するために無償ないし低額で弁護活動をするべきことに限定して用いることで、弁護士の現実の姿を明確に表現しており、しかも市場原理とも調和性をもっている。弁護士の「公共奉仕性」を謳うのであれば、これが最も適切である(18)。しかし、この意味での「公共奉仕性」はもはや、弁護士の業務の全体に妥当する理念ではなくなる。それは、弁護士報酬に対価性を是認した上で、例外的に弱者・貧困者に対する法的サービスに限定して当てはまるに過ぎないのである。弁護士プロフェッション論の中核には他の特性を据え、再構築を図る必要がある。

2 「専門技術性」

弁護士におけるもう一つの特性である「専門技術性」は、「高度な法的知識」「弁論の技術」「証拠収集能力」等を要素とするものであるが、これらの特性は市場の競争の中でも失われることはなく、むしろより高度に洗練されていくはずである。それは他の職種、企業におけるプロフェッションの普遍化と呼応して市場原理に調和的であり、かつこの特性を最大限に強化発展させることが市場化の中でプロフェッションとしての弁護士の相対的地位を向上させ、良い意味での弁護士の「ステイタス関心」を満足させることにつながる(19)。

もっとも、プロフェッションとしての弁護士は、高度な知識や技能を有するだけでは市場原理を基本とする社会の信頼を得るに十分ではなく、情報の偏在や権威のギャップを利用して不当な利益を得たり、理由もなく専門知識や技能の提供を拒否したりすることを慎むことによって依頼者や社会の信頼を獲得していく必要がある。そこで、専門技術性のもう一つの要素として、「高度の倫理性」も付け加えるのが適切であろう。

以上要するに、「専門技術性」は、プロフェッション論を再構築するにあたり、その中核に据えるに相応しい特性であって、しかもこれによって「弁護士のステイタス関心」もある程度充足されるのである。

3　「独立性」と「団体性」

これに対し、「独立性」及び「団体性」は「専門技術性」を維持発展させるための手段としての意味をもち、プロフェッションの特性としては副次的なものにとどまる。

弁護士は「専門技術性」を持つが故に、依頼者の細かい指示をまつことなく、独立して自らの判断で依頼者の最も利益となるように弁護活動を行う義務と権能を持つ。しかし、依頼者との間には委任契約及びこれに伴う報酬授受という対価関係が存在するので、依頼者は弁護士に具体的な指示をすることも可能で、この場合にはこれを拒否すべき格別の理由がない限り、弁護士はこれに従う義務を負う。そこには、弁護士の「独立性」の一つの限界がある。

元来、弁護士の独立性とは、弁護士が法的専門的知識と法廷弁論の技術を有し、依頼者があれこれ論じてみても、しょせん素人談義の域を超えず、かえって弊害のほうが大きいことと、これに専門的知識の偏在及び弁護士の数の希少性などという弁護士業に特殊な事情も加わって、普遍性を持ってきたのではなかろうか。そうとすれば、それは、弁護士が法に関する高度な専門技術性を有していることと密接な関係を持ち、かつ、専門性の特長を発揮させる制度的な保障でもある、といってよいであろう。それは独立性自体に価値があるのではなく、専門性を高めその効果を発揮させる手段たる性格を持つ点に意義があるのである。

「団体性」についても、弁護士は、専門性を高めるために団体を組織し有用な情報を先輩から後輩へ、そして同僚へと伝達・交換しあってきた。弁護士会が研修に力を注ぎ、会員に機関誌を配布するのも、各種委員会活動に会員を動員する等の活動を行っているのも、直接、間接に会員の専門性を高め、さらには自らの社会的地位を確立してその専門職性を外部に認めさせるためであると理解できる。結局、弁護士の「団体性」は「専門技術性」及び「独立性」の確立と密接不十分なものと言ってよく、そのための手段的な色彩を強く持っているのであって、規制緩和が進み、自由競争原理が浸透した社会においては、少なくとも自由な市場の形成を阻害したり、攪乱しない配慮が要請されるであろう。

四　市場の中のプロフェッション

以上述べたことのうち、従来型「公共奉仕性」が弁護士業務の対価性を否定することから市場原理と対立するものであること、及びこれに代わるべきプロフェッションの特性としては「専門技術性」を中核に据えるべきことについては、実は今から一〇年近くも前に、棚瀬教授の著書『現代社会と弁護士』の中で指摘されていた。[20]

同書が公刊された当時は、弁護士の人口増も、規制緩和もいまだ現実的日程に上っていなかった。しかし、一〇年近い年月を経て、司法試験合格者数は近く年間一〇〇〇人に増加する。一五〇〇人ないしそれ以上に増加する可能性も出てきた。弁護士をめぐる規制緩和は、業務広告の一部緩和及び外国法事務弁護士制度の導入を除けばほとんど進んでいないが、弁護士会の外部では経済界、学者から日本の構造改革の一環として弁護士の業務にも規制緩和が必要であるとの議論が絶えない。

私は、このような情勢の中で、弁護士が自由競争、市場原理に背を向けていくことは困難であると考える。弁護士階層が好むと好まぬとを問わず、日本経済の市場化は進展していく。その中で、独り弁護士だけが市場原理の受容を拒否していれば、相対的な地盤沈下は避けがたい。弁護士システムに代わる代替システムが発生する可能性もある。

弁護士が今後とも社会に影響力を保持し発展させていくためには、自らの職業システムを自らの手で変革していく覚悟が必要である。プロフェッションの理念そのものを市場原理と折り合う内容に組み替え、その中で競争を通じて市場のエネルギーを汲み上げていく必要があるのである[21]。

そのためには、棚瀬教授が指摘されたようにプロフェッションの革新に「公共奉仕性」を置くイデオロギーをひとまず放棄し、「専門技術性」を重視することが肝要である。専門技術を洗練させてプロらしい仕事を積み重ねることによって依頼者や周囲の評価は自ずから高まり、経済的にも恵まれ、そこにプロフェッションとしての誇りや生き甲斐も生じる。

もっとも、高度な専門技術を駆使する職業は、独り弁護士だけでなく、法律関連の隣接職種でも、その他の職業分野でも確実に増加し、その専門性は日々高められつつある。それぞれの職業が専門技術性を高め、高い倫理観に裏打ちされて誠実に業務を行うようになれば、専門技術という点ではこれらの職種となんら変わるところがなくなる。

そこで、「それでは弁護士が他の職種と異なる高等なものだということが言えなくなる」と嘆く声が聞こえてきそうである。しかし、歴史的・沿革的にはどうであったかはいざ知らず、四半世紀前にわれわれの先輩達が真摯な議論の中から探しだし提案したプロフェッション論は、自らの職業が他より高いところにあるとして、これを誇るためのものではなかったはずである。そうしてみると、今必要なのは、プロフェッションの理念が他の職種にまで波及し、普遍化したことを素直に受け入れ、共に喜ぶ度量の広さではなろうか。

「公共奉仕性」を捨てたら「わが国の弁護士はどのようにしてそのアイデンティティーを確立しうるのか」と疑問を投げかけ、「専門技術性」をプロフェッションの特性として重視するということに対してもそれでは「この職業は自己を見失うこととなっていくであろう」と懸念する声もある。(22)

しかし、市場原理の下では、右に述べたゆるやかな「プロフェッション」論を超えてすべての弁護士に通じる一元論的な理念をことさらに定立する必要は必ずしもないし、また無理なことでもあると考える。

弁護士は「公共への奉仕」を意識しなくても、また、特別な「人権擁護活動」に携わらなくても、法的な「専門技術性」を核にした日常の弁護士サービスを通じて依頼者の多様な個人的価値のエネルギーを汲み上げ、その擁護・実現に努めているのである。それは、結果的に自由な社会の形成、発展に貢献するものであり、弁護士の職責として誇るに足るものである。

市場原理の下で重要なのは、個々の弁護士がそれぞれに自らの職業理念に基づいて、「専門技術」に裏打ちされた日常の弁護活動を誠実に実践し、その評価は市場における依頼者ないし国民の選択の結果に待つことである。そのためには、旧来のプロフェッション論を見直し、現実社会に根ざした等身大の弁護士像を作り出すことである。(23)

補　記

1　専門知識と技術

従来のプロフェッション論は、弁護士の専門技術性について抽象的・観念的なレベルで論ずるにとどまり、具体的・現実的な分析に踏み込まず、結果的に実践的な専門技術の開発がなおざりにされる遠因となってきた疑いがある[(24)]。

弁護士は、専門家としての責任を果たすために、法に関する高度の知識、訴訟を円滑に推進する能力、法廷において法的主張・証拠提出を適切に行って依頼者の利益を十分に擁護する能力、必要に応じ相手と交渉して依頼者に最も有利な内容で和解をする能力などを要求されている。民事の分野では、新民事訴訟法の成立によりこの能力も一段と高度なものが要請されると見込まれる[(25)]。法廷外業務においても、法的知識、調査能力、交渉能力を駆使して依頼者に有利に紛争を解決したり、紛争を未然に防ぐために精緻な契約書を作成したりする専門的な能力が必要とされる。

これらの技能の基礎には、法に関する体系的、学問的な知識が存在し、これが伝統的に大学で研究・開発され教えられてきたことは周知のとおりである。

専門技術は、しかし、このような学問的、体系的な知識に尽きるものではない。市場では、依頼者の望む結果を迅速かつ廉価に実現し、その支持を受けることが必要であるが、そのためには実務慣行（プラクティス）及びその周辺のノウハウ的な非体系的かつ個別的情報及びこれに基づく技術（スキル）を欠かせない[(26)]。このような実務的な知識やノウハウは多くの場合、法廷や法律事務所の現場において開発されるが、日本の現状では市場システムを通じた伝播が困難なため、司法修習生に対する実務研修を通じて一部修得される他は、弁護士になってからのオン・ザ・ジョブ・トレーニング（ＯＪＴ）により伝達されている。

いずれにせよ、このような実務的な知識の開発・修得は弁護士の専門技術性の水準を引き上げるためには必要不可欠なものである。そして、実務慣行改善に向けての弁護士及び弁護士会の取組みを強化するためにも、プロフェッション論において専門技術性を重視することは、有力なインセンティブを提供するはずである。

2　ビジネスプロフェッション

弁護士のあるべき姿としては、既存の「在野弁護士モデル」「プロフェッションモデル」に加え、「ビジネスモデル」及び「関係志向型モデル」が挙げられ、この区分が市民権を得そうな勢いである。この区分に従えば、私の言う再構築された弁護士「プロフェッション」は、「プロフェッション」と言う外皮を残しつつも、その内実は「市場原理」と折合いをつけその中で自己変革を目指して行こうというものであるから、「ビジネスモデル」に最も近いということになろうか。

しかし、「ビジネスモデル」という呼称については、弁護士業務における専門技術性が表現されておらず、弁護士が一般のビジネスと比べて何らの特徴もないかのような誤解を与えかねないという点で不満が残る。むしろ、「ビジネスプロフェッションモデル」とでも呼ぶほうがより実態を表し適切である。(27)

このようなビジネスプロフェッションとしては、法律分野に限っても弁護士の他、外国法事務弁護士をはじめとして、司法書士、弁理士、公認会計士、税理士等が考えられ、これらの職種が将来広義のリーガルプロフェッションを構成する可能性がある。理念面でのプロフェッション論の再構築は、現実社会における広義のリーガルプロフェッションの生成・統合にも途を開くはずである。

（1）　那須弘平「弁護士職をめぐる自由と統制」宮川光治＝那須＝小山稔＝久保利英明編『変革の中の弁護士（上）』（有斐閣、一九九二年）一〇七頁。

（2）　野口悠紀雄『一九四〇年体制』（東洋経済新報社、一九九五年）一七頁以下、中谷巌『日本経済の歴史的転換』（東洋経済新報社、一九九六年）三〇七頁以下、鈴木良男「法曹人口の大幅増加」ジュリスト一〇八二号（一九九六年）一二九頁、中条潮「規制緩和が法曹界の発展をもたらす」自由と正義四七巻四号（一九九六年）四九頁。

（3）　後に述べるとおり、市場原理と両立可能なプロフェッション論を再構築するためには、弁護士報酬の「対価性」の承認が重要課題となる。「対価性」は、理念レベルで承認されるのでは不十分であって、日常の弁護士業務の中でも定着する必要があるが、そのためには弁護士個々人がそれぞれの報酬体系を持ち、これにしたがって報酬を請求することが望ましい。

（4）　個々の弁護士が市場原理を受容するかどうかは個人の思想・信条にかかわることでもあり、弁護士全体がそのような方向で動くということは現実にはありえないことである。要は、弁護士の大勢が市場原理の受容の方向に向かうことである。

（5）　那須・前掲注（1）一一四頁。

（6）　宮川光治「あすの弁護士」前掲注（1）『変革の中の弁護士（上）』七頁、小山稔「戦後弁護士論序説」同書一〇一頁。なお、弁護士のプロフェッション論一般につき、日弁連弁護士倫理に関する委員会編『注釈弁護士倫理（補訂版）』（有斐閣、一九九六年）二頁参照。

（7）　東西の冷戦が凍結した今、このようなイデオロギー論争をする意味があるかどうか、疑問とする向きもあろう。

しかし、「プロフェッション論」自体が一つのイデオロギーであるため、一定範囲のイデオロギー論争は避けがたいと考える。後掲注（21）参照。

（8）越後和典『競争と独占』（ミネルヴァ書房、一九八五年）一一頁以下、桂木孝夫『市場経済の哲学』（創文社、一九九五年）四頁以下、F・A・ハイエク（田中真晴ほか訳）『市場・知識・自由』（ミネルヴァ書房、一九八六年）五二頁以下・七七頁以下。なお、市場原理を「経済を自由放任状態におけば完全無欠な社会ができあがる」というような楽観的な内容の思想であると理解する向きもあるが、必ずしも正しくない。市場に過度の期待をせず、「市場とは、その下では悪人が最小の害しか為し得ないシステムである」というような謙虚な認識の上に立って、これを支持する立場もある。A・H・シャンド（中村秀一ほか訳）『自由市場の道徳性』（勁草書房、一九九四年）八五頁以下。

（9）吉川精一「規制緩和とプロフェショナリズム――二一世紀への課題」日本弁護士連合会編集委員会「あたらしい世紀への弁護士像（有斐閣、一九九七年）三七頁、塚原英治「自由競争論の中の弁護士像と『民衆の弁護士』」同書四九頁。

（10）棚瀬孝雄『現代社会と弁護士』（日本評論社、一九八七年）二五〇頁。ただし、棚瀬教授が同書で提唱する「依頼者主権」という概念は、「弁護士に対し依頼者への排他的奉仕を要求し従属的立場に置く」ものではないか、といった誤解を与えかねず、弁護士から見てやや違和感を覚える。依頼者と弁護士との間は委任契約によって律せられる対等な関係にほかならず、弁護士が自らの価値観ないし倫理観に反する弁護活動を拒否することは当然である。これは、銃砲店の店主が強盗を企てる者に銃を売ることを拒否するのと現象的に何ら異なるところはなく、プロフェッション性とか、公共奉仕性とかの議論以前の問題である。那須・前掲注（1）一六八頁参照。この点で、小田中聰樹教授の「現代弁護士論の陥弄――戦後最大の岐路に直面して」前掲注（9）二二四頁が、私の前掲注（1）論文を依頼者主権論と「同種の考え方」であるとされていることについては、同意しがたいものがある。

付言すれば、小田中論文は「弁護士増員問題の真の対立点が人権擁護的弁護士かビジネス的弁護士かにある」としているが、そのように対置させることが妥当であるかどうか疑問である（小山・前掲注（6）一〇〇頁参照）。まして「少数派（人権擁護的弁護士ないし民衆の弁護士）が理念的有意性を失ったときは、単なる異端者として攻撃されるか無視される」とするのは思過ごしではなかろうか。弁護士集団は、多様な価値を受容する懐の深さを持っていることにこそ存在意義があり、その中では異端の者であっても排斥されず、少数派であっても立派な業績を残せば敬意を払われるのは当然であり、現にそのような方向に動いている、というのが私の認識である（那須・前掲注（1）一七五頁）。

(11)　棚瀬・前掲注（10）二三三頁。

(12)　棚瀬・前掲注（10）二四七頁以下。

(13)　棚瀬・前掲注（10）二四七―二四八頁以下。

(14)　「ステイタス関心」自体は、弁護士の自立性ないし独立性とも関連し、弁護士の専門性及び倫理性に基づく弁護活動の自己統制を可能にするものであるから、これを完全に抑えきってしまうことは不可能であるし、またその必要もない。問題は、これが市場原理と対立する「公共奉仕性」によってしか充足できないものなのか、それとも市場原理と調和するプロフェッションの他の特性によって代替的に充足ができるものなのか、ということであろう（棚瀬・前掲注（10）二四九頁）。

(15)　那須・前掲注（1）一六五頁以下。なお、これらは相互に重なる部分を持ち、実際には、複数の要素を含むものとして使用される例もある。

(16)　棚瀬孝雄「プロフェッションの理念と市場の論理」宮澤節生＝神長百合子編『法社会学コロキウム』（日本評論社、一九九六年）二三八頁、宮澤節生「弁護士職の自己変革による日本社会の変革を求めて」前掲注（9）一五一頁以下。人権の擁護と社会正義の実現という使命は弁護士個々の行動のみによっては容易に実現できず、弁護士職全体として組織的に追求すべき価値であるとの宮澤教授の同論文での指摘は、貴重である。
(17)　那須・前掲注（1）一七〇頁。当然のことながら、個々の案件では、無償のこともあるし、低額の報酬で受任することもある。しかし、依頼者層から受け取る報酬を全体として見れば、明らかに弁護士の報酬とその提供するサービスとの間には対価関係が認められる。だからこそ、「人権派」を自認する弁護士が、別荘を持ったり、高価なゴルフ場の会員になったりという現象も生じるのである。
(18)　棚瀬・前掲注（10）二三五頁、那須・前掲注（1）一七三頁。弁護士が無償公益奉仕の責務を負うべきだとされる背景には、弁護士が法に関する専門技術性を独占的に有し、しかも同時にそれを職業として使用することを国家・社会から保障されていることに伴う、良い意味での選良意識が存在すると考えられる。
(19)　棚瀬・前掲注（10）二六一頁も、この可能性を示唆している。
(20)　棚瀬・前掲注（10）まえがき三頁、本文一九四頁・一九六頁。
(21)　プロフェッション論を議論する現代的意義は、市場原理との両立可能性を厳しく問い直すことにある。そのためには、市場原理ないし自由競争のシステムを功利主義的に把握するだけでは足りず、それが「自由」という基本的な価値と密接な関係をもつ一種の思想ないし「イデオロギー」であることを理解し、これと真正面から取り組む必要がある。その意味で、今後のプロフェッション論は明確な市場観を抜きには語りえない、と言ってよい。その市場観如何によっては、例えば「弁護士の産業化への傾向をプロフェッションの『イデオロギー』によって中和する」という提言（吉川・前掲注（9）四四頁）も、市場原理の浸透を阻止する目的に奉仕することになる可能性がある。
　なお、小田中教授の前掲注（10）二三六頁は、私の主張につき、「市場原理万能主義的発想」を前提とするものとされているが、誤解というほかない。市場原理も決して万能ではなく、弊害が伴うことは常識の範囲に属する。那須・前掲注（1）一五八頁。同教授が市場原理を司法に持ち込むべきでない理由として挙げる諸点は、これまでにもしばしば論じられてきており、格別目新しいものではない（那須・前掲注（1）一五九頁）。しかし、そのような問題があることを十分認識した上で、弁護士層はなお、「大きな司法」の途を選択し、法曹人口増加に向けて一歩を踏み出した。この現実の下で、旧来のプロフェッション論に拘り市場原理に背を向けていくことが可能かどうかという問題こそが、いま問われなければならないのである。大きな司法を選択した弁護士層には自ずから新しいプロフェッション論が必要であり、可能なことでもあると、私は信じる。

(22) 宮川・前掲注（6）九・一三頁等。

(23) 最近、棚瀬教授は、米国の市場主義の中での弁護士のあり方について、党派性の論理が「過剰な法援用」を招いているとして批判的な立場を強め、「脱プロフェッション化」ということを主張するに至った。棚瀬孝雄「語りとしての法援用」民商法雑誌一一一巻四—六号（一九九五年）、同「弁護士倫理の言説分析」法律時報六八巻一—四号（一九九六年）、同・前掲注（16）、同・「脱プロフェッション化と弁護士像の変容」前掲注（9）一九一頁等。米国弁護士に関してこのような批判が当たっている可能性を否定できないが、自由主義ないし市場原理が十分開花していない日本では、同教授が前掲注（10）書で示されたように、「公共奉仕性」を中心にしたプロフェッション論を「専門技術性」中心のものに組み替え、これを弁護士の中に定着させる作業を優先すべきであろう。この点で、やや文脈は異なるが、「依頼者に対する弁護士のミクロな権力に関心を促す議論は正当であるが、近代法の文化が日本社会を支配し、それがわれわれを抑圧しているかのように論ずるのは、見当違いである」という宮澤節生教授の見解に共感を覚える（宮澤・前掲注（16）一四八頁）。

(24) 那須「弁護士業務の多様化と業務の改革・拡充——これからの弁護士および弁護士業務」ジュリスト九七一号（一九九一年）一五三頁。ただし、一九七〇年に発刊された『講座・現代の弁護士』第四巻（釘澤一郎編、日本評論者）は、「弁護士の実務・技術」という副題からもわかるとおり、弁護士の専門技術の内実に踏み込んで検討を試みた数少ない例の一つである。

(25) 高橋宏志「新民事訴訟法から見たこれからの弁護士像」前掲注（9）二一〇頁。那須「訴訟代理人としての弁護士の役割と活動」塚原朋一＝柳田幸三＝園尾隆司＝加藤新太郎編『新民事訴訟法の理論と実務（上巻）』（ぎょうせい、一九九七年）所収。

(26)　市場を通じて人がそれと気づかずに利用している知識にはこのような類のものが多く、これこそ重要なものであることにつき、ハイエク・前掲注（8）五二頁以下。この範疇の知識を利用する結果として生成される実務慣行が訴訟において果たす役割についてP・カラマンドレーイ（小島武司他訳）『訴訟と民主主義』中央大学出版部、一九七六年）一二頁以下。

(27)　小山稔「戦後弁護士論序説」前掲注（1）『変革の中の弁護士（上）』一〇四頁は「弁護士はプロフェッション性の高いビジネスである」とする。

第四章　法科大学院構想（二弁案）の批判的検討

一　はじめに

第二東京弁護士会は、平成一一年一〇月、「法科大学院（ロースクール）問題に関する提言」（以下「提言」という）を公表した。

同提言は、司法制度改革審議会が精力的に審議を進める中で、全国の弁護士会のトップを切って具体的な構想をまとめたという点で評価に値する。この提言が司法界および大学関係者に与えた衝撃はかなりのものである。

しかしながら、この提言のうち、現行の司法修習制度を「法曹一元制度の対極にある司法官僚による法曹養成制度」と位置づけた上で、「法曹一元の理念を発展させることに失敗した」ものと断じて、司法研修所の廃止を主張している点、及びこれに関連して法曹養成の中核部分を文部省所轄下の大学に委ねることとしている点については賛成できない。司法試験の受験資格として、法科大学院の卒業を要件とする点についても問題がある。

最近、有力大学が相次いでロースクール構想を打ち出しているが、このこと自体は、大学の自己変革の努力の現れとして評価すべきである。その構想実現のために法曹が応分の協力をすべきことも当然である。

しかし、そのことと、法曹養成の中核部分を既存大学に委ねたり、司法研修所の廃止に踏み切ることとは、全く別の次元の問題である。法学理論教育と専門的実務教育とを混同してはならないのである（東京大学をはじめとする各大学の案の多くはこの区別をきちんとしている。ジュリスト一一六八号一九頁以下）。法曹教育、とりわけ専門技術の開発及び後輩への継承は、法曹自らが責任を持って、自らの手で維持発展させていくことが望ましい。そのためには、法曹三者が五〇年間にわたり協力して積み上げてきた司法研修所の実績を踏まえて、これを引継ぎ、発展させる方向を目指すべきであると考える。

二　現行司法修習制度の積極面

司法研修所を中心とする現行司法修習制度については、司法修習生が将来、弁護士、裁判官あるいは検察官のいずれの途に進むかを問わず、一緒に学ぶことから、最高裁判所の裁判官選任制度とともに、不十分ながらも法曹一元の理念に添ったものであり、法曹一体感の醸成にも寄与するとの積極評価もされている。司法研修所教育の代名詞のように引用され、報告書でも「実務追認」と批判されている「要件事実教育」についても、訴訟の充実・迅速かつ的確な処理という観点からは、法律実務家が体得すべき最低限の知識であるとしてこれを評価する意見が少なくない。

提言は、法曹養成制度を弁護士の養成制度に純化するべきであるという理由で「一〇年以上先にしか就任しない裁判官固有の職務についての教育を行う必要もない」という結論を導いている。しかし、現行司法修習制度において裁判官固有の職務を内的に理解する機会は貴重である。法曹一元が実現した暁には、弁護士が裁判官の給源となることを思えば、要件事実教育を放棄することにどれほどの正当性があるのか、疑問である。

三　大学の教育能力への不安

大学教育は今や崩壊の危機に直面していると言われる。私立大学が志願者減少に呻吟し、国立大学が独立行政法人化の荒波にのみ込まれつつあるのはその一例にすぎない。

法学教育についても、専門教育として不十分で社会の要請を充たさず、さりとて教養教育に徹することもできずに、司法や経済の現場から強い批判を受けて改革の途を模索してきたが、未だに明確な解決案を発見できていない。

平成一〇年の大学審議会答申では、「高度専門職業人養成に特化した実践的教育を行う大学院」が提唱され、その後いくつかの大学が専門家養成型大学院構想を発表している。しかし、これとて大学及び大学院教育の十分な成果の上に立って、前向きに専門家養成に乗り出すという側面よりも、現在の苦境を脱するために、教育の主体、教育課程、手法などの整備が不十分なまま、とりあえず時流に遅れないように名乗りをあげただけという側面があるように思う。

教育、殊に専門的実務教育は、理念やカリキュラムがどれほど優れていても、教室でその理念やカリキュラムを実践する教師が十分な技能と意欲を有していなければ空念仏に終わる。法曹養成についても、実務家の養成を目的にするからには、優れた実務能力に加えて強い教育意欲と授業実施能力を備えた者が多数、教壇に立つ体制が整備される必要がある。しかし、現在の大学法学部は、法解釈学及び基礎法学についてはともかく、実務家を養成するに必要な教育ノウハウも、人材も擁しているとは考えられない。

人材面について言えば、若干の実務家が教育の現場に立つだけでは実務家を養成するための教育としては明らかに不十分である。弁護士会が「実務法学教育」に教官を供給したり、「臨床的法学教育」の運営に主体的に関わるだけで、現在の司法研修所と同等ないしこれを越える教育を施すことができるとは思えない。

教育ノウハウの面でも同様な危惧がある。提言では、「弁護士会は、法科大学院の設立認可基準の策定及びその運用について、協働または支援をする」、「具体的なカリキュラムの作成にも協力する」、「弁護実務研修については、弁護士会が主体となってカリキュラムの作成から実施まで執り行う」とされている。他方で、しかし、「大学の自治、学問の自由、言論の自由及び教官人事の決定権は、全て法学部、法科大学院に与えられる」という。このような、システムの下では、弁護士会が教育内容に踏み込んで関与することは、大学に保障される「大学の自治」、「学問の自由」あるいは「教官人事決定権」との間で軋轢を生じさせるおそれが強い。弁護士会の関与は自ずから限定的なものにとどまらざるを得ない。

良い教育のためには、経営、カリキュラム、教師、教育手法その他いずれの面でも実績の積み上げと継続性を確保することが肝要である。法科大学院構想は、司法研修所の五〇年にわたる実践の成果を承継することなく、むしろこれを拒否する方向で、法曹の生命線とも言うべき「法曹養成」の事業を大学に委ねようとしているが、果たして、それがどのような結果を招くのか、リスクは大きいと言わねばならない。

四　大学教育と文部省の支配

提言も指摘するとおり、司法改革の最大課題の一つは、「行政権の支配に代わる『法の支配』を実現すること」である。

既存の大学を運営主体に想定する法科大学院構想は、法曹養成を間接的とはいえ、文部省の所轄下に置くことになる点で司法改革の理念である「行政権の支配からの脱却」、「法の支配の実現」の理念にも反する。

国の制度の多くが行政権による管理統制の網の目から自由でなかった時代にあって、司法研修所を中心とする現行司法修習制度は、文部省を中心とする大学制度の中に組み込まれずにここまでやってきた。「法の支配」の確立が叫ばれる今、法曹養成をあえて行政の一角を占める文部省の管轄下になぜ移さなければならないのか、疑問なしとしない。

のみならず、大学・大学院教育の惨憺たる現状を招来した責任の相当部分は、文部省にある。文部省が大学設置、学部・学科の新設、設備・人事、その他運営全般に広範な介入をして、大学の自由な発想に基づく競争と自己改革を阻害してきたことと、大学教育の硬直化、画一化とは無関係ではない。

以上の観点からすると、提言は法曹養成について、最高裁を中心とする「司法官僚」の支配から離脱させることに急な余り、時代の趨勢に逆行して、文部官僚による「行政権力の支配」に委ねる方向に突き進む誤りを犯すものと評さざるを得ない。

五　法科大学院（日本型ロースクール）について

大学が従来の法学教育に満足せず、より高度な専門職養成のために大学院を改組しあるいは新設することは、法曹養成の観点から見て極めて望ましいことであり、むしろ遅きに失したと言っても良いことである。

これらの専門職養成型大学院（いわゆる日本型ロースクール）において、卒業者の相当数が司法試験に合格するような教育を実施することは、司法試験合格者の水準を向上させるために有意義なことである。ロースクールが質量ともに拡充され、司法試験合格者の増加と相まって、卒業生の大半が事実上合格するような状況が現出されることも期待してよいであろう。

ロースクール構想を有する大学の多くはいずれも優秀な学部学生を抱えていることで定評がある。教育方法如何では、十分目的を達することが可能なはずである。法曹は、優秀な後継者を送り込んでくれるロースクールに協力を惜しむべきでない。

問題は、二弁案のように法科大学院の入学者定員を当面二〇〇〇名程度などと限定した上で、法科大学院卒業を司法試験の受験要件とすることの可否にある。

司法試験受験者数が三万名を越している現状からすれば、定員二〇〇〇名では、法科大学院への入学志望者が定員を大幅に超え、競争率が極めて高くなることが予想される。法科大学院受験専門の予備校ができることも容易に予想できる。司法試験地獄はなくなるが、代わりに法科大学院受験地獄が出現することになる。

費用の点でも、受験生ないしその親の経済的負担は、受験予備校への入学金・授業料を含め、入学試験合格までに必要な費用と合格後の法科大学院の授業料等（定員が少なければ一人あたりのコストは高くなり、授業料も必然的に高額になる）を通算すると莫大な額になる。その結果、法科大学院へ入学できる者は、現在の医学部に見られるのと同様、あるいはそれ以上に、富裕な階層の子弟のみということになりかねない。

そもそも、他の各種資格試験については、受験資格を緩和することが規制緩和、自由な競争促進の理念に合致すると考えられ、現にその方向で制度改革が進められているのであるから、司法試験についてのみ、法科大学院を卒業することを受験要件として加重することは時代の趨勢にも逆行する。

司法試験についてだけ受験資格要件としてロースクール卒業を要求するためには、それなりに合理的な根拠が必要である。

例えば、学部では法曹に必要な知識として教えるべきことが多すぎて四年間では消化しきれないというような状況が現実に存在するのだろうか。

私の知る限り、法学部の学生が理科系の学生と同等ないしそれ以上に勉強してなお修業年限が足りないとか、内容が高度すぎて学部の学生では理解困難であるというような話は聞こえてこない。

大学をレジャーランドと勘違いして遊び惚けている学生がいるとか、四年間在学すればところてん式に卒業させてくれる大学もあるというような話しの方が多い。果たして、大学の法学部の教室は、魅力ある講義に真剣に聞き入る学生たちで満ちているのだろうか。教室でみっちりと教えるべきことを教え、学生たちも学ぶべきことを学び、なおかつ四年間では学び足りないというような状況があるのであろうか。

そのような状況が存在しないのに、学部の上にさらに大学院を上乗せして、そこを卒業しなければ司法試験受験資格を認めないなどという制度を作るのは、受験生に不合理な負担を強いることになるという非難を免れないであろう。

法律学は大人の学問であるから、むしろ学部レベルで教えるのではなく、大学院レベルで教える方がよいという議論を聞くこともある。そうであるならば、まず現在の法学部を組織改革して、授業内容も大幅に改めて、これらのカリキュラムを大学院にスライドさせるべきである（必然的に、学部としての法学部は消滅ないし縮小される。その結果は、一般の大学を卒業した後にロースクールで学ぶアメリカ型法曹教育の途を辿ることになる）。このような自助努力をせずに、単純に学部の上に大学院を乗せ、しかもそこを卒業することを司法試験受験の要件にするというのは、大学の都合を優先しすぎていて、筋が通らない。

大学関係者の一部には、法科大学院卒業を司法試験受験の要件としなければ、受験予備校との競争に負け、法科大学院が空洞化することを危惧する意見があるようである。

しかし、司法試験合格者数が二〇〇〇名ないし三〇〇〇名に増加すれば、激しい受験競争を前提とする受験予備校の存在意義も薄らぐはずである。

そもそも、法科大学院が受験予備校と同一レベルで競争をしようとすること自体がおかしい。法科大学院の真の価値は、その提案の趣旨から見ても、司法試験に合格するかどうかだけにあるのではないことが明らかである。むしろ、司法試験合格を起点として長期にわたる法曹活動を展開するために必要な幅広い能力・識見を修得させることにこそ、法科大学院の存在意義があるはずである。それは、司法試験合格という速効的な利益ではないが、法曹として生きていくために個々の学生にとって有益なことがらである。

右の意味において、真に学生のために価値ある教育を実施することができれば、それだけ教育サービスの需要者である学生の支持を多く受けるはずである。万一、その支持を受けることに失敗した場合はどうするか。そのときは、需要者が求める教育サービスの提供ができなかったものと諦めて、潔く教育市場から退場すれば足りることである。

六　アメリカ型ロースクールとの相違点

我々が「法科大学院構想」を検討する際、アメリカのロースクール制度を想起し、「同国でうまく機能していることから、日本でも大丈夫だろう」というような錯覚に陥りがちである。

しかし、アメリカのロースクール制度と日本の「法科大学院」構想との間には、それぞれの制度が想定する入学者数及びその背後に存する法曹人口の点で大きな相違点があり、これが両制度を本質的に異なるものにしている。アメリカのロースクールへは年間数万名が入学を許されているということである。そこでは、入試地獄といった事態は生じるはずもない。

弁護士サービスの質の維持という点でも、この入学者数は重大な意味を持つ。アメリカのロースクールに入学した者の大半はロースクールでの課程を終えて資格試験に合格して弁護士市場に参入していく。それだけの人数の中には、成績が優秀な者から合格点すれすれの者まで、文字どおり玉石混淆、上下の格差は大きいはずである。

しかし、アメリカの弁護士人口が一〇〇万人に近い量に達していることから、自由競争原理にもとづく自由な市場が形成されている。消費者の自由な選択行動によって、質的な淘汰や、価格面における多様化、自己責任の原則による問題処理などが可能となり、原理的には弁護士サービスの質の問題が市場で解決されるシステムとなっている。

アメリカにおけるロースクール制度は、入学者容量の大きさ及び弁護士市場の規模の大きさとワンセットのものとして初めて意味をもち、社会に定着していることになる。

結局、法科大学院の入学者定員を二〇〇〇名程度にとどめるかぎり、法科大学院とは銘打ってもアメリカのロースクールとは本質的に異なるものとなることは必定であり、両者は似て非なるものと評さざるを得ない。

七　出発点は法曹人口問題

前述したところから明らかなとおり、「法科大学院」構想について検討するためには、法曹人口論を抜きにしては語れない。

近時の法曹養成問題も、もとをただせば、司法試験改革問題をめぐる論争が起点であり、司法試験の合格者数を一〇〇〇名程度に増加させることとした結果、司法研修所の物的・人的設備との関係で司法修習期間を従前の二年から一年半に短縮せざるをえなくなったことから生じたものであった。

それは、司法研修所における従前の教育に欠陥があるというが如き内発的なものではなく、合格者数の増加に伴い受け入れ可能人数が限界に達するという外部的要因に対応するために、必要やむを得ない対応を迫られて、法曹三者が議論するに至ったものである。

したがって、今回の司法制度改革審議会における議論についても、法曹養成プロパーの問題としては、法曹人口をどの程度にするかという問題と連動させながら、増加に伴って必要とされる範囲内で検討する必要があり、かつそれをもって足りるはずである。

将来司法試験合格者数が大幅に増加し、もはや現行司法修習制度の延長線上での修習が困難になるということになった場合は別として、現時点では現行司法修習制度を基本としながら、漸進的に必要最小限の修正を施して、従来の制度との継続性を維持しつつ、法曹一体感の醸成を期するのが現実的、かつ有益である。

理想的な法曹養成制度を構築するために、裁判所や検察庁を排除して弁護士会単独でことを行うのは労のみ多くして益が少ない結果となる虞がある。文部省や大学に委ねるのはリスクが大きすぎる。むしろ、同じ法曹の一角を占める裁判所や検察庁と協働することを基本に据え、必要に応じて各大学のロースクール構想とも調和させながら、漸進的に改革を進めることが望ましい。

二弁の提言作成に関与した人たちの一部からは、二弁案は「将来、法曹一元が実現した場合の理念型を示すもので、今すぐに司法研修所をどうこうしようということではない」というような弁解も聞こえてくる。しかし、司法改革は遠い将来の話ではなく、現在進行形の問題である。現状をどう変えていくかという現実的視点なしに改革を論じることは議論を混乱させる弊害を伴う。

八　弁護士補制度

司法試験合格者が一五〇〇名ないし二〇〇〇名に増加する場合の法曹養成制度はいかにあるべきか。

私は、第二東京弁護士会会員有志（代表小山稔弁護士）が平成九年三月に発表した「緊急提言―弁護士補制度の導入について―」が参考になると考える。

同緊急提言は、同年二月に奈良県弁護士会が発表した「弁護士補」案を基本としながら、若干の理論的補強を施したもので、次のとおりの内容をもつ。

① 法曹資格取得までの研修期間を二年とする。

② 最初の一年間は、現行の司法修習をほぼ半分に圧縮した形で、例えば前期合同修習三ヵ月、実務修習八ヵ月、後期合同修習一ヵ月等の振り分けにより、修習を行う。

③ 一年の修習を終えた時点で司法研修所による試験を実施し、合格者に弁護士補の資格を付与する。

④ 後半の一年間は、弁護士補として指導弁護士および弁護士会の監督の下で、訴訟上、及び訴訟外の業務に従事して、オン・ザ・ジョブ・トレーニングによる研修を受ける。

⑤ 弁護士補としての期間が終了した後に司法研修所の試験を実施し、合格者に法曹資格を与える。

⑥ 右目的を達するため、司法研修所の運営に検察庁及び日本弁護士連合会が一定の関与をできるように組織を改める。

右緊急提言は、法曹養成制度等改革協議会の意見を踏まえ、司法試験合格者一〇〇〇人となることを前提としてあるべき司法修習の姿を模索したものであった。もし、合格者が一五〇〇人ないし二〇〇〇人ということになれば、司法研修所の容量との関係で、第二司法研修所ないし研修所支所を関西に設置する等、若干の変更を必要とする。しかし、その基本的考え方は、変更の必要を見ない。

必要に応じ、各大学がロースクールを設置して司法試験受験前の法曹教育を実施することとも調和的である（ただし、ロースクール卒業を司法試験受験の必須要件とすべきでないことは前述のとおり）。

この案は、法曹一元との関係で言えば、任官者も弁護士補を経験することを要求する点で一歩前進することになる。これを越えて全面的な法曹一元を採用するかどうかについては、どちらの可能性も否定しないという意味において中立的である。

近未来の法曹養成制度としてはこの案が最も現実的なものであると考える。

事項索引

あ 行

諦めによる和解……173
悪しき実務慣行……71
アメリカ型ロースクール……367
アメリカ法曹協会……326
争いを好まない国民性……272
「あるべき弁護士像」論争……244
暗黙知……84
イギリスの司法改革……306
萎縮効果……255, 287
異端者……265, 322
委任契約……31
依頼者主権……353
依頼者とのコミュニケーション……88
依頼者の期待……31
依頼者の多様な個人的価値……329
依頼者の満足……107
依頼者のものの見方……265
依頼者の利益……17, 23, 210
依頼＝受任の関係……258
依頼不承諾の通知義務……276
インタビューの技術……85
運用改善……165
営業許可……283, 318, 336
ADR……24
M＆A業務……287
円満な解決……210
ＯＡ化推進……140
大きな司法……257, 356
押しつけの和解……173
汚職行為の禁止……276
檻の中での自由……208
オン・ザ・ジョブ・トレーニング……351
温情的保護主義……287

か 行

外国弁護士問題……245, 338
外国法事務弁護士……294
カウンセリング業務……287
カウンティー・コート……308
価格というシグナル……310, 339
学説継受……252
書く専門家……90
学問の自由……362
家族の扶養……180
価値相対主義……262
活発な論争……25
カルテル……300
関係志向型モデル……351
慣　行……69
慣行の規則への取り込み……72
慣　習……69
間接事実……170
看　板……289
官吏の専心奉職義務……281
官僚の論理……66
関連職種……254
企業戦略法務……246, 252
企業弁護士……243
既済事件……101
期日一括指定方式……188
期日前準備……169
規制緩和……252, 301, 335-336
擬制自白……99
基本的人権……323

基本的人権の擁護…………19, 320, 323
欺瞞的広告 ……………………………312
旧々弁護士法 ………………………249, 278
求釈明 …………………………………187
旧弁護士法 ……………………………249
教官人事決定権 ………………………362
狭義の争点整理 ………………………231
強制加入制 ……………………………296
行政権の支配 …………………………363
行政書士 ………………………………297
強制調停の合憲性 ……………………166
競　争 …………………………………335
競争原理 ………………………260, 290, 304
競争システム …………………………339
競争制限的規制 ………………………277
競争秩序 ………………………………310
競争排除 ………………………………292
協働作業的要素…………………………91
共同事務所制限 ………………………293
業務広告制限 …………………………336
業務対策 ………………………………251
業務の改革・拡充 ……………………243
虚偽広告 ………………………………292
巨大弁護士事務所 ……………………309
近隣事務所 ……………………………280
クラス・アクション制度 ……………191
経済的自由 ……………………………267
経済統制立法 ………………………295, 300
経済の統制と計画化 …………………295
形式的な争点 …………………………172
係争権利の譲り受け禁止 ……………276
継続審理規則 ………………………121, 149
継続審理の原則 …………………………8
結果陳述 …………………………………59
欠席判決 …………………………………99
原告側の仮説 …………………………230
原告，被告の席…………………………75
研修所支所 ……………………………370
現状維持の傾向 ………………………269
現代のプロフェッション ……………316
憲法上の制約 ………………………162, 166
謙抑的和解論 ……………………………33
権利の実現 ……………………………105
権利の保護 ……………………………180
権利の擁護………………………………33
権利保護説………………………………32
権力による社会統制 …………………263
権力への抵抗 …………………………248
権力抑制機能 …………………………263
公益性……………………………………35
公開原則 ……………………………166, 186
公開主義 ………………………………156
公開の法廷………………………………25
綱紀懲戒制度 …………………………287
広義の争点整理 ………………………231
広義のリーガルプロフェッション
……………………………………………352
公共的資源 ……………………………207
公共奉仕性 …………………………338, 341
公共奉仕論の混迷 ……………………327
公共利益優先論 ……………320, 327, 343
後継者選定の自由 ……………………270
広告規制緩和問題 ……………………338
広告問題 ………………………………245
交互尋問…………………………21, 164
交互尋問の技術 ………………………220
交互面接方式 …………………………39, 40
公衆への奉仕 …………………………320
公衆保護 ………………………………307
交渉業務 ………………………………246
公職兼任禁止の根拠 …………………282
控訴審における争点整理………………64
控訴審への情報の引継…………………64
合同事務所 ……………………………254

口頭主義……………………………63, 156
口頭主義の形骸化……………………26
口頭による裁判………………………64
口頭による論争………………………89
口頭弁論主義…………………………25
口頭弁論手続…………………………44
公務員兼職禁止 ………………280, 336
国際人権規約（B規約）……………167
国選弁護 ……………………………326
個人的価値……………………17, 265
国家の統制 …………………………268
古典的プロフェッション …………317
誤導広告 ……………………………292

さ 行

最高裁判所規則 ……………………29, 68
裁判回避の傾向 ……………………106
裁判官増員 …………118, 127, 144, 183
裁判官増員論 ………………………158
裁判官と弁護士の協働 ………117, 251
裁判官による説得 …………………208
裁判官の権威……………………43, 208
裁判官の交代…………………………65
裁判官の裁量 ………………………193
裁判官の職業的利害 ………………210
裁判官の心証 ……………………21, 93
裁判官の転勤制度……………………66
裁判官の負担 ………………………127
裁判官の役割 ………………………174
裁判官不足 ………………132, 141, 150
裁判経験者 …………………………103
裁判施設拡充 ………………………118
裁判所外における和解期日…………73
裁判所が定める和解条項制度………47
裁判所と代理人の役割分担 ………168
裁判所と当事者間の信義則 …………5
裁判所と代理人の協働 ……………176
裁判所のコスト ……………………106
裁判所の審理充実方策案 …………168
裁判所利用意欲 ……………………105
裁判を受ける権利……22, 123, 150, 165
在野精神 ……………………………244
五月雨型審理…………………………71
五月雨式期日指定 …………………198
五月雨式審理 ………………137, 153
三者間の協議 ………………116, 183
参入障壁 ……………………………298
三百代言 ……………………………298
三分間弁論……………………………71
ＧＨＱ審理促進措置 ………………149
時機に遅れた攻撃防御方法 …136, 163
資源の最適配分 ……………………310
事件の振り分け ……………………169
事件らしい事件 ……………………100
事実型争点整理………………………46
自主交渉による解決 ………………206
市場価格 ……………………………324
市場原理………………31, 304, 309, 337
市場原理の受容 ……………348, 352
市場原理万能主義 …………………355
市場原理否定 ………………………339
事情聴取………………………………86
市場の回復力 ………………………312
「市場」の中の弁護士像……………335
市場のメッセージ …………………310
自生的秩序 …………………………238
事前開示………………………………10
事前の準備……………………………86
示談交渉 ……………………………24, 41
自治的（または自主的）解決 ……207
自治と自由 …………………………274
失権効 ………………………136, 162
実質的訴訟事件 ……………………100
実質的討議 …………………………171

実質的な争点 ……………………………172
実情に即した妥当な解決 …………206
実務家固有の職業的利害 …………210
実務慣行…………………27, 68, 70, 340
実務慣行改善…8, 10, 150, 181, 183, 351
実務慣行の形成 ……………………238
実務慣行の成文化……………………72
実務継受 ………………………………252
指導監督権 ……………………………270
自　白 …………………………………225
司法研修所 ……………146, 273, 360
司法研修所の廃止 …………………359
司法試験改革 ………………338, 368
司法試験改革問題 …………156, 244
司法試験合格者 ……160, 270, 299, 368
司法試験の受験資格 ………………359
司法修習期間 …………………………368
司法修習生 …………146, 159, 270, 273
司法書士 ………………………………297
司法制度改革審議 …………………368
私法秩序維持説………………………32
司法の民主化 …………………………303
司法への信頼…………………………22
司法摩擦 ………………………………207
司法予算の増額 ……………………184
事務所案内 ……………………………289
事務所単一主義 ……………………277
事務所の経営 …………………………180
事務所報 ………………………………289
社会正義の実現 ………13, 19, 323, 354
社会的価値の多様化 ………………265
社会的公共性…………………………18
社会的弱者 …………………265, 322
社会的少数派 ………………265, 322
弱者の擁護 ……………………………265
弱肉強食 ………………………………310
釈明権の行使 ………………136, 141
自由業 …………………………………261
自由競争 ………………303, 314, 338
自由競争原理 …260, 276, 299, 324, 367
自由競争の弊害 ……………………311
充実型訴訟促進 ……………………125
充実した審理…………………………26
自由主義 ………………………………262
自由主義社会 …………………………310
自由主義的なイデオロギー ………342
集団主義 ………………………………321
集中証拠調べ ……………6, 8, 63, 80
集中審理 ………………8, 121, 220
自由な業務環境 ……………………266
自由な社会 ……………………………262
自由な社会の形成 …………………329
自由な職業 ……………………………273
自由な弁護士制度 …………………275
自由な法廷 ……………………………262
自由の制度的保障 …………………275
十分な弁護……………………………23
十分な論争……………………………34
重要産業統制法 ……………295, 300
受験資格要件 …………………………365
受験予備校 ……………………………366
主張及び証拠の後出し………………71
主張及び証拠の事前開示 ………10, 23
シュトゥットガルト方式 …………149
受領書面………………………………56
準会員制度 ……………………………246
準拠枠…………………………………31
準欠席判決事件 ……………………100
準司法機関 ……………………………246
純然たる訴訟事件 …………………167
準認諾事件 ……………………………100
準備書面の直送………………………70
準備的口頭弁論 ………………………6
渉外弁護士 ……………………………245

渉外法律事務所 ……………………245
証拠開示 ………………………187, 222
証拠開示機能 ……………………223
証拠収集手続 ………………………7
証拠主義 …………………………156
証拠調べ期日 …………………121, 195
証拠調べの期間 …………………124
証拠調べの効率化 ………………169
証拠調べの時間 …………………124
証拠調べの対象 …………………229
証拠説明書…………………………73
証拠としての陳述書 ……………235
証拠の引用…………………………57
証拠の事前開示 …………………227
証拠方法 …………………………223
証拠保全 ………………………141, 187
証人汚染 ……………………………88
証人尋問の技術……………………85
消費者からのメッセージ ………339
情報開示の前倒し…………………57
情報収集の技術……………………86
証明すべき事実の確認……………59
省力型訴訟促進 …………………125
省力型の陳述書 …………………237
昭和恐慌 …………………………295
書記官の増員 ……………………184
書記官の立会い …………………195
書記官の負担 ……………………140
職業選択の自由 …………………271
職業的利益 ………………………107
職責論 ……………………………252
職務専念義務 …………………281, 285
助言者………………………………18
書証写しの添付……………………57
書証の写し ………………………227
書証番号の割り振り ……………70, 75
書証偏重 …………………………230
職権主義 …………………………136
職権進行主義………………………15
職権尋問 …………………………164
処分権主義 ………………………156
書面中心主義………………………92
書面中心の訴訟手続………………26
書面による議論……………………63
書面による裁判……………………64
書面による準備手続……………6, 62
書面による争点整理………………62
書面の交換…………………………90
書面優先主義 ……………………238
信義誠実義務 ………………………4
人権擁護 ………………………329, 354
真実義務 ………………………19, 35
心証開示 …………………………163
人証調べ切り詰め ………………230
人証調べの対象 …………………229
人証尋問……………………………25
心証の開示 ……………………173, 177
迅速処理の要請 …………………107
迅速な解決 ………………………209
迅速な裁判……………………13, 110
人的物的施設の拡充 ……153, 171, 184
新当事者主義 ……………………118
新弁護士法 ………………………267
新民事訴訟手続試案（迅速訴訟手続要領）……………………155
尋問技術 ………………………21, 64
尋問技術の高度化…………………83
尋問事項……………………………86
尋問事項書…………………………21
新様式判決書………………………78
信頼感………………………………63
信頼関係の形成……………………88
信頼感の形成………………………91
審理期間…………………99, 113, 182

審理期間の短縮 ……………………175
審理計画 ………114, 152, 175, 183, 188
審理充実方策案 ……………………163
心理的苦痛 …………………105, 112
審理の公開性…………………………25
審理の促進……………………………26
審理の透明性…………………………25
審理予定表 …………………………162
随時提出主義 ………………………136
ステイタス関心 ……………342, 345
ストーリー論…………………93, 220
正義の総量 …………………………207
請求の趣旨の記載……………………75
成熟期間 ……………………………113
税理士 ………………………………297
積極否認………………………………59
説　得…………………………………90
戦後恐慌 ……………………………295
専心奉職義務 ………………………281
全体的価値 …………………………265
宣伝広告制度 ………………………337
先輩・同僚による秩序維持 ………269
専門家…………………………………21
専門家の役割…………………………31
専門家養成型大学院構想 …………361
専門技術性 …………………………345
専門職 ………………………………249
専門的実務教育 ……………………360
専門的知識 …………………………249
専門的法曹教育 ……………………271
早期処理事件 ………………………101
相互監視による統制 ………………268
相談業務 ……………………………246
争点及び証拠整理…………6, 24, 61, 79
争点整理……………24, 196, 219, 221
争点整理重点型 ……………………200
争点整理抜き人証尋問………………71
争点整理の対象………………………46
双方代理などの禁止 ………………276
訴訟委任契約…………………………15
訴訟外業務の拡充 …………………252
訴訟回避 ……………………………150
訴訟外法律事務 ……………………159
訴訟慣行………………………………20
訴訟慣行改善 ………………………168
訴訟慣行改善論 ……………………169
訴訟慣行の形成………………………20
訴訟機能の充実強化 ………………213
訴訟実務慣行 ………………………236
訴訟実務慣行改善論 ………………154
訴訟実務慣行の形成…………………27
訴訟実務の改革 ……………………250
訴訟上の和解 ……………16, 39, 193
訴訟資料 ……………………………225
訴状審査表 …………………………169
訴訟促進………………………………97
訴訟促進のにない手 ………………178
訴訟代理人 ……………………………3
訴訟遅延………22, 33, 97, 110, 149, 150
訴訟遅延の影響 ……………………105
訴訟遅延の原因 ……………………209
訴訟遅延への不満 …………………102
訴状・答弁書の記載方法……………70
訴状・答弁書の作成…………………56
訴訟と民主主義 ……………………262
訴訟の基本方針………………………87
訴訟の充実・迅速化 …………………8
訴訟の書面化…………………………79
訴訟の迅速化…………………………22
訴訟の引延し…………………………33
訴状の補正……………………………73
訴訟の民主的運営 …………………118
訴訟の利用しやすさ ………………118
訴訟費用の負担………………………75

訴訟費用敗訴者負担制度 …………191
訴状副本……………………………73
訴訟物価額の記載…………………75
訴訟物価額の算定基準……………75
ソリシター ………………………307
論争性の確保………………………24

た 行

第一回審理期日 …………………162
第一審強化方策協議会 …………149
代替的紛争解決……………………24
大学教育の硬直化 ………………363
大学の教育能力 …………………361
大学の自治 ………………………362
対価性 ……………………………341
代言人規則………………249, 278, 281,
代行者的地位………………………32
代行者の側面………………………14
第三の仮説 ………………………230
対　審 ……………………………186
対席判決……………………………99
対席方式 ……………………39-40
対席方式……………………………40
第二司法研修所 …………………370
代　理 ……………………………260
対立的要素…………………………91
代理人の役割 ………………………4
代理の役割…………………………31
対論…………………………34, 261
多元的自我 …………………………34
多元的な価値………………………17
多事争論の場 ……………………261
脱プロフェッション化 …………356
妥当な解決 ………………………205
ダブルスタンダード（二重基準）…207
多様な価値 ………………………262
単一事務所主義 …………………253
単純否認 ………………………10, 57
団体性 ……………………341, 346
団体組織 …………………………249
段取り論……………………………86
小さな司法 ………………………257
遅延の概念 ………………112, 117
遅延目的での弁護活動……………33
秩序ある社会 ……………………310
秩序維持機能 ……………………263
秩序形成機能 …………………14, 18
秩序と自由 ………………………263
仲　介 ……………………………260
仲　裁 ……………155, 190, 260
中立的裁定者 ……………………264
長期未済事件 ……………………101
調書依存型心証形成………………71
直接主義…………………63, 156
直列方式 …………………………199
陳述書 ……………………78, 21, 219
陳述書のあり方 …………………232
陳述書の争点整理機能 …………224
陳述書の弊害 ……………………223
陳述書のメリット ………………222
陳述の予測可能性 ………………231
抵抗精神 …………………………248
適正審理期間 ……………112, 114-115
適正な裁判…………………………13
適正な対価 ………………………324
適正な和解…………………………13
適法手続 …………………………167
手続追行機能………………………14
手続の透明性………………………25
手続保障論 ………………………118
等価交換 …………………………341
登記代理 …………………………297
東京地裁新件部 …………………128
当事者 ………………………………3

当事者間の信義則 ……………………5
当事者参加型の争点整理 …………234
当事者主義訴訟……………………17
当事者照会 ……………………58, 79
当事者照会制度 ……………………7
当事者・証人との打ち合わせ………86
当事者対立構造 ………………24, 35
当事者の経済的負担 ………………112
当事者の合意 ………………………206
当事者の互譲 ………………………197
当事者の参加…………………………50
当事者の準備不足 …………………153
当事者の選択の自由 ………………209
当事者の役割 …………………………4
当事者本人 ……………………………3
統制型経済 ………………299, 339
独占禁止法制度 ……………………312
独立行政法人化 ……………………361
独立性…………………249, 341, 346

な 行

内面的・精神的自由 ………………267
なれ合い………………………………32
ナレッジマネージメント……………84
西ドイツの簡素化法 ………………136
日弁連法務研究財団…………………85
日本的証拠開示制度 …………141, 186
日本弁護士の史的発達 ……………316
認　諾 ………………………………100
納　期…………………………………32

は 行

パートナー形式 ……………………294
背景事情 ……………………………170
敗訴の危険性回避 …………………210
罵倒的主張…………………………91
話す専門家…………………………90
バリスター …………………………307
判決規範 ……………………………207
判決形成手続 ……………25, 51, 193
判決形成に向けた争点整理 ………201
判決書の様式…………………………75
判決手続きの純粋性 ………………204
判決手続きの中断 ……………198-199
反対尋問 ……………………………231
反対尋問の準備 ……………………222
判例法………………………36, 207
判例法の形成 …………………19, 26
被告側の仮説 ………………………230
ビジネスのプロフェッション化 …324
ビジネスプロフェッション ………351
ビジネスモデル ……………………351
人の支配 ……………………………263
非弁護士の法律事務取り扱い禁止
……………………………………294
非弁提携の禁止 ……………………254
秘密保持の義務 ……………………276
品位保持 ……………………………284
ファックス書面………………………55
複数事務所禁止 …………253, 276, 330
複数事務所主義 ……………………279
複数の目………………………………34
複数のものの見方……………………91
プランニング法務 …………246, 252
プランニング法務ブローカーの役割
……………………………………31
プロフェション性 …………………244
プロフェッション論 …………315, 355
プロフェッション論の再構築
……………………………335, 343
プロフェッション論の見直し
……………………………314, 328
文書送付嘱託 ………………………141
文書提出義務 …………………………9

文書提出命令 ………………9, 141, 187
紛争解決 …………………………250
紛争解決説…………………………32
紛争処理業務 ……………………246
平均審理期間 ……………………101
ベイツ事件判決 …………………309
並列方式 …………………………199
弁護士会からの独立 ……………319
弁護士業務の「総合的サービス」業
化 …………………………………315
弁護活動の公益性 ………………342
弁護教官 …………………………274
弁護士会強制加入制 ……………272
弁護士会仲裁センター……………36
弁護士会の役割 …………………116
弁護士過疎地域 …………………253
弁護士規制緩和 …………………303
弁護士基礎教育 …………………274
弁護士強制制度 …………………191
弁護士業務 ………………………105
弁護士業務規範規則 ……………326
弁護士業務広告の禁止 ………276, 288
弁護士業務と自由競争 …………299
弁護士業務の改善…………………71
弁護士業務の拡大 ………………114
弁護士業務のサービス産業化 ……309
弁護士業務の質の確保 …………255
弁護士業務の自由 ………………266
弁護士業務の民主化 ……………302
弁護士後継者の養成 ……………270
弁護士サービスの多様化 ………249
弁護士自治 …………………255, 267
弁護士職 …………………………261
弁護士人口抑制策 …………253, 271
弁護士数の不足 …………………159
弁護士増加 ………………………335
弁護士訴訟…………………………22
弁護士代理強制主義………………18
弁護士代理主義 …………………156
弁護士代理制度……………11, 172, 187
弁護実務修習 ……………………274
弁護士統制 ………………………271
弁護士道の七燈 …………………319
弁護士の営業許可 ………………260
弁護士の営業等の制限 …………254
弁護士の金儲け志向 ………309, 315
弁護士の競争 ………………278, 280
弁護士の規律維持 ………………272
弁護士の権威 ……………………208
弁護士の公益性……………………18
弁護士の公共性 ……………18, 35, 319
弁護士の自衛本能 ………………293
弁護士の執務態勢 ………………141
弁護士の社会的経済的基盤 ………161
弁護士の自由主義的体質 ………282
弁護士の職域 ……………………159
弁護士の職責 ……………………251
弁護士の職務 ……………………249
弁護士の説得 ……………………208
弁護士の専門化 …………………336
弁護士の専門技術 ……83, 85, 340, 356
弁護士の「専門性」………………317
弁護士の増員 ……………………153
弁護士の多忙 ……………………159
弁護士の多様化 …………………243
弁護士の団体性 …………………317
弁護士の統合理念 ………………246
弁護士の独占的職域 ……………313
弁護士の独立性 ……………282, 286, 318
弁護士の能力差 …………………140
弁護士のビジネス化 ……………314
弁護士の法律事務独占 …………294
弁護士のモラル …………………272
弁護士の役割 ………3-4, 11, 20, 118

弁護士の養成 ……………………273, 360
弁護士の「労働流動性」……………315
弁護士非営業論 ………………323, 343
弁護士費用 …………………………105
弁護士プロフェッション論 ………338
弁護士法 ……………………………249
弁護士報酬 …………………………337
弁護士報酬基準 ……………………276
弁護士報酬の「対価性」……………352
弁護士補制 …………………………369
弁護士役割論…………………………12
弁護士倫理 …………………5, 276, 291
弁護士倫理問題 ……………………245
弁理士 ………………………………297
弁論形骸化 …………………………153
弁論兼和解 ……5, 51, 72, 185, 200, 237
弁論兼和解期日 ……………………196
弁論主義 ……………………156, 226
弁論準備手続……………………5, 27
弁論準備手続期日……………………25
弁論準備手続兼和解…………………51
弁論準備手続と和解手続……………59
弁論準備手続における和解 ……44, 46
弁論進行型事件 ……………………175
弁論手続………………………………72
弁論の更新……………………………65
法学理論教育 ………………………360
法科大学院構想 ……………………359
報酬規程 ……………………254, 337
法・正義奉仕論 ………………321, 343
法制審議会 …………………………181
法曹 …………………………………248
法曹一元制度 ………………274, 283
法曹一元の理念 ……………………359
法曹一体感 …………………………360
法曹間の信頼…………………………32
法曹人口の増加 ……………256, 356
法曹人口問題 ………………………366
法曹の論理……………………………66
法曹養成制度 ………………159, 360
法秩序の維持 ………………………108
法廷外業務 …………………243-244
法廷外法律事務 ……………………249
法廷業務 ……………………246, 249
法廷実務慣行の形成…………………35
法廷における対論 …………………262
法廷弁護士 …………………………243
法的観点指摘義務 …………………174
法的見解の開示 ……………………173
法典継受 ……………………………252
法と自由 ……………………………263
法の形成………………………………19
法の実現 ……………………………250
法の支配 ……………………165, 245, 263
法律事務所の名称 …………………277
法律事務独占の「完成」……………296
法律情報提供業務 …………………287
法律制度の改善…………………35, 108
法律的見解の提示 …………………176
本人尋問の早期実施 ………………169
本人訴訟 ……………………………18, 22
本人訴訟対策型 ……………………200

ま 行

未済事件 ……………………………101
民事訴訟一年間終了モデル ………154
民事訴訟改善運動……………………70
民事訴訟業務 ………………………159
民事訴訟充実促進実践マニュアル
　試案 ………………………………182
民事訴訟促進 ………………23, 71, 114
民事訴訟法の改正 ………181, 185, 237
無償公益奉仕の責務 ………………355
無償公益奉仕論 ……………326, 343

無償奉仕 ……………………………326
名刺広告 ……………………………290
メモのとり方…………………………87
面接助言の技術………………………86
目標審理期間 ………114, 116, 152, 176
文部省の支配 ………………………363

や 行

誘引効果 ……………………………291
有益な訴訟慣行………………………71
要件事実教育 ………………………360
要件事実の整理………………………61
予防法学 …………………………245, 252

ら 行

ラウンドテーブル………………60, 116
リーガル・サービス ………………307
利益至上主義 ………………………311
利益代表者的性格……………………13
利益の擁護……………………………33
利益擁護機能…………………………14
利益擁護団体的性格 ………………270
履行の確保……………………………50
臨時司法制度調査会 ………………149
臨時司法制度調査会意見書 …150, 316
隣接職種 ……………………………159
隣接職種試験 ………………………336
隣接職種との共同事務所
…………………………253, 277, 294
隣接職種との共同事務所規制 ……336
隣接専門職種 ………………………293
ロースクール …………………359, 364
論争の技術……………………………85

わ 行

和解……………………………6, 39, 193
和解勧試重点型 ……………………200
和解期日 ………………………194, 196
和解規範 ……………………………207
和解兼弁論 …………………5, 200, 236
和解交渉………………………………40
和解情報のコントロール ………40-41
和解手続 …………………72, 78, 193
和解手続における心証形成
……………………………5, 198, 202
和解手続への移行 ………………46, 47
和解に関する謙抑的姿勢 …………212
和解に対する評価 …………………204
和解の位置づけ ………………189, 204
和解の効能とコスト ………………197
和解の時期……………………………48
和解の盛行 …………………………194
和解の積極的活用 …………………183
和解の積極面 ………………………205
和解のための争点整理 ……………201
和解の有用性 ………………………213
和解目的の争点整理 ………………198
和解を好む傾向 ……………………214

〈著者紹介〉

那須弘平（なす・こうへい）

1942年　長野県生れ
1964年　東京大学法学部卒
主要著作
「変革の中の弁護士」（共編著、有斐閣・1992年）
「民事模擬裁判の勧め」（共編著、有斐閣・1998年）

民事訴訟と弁護士

2001年(平成13年) 4月10日発行　第1版第1刷発行　1659-01010：416頁
2004年(平成16年)10月10日発行　第1版誤植訂正第2刷発行　1659-01020：416頁

著　者　那 須 弘 平
発行者　今 井 　 貴
発行所　信山社出版株式会社

〒113-0033　東京都文京区本郷6-2-9-102
電　話　03（3818）1019
FAX　03（3818）0344

出版契約No.1659-01020　printed in Japan

印刷・製本／松澤印刷・大三製本
ISBN4-7972-1659-X C3332
1659-01010-012-060-010：6800E
1659-01020-010-050：6800E
NDC分類327.005

法律学の森

債権総論〔第2版〕Ⅰ　潮見佳男著　近刊
債権総論〔第2版〕Ⅱ 債権保全・回収・保証・帰属変更　潮見佳男著　四八〇〇円
契約各論Ⅰ 総論・財産権移転型契約　潮見佳男著　四二〇〇円
不法行為法　潮見佳男著　四七〇〇円
不当利得法　藤原正則著　四五〇〇円
イギリス労働法　小宮文人著　三八〇〇円
プラクティス民法
債権総論　潮見佳男著　三二〇〇円

信山社

価格は税別の本体価格

シリーズ・新刊

信山社リーガルクリニック叢書
労働の法　水谷英夫 著　二〇〇〇円

インターネットと法　酒匂一郎 著　二〇〇〇円

信山社政策法学ライブラリィ
内部告発(ホイッスル・ブロウァー)の法的設計　阿部泰隆 著　一一〇〇円

法曹養成実務入門講座
第一巻 法曹のあり方　法曹倫理　林屋礼二・小堀樹・藤田耕三・増井清彦・小野寺規夫・河野正憲・田中康郎・奥田隆文 編　三一〇〇円

判例総合解説シリーズ
権利金・更新料の判例総合解説　石外克喜 著　二九〇〇円
即時取得の判例総合解説　生熊長幸 著　二二〇〇円
不当利得の判例総合解説　土田哲也 著　二四〇〇円
保証人保護の判例総合解説　平野裕之 著　三二〇〇円
親権の判例総合解説　佐藤隆夫 著　二二〇〇円
同時履行の抗弁権の判例総合解説　清水 元 著　二三〇〇円

信山社

価格は税別の本体価格

谷口安平著　民事手続論集

第1巻　民事手続法の基礎理論　近刊

第2巻　多数当事者訴訟・会社訴訟　近刊

第3巻　民事紛争処理　一一〇〇〇円

第4巻　民事執行・民事保全・倒産処理(上)　一二〇〇〇円

第5巻　民事執行・民事保全・倒産処理(下)　近刊

信山社

小山昇著作集（全一三巻）一三巻セット　二五七二八二円

1 訴訟物の研究　三七七二八円
2 判決効の研究　一二〇〇〇円
3 訴訟行為・立証責任・訴訟要件の研究　一四〇〇〇円
4 多数当事者訴訟の研究　一二〇〇〇円
5 追加請求の研究　一一〇〇〇円
6 仲裁の研究　四四〇〇〇円
7 民事調停・和解の研究　一二〇〇〇円
8 家事事件の研究　三五〇〇〇円
9 保全・執行・破産の研究　一四〇〇〇円
10 判決の瑕疵の研究　二〇〇〇〇円
11 民事裁判の本質探して　一五五五三円
12 よき司法を求めて　一六〇〇〇円
13 余録・随想・書評　一四〇〇〇円
別巻1 裁判と法　小山昇著作集　五〇〇〇円
別巻2 法の発生　小山昇著作集　七二〇〇円

信山社